KB125399

동양의 운명론

저자 _ 이석현

목 차

V. 유불도 운명론의 특성과 현대적 과제

東洋의 運命論 研究
-儒佛道 三敎를 中心으로-

본 연구는 유·불·도 삼교 사상을 중심으로 동양의 운명론을 종합적인 시각에서 고찰한 것이다. 운명이 태어난 후에 결정될 것이라고 한다면, 숙명은 자신의 의지와는 상관없이 태어나기 전에 이미 결정된 것이라는 본질적 차이가 있다. '운명'을 의미하는 단어 중 보편적으로 많이 쓰이는 것이 'destiny'이다. 이는 신에 의해 '사전에 결정한다'라는 의미이다. 운명은 '인간을 포함한 우주의 일체를 지배한다고 생각되는 초인간적인 힘' 혹은 '앞으로의 存亡이나 生死에 관한 처지'라고 풀이된다. 그래서 운명관은 일찍부터 신앙·숭배의 대상이 되거나 신학·철학의 주제가 되어왔다.

동양철학에서는 운명에 대한 숙고 과정이 여러 고전에 담겨 전한다. 이는 그만큼 동양에서 운명을 중요한 삶의 테제로 여기고 있음을 보여주는 것이다. 그러나 운명에 대한 오랜 연구가 있어 왔을지라도 우리는 운명을 한마디로 정의하는데 어려움을 느끼고 있다. 따라서 운명에 대한 철학적 탐구가 절실히 요구된다. 분명 우리 운명의 주체는 인간이며, 운명에 대한 담론은 곧 자연과 인간의 관계나 인간과 인간의 관계 속에서 삶을 이해하자는 것이다. 인간의 운명은 豫測이 가능하며, 이 예측은 대비(준비)를 전제로 한다는 맥락에서 연구를 진행하였다.

동양사상에서 미래는 불교의 三世因果論과 같이 과거와 현재의 연장선에서 다뤄진다. 이는 삼세를 단절이 아닌 연속의 관계로 이해하는 것이다. 따라서 미래를 예측하려면 과거와 현재를 잘 파악해야 한다. 이를 인류 문명사에서 비춰볼 때, 문명의 역사, 문화, 사상의 전승 과정을 제대로 이해해야만 그에 따른 운명론에 대한 이해도 올바르게 파악된다. 연구의 주체는 인간이므로 결국 인간이 어떠한 삶을 영위해야 하는가를 파악하려는 시도가 운명론 탐구의 목표가 된다.

따라서 우리는 무엇 때문에 자신의 운명에 대해 의문을 제기하는가. 인간의 생은 無意志的이지만 죽음은 意志的일 수 있기 때문에 자신의 운명을 스스로 끊는 행위를 인간의 권리나 문제 해결의 수단으로 인식하는 것은 철학적 논의가 부족했기 때문이다. 또한, 운명 개념의 이해가 보편화되지 않았기 때문이다. 따라서 본 연구를 통해 운명에 대한 이해를 분명히 하고자 하였다.

본 연구에서는 첫째, 운명 예측의 정의와 종류를 살펴보고, '命'의 의미를 여러 문헌에서 검토하였다. 특히 『주역 』의 占筮 구조와 운명론을 生生思想과 하늘사상 그리고 憂患意識을 중심으로 정리하였다. 둘째, 시대별로 운명 예측이 어떻게 변화되어왔는지 그 전개 과정을 살펴보고 셋째, 유불도 삼교사상의 운명론에 대해서 천명론, 비명론, 숙명론, 연기설, 업론, 윤회론, 복명론, 안명론 등을 통해 각 사상의 운명론을 정리하였다. 넷째, 동양 운명론의 특성을 점성술과 사주명리학의 운명론을 중심으로 정리하고, 유불도 운명론의 실체와 특성에 대해서 살펴보았다. 다섯째, 운명론의 현대적 과제를 인간 자유의지 회복의 문제와 현세주의와 인간소외 극복이라는 차원에서 다루고, 운명론이 과학적 탐색의 대상이 될 수 있을 것이라는 점과 현대 상담학으로서의 과제를 살펴 검토하였다.

그 결과 운명이란 인간의 실존적인 존재 방식을 가리키는 것이며, 오늘날 동서를 막론하고 운명론은 절대적이지 않다는 점을 밝혔다. 또한, 우리는 운명에 대해 비판적인 의견도 귀 기울여야 하며, 운명은 우리의 태도에 따라 점차 변할 수 있다는 점을 발견하였다. 운명의 주체가 바로 자신의 내재된 힘에 있음을 깨닫게 될 때 우리는 운명의 책임자가 될 수 있다.

최근 들어 운명상담은 신이나 자연의 질서처럼 근본적인 이해는 인간 본질에 대한 이해의 폭을 넓혀주는 지평을 마련해준다. 따라서 운명에 대한 올바른 이해를 통해 인간의 내면과 외면을 모두 이해할 수 있는 지혜를 키워야 할 것이다.

I. 서론

Ⅰ. 서론

1. 연구의 목적

우리는 은연중에 '宿命' 혹은 '運命'을 말한다. 필자는 본 연구의 전반에서 숙명이 나의 의지와 상관없이 피할 수 없는 것들 중 '태어나기 전에 이미 결정된 것'이라면, 운명은 '태어난 후에 결정될 것'이라고 본다. 이 운명에 관한 학문을 '운명학'이라 하지만, 아직까지 운명학에 대한 시민적 공공성을 획득하지는 못하였다. 왜냐하면 운명학이 학문분야 분류 코드에 포함되어 있지 않기 때문이다. 따라서 운명 혹은 운명학에 대한 정의만큼이라도 분명히 해 둬야 할 필요성이 있다. 본 연구는 바로 이러한 문제의식에서 출발하였다. 그리고 운명학이 시민권을 획득하기 위해서는 담론을 통한 접근 방법이 선행되어야하기 때문에 이하 표현에서는 '운명론'으로 설정한다.

운명의 주체는 인간이다. 그러나 엄밀히 말해서 운명을 논한다는 것은 자연과 인간의 관계 혹은 인간과 인간의 관계라는 '관계' 속에서의 삶을 이해하는 것을 의미한다. 특히 현실주의가 강한 사회일수록 죽음의 세계 보다는 생의 세계를 중시한다. 죽음의 세계를 다루는 것이 종교적 영역에서 주로 취급되는 것이라면, 생의 세계는 철학 및 문화의 영역에 속한다. 『周易 』의 논리에서 말하는 生生의 철학은 곧 인간 사유를 적극적이고 긍정적으로 만들어 준다. 그리고 인간의 운명은 태어난 후에 결정될 것이기 때문에 '豫測(prediction)'이 가능하다고 하며, 예측은 '대비(준비)'를 전제로 한다는 관점에서 연구를 진행할 것이다.

따라서 예측은 한마디로 말해서 미래를 진단하여 현재에 대비체제를 잘 갖추자는 것이다. 동양사상에서 미래는 과거와 현재의 연장선에서 다뤄진다. 불교에서는 이를 '三世因果'로 설명하여 서로가 단절이 아닌 연속의 관계로 이해한다. 즉, 미래를 예측하기 위해서는 과거와 현재를 명확히 알아야 한다는 관점이다. 인류 문명의 진화와 발전 및 역사, 문화, 사상의 전승 과정을 올바로 이해할 때 운명론이 바로 설 수 있다. 그리고 그 주체는 인간에 두어진다. 결국 어떻게 삶을 살아갈 것인가 하는 점이 운명론의 주요 목표라 하겠다.

　예측을 통한 적극적 운명 개척의 대상은 인간이다. 즉, 예측학, 운명학 등 이와 관련된 모든 학문은 인간을 위한 학문이며, 살아 있는 인간이 그 대상이다. 그리고 '살아 있는' 인간의 철학을 '인생관(View of Life)'으로 설명할 수 있다. 인간은 왜 이 세상에 태어났는가 하는 질문으로부터 철학이나 종교, 또는 이데올로기가 추구된다. 이 점은 우리의 인생관에 대한 종합적 이해를 구하는 지향점이다. 인생관이 주관주의라면, 세계관은 객관주의라 할 수 있다. 즉, 인생관은 세계관에 비해서 객관적 인식보다도 주체적 志向에 의존하는 정도가 강하나, 주체적 지향이라 해도 객관적 지식에 의해 정정되고 개변된다. 그러나 그것도 개인의 기질로 달라지며, 기질은 선천적·후천적인 요소의 복합으로서 성립된다. 현재 인생관은 다시 세계관에 흡수되려고 한다. 따라서 우리의 인생관을 정립하기 위해서는 주체적 자각에 의한 객관적 실체 파악이 절대적으로 요구된다. 이를 다루는 학문이 바로 예측학이라 하겠다.

　우리는 예로부터 평화적이고 타협적이며 매사 인내하고 양보하며 순종하는 것을 미덕으로 삼았다. 한국의 전통 사회는 농경사회이며 신분사회로 신분이 높은 양반은 살기가 편했지만, 노동 계층의 서민이나 하층민의 경우 삶이 고달팠다. 이런 삶은 숙명론적인 인생관을 갖게 하였다. 그러나 자신의 인생을 숙명으로 받아들이면서도 삶에 대해 적극적이고 희망적이면서 낙천적인 인생관을 함께 지녔다. 특히 동양사상에서는 만물 가운데 가장 귀중한 것을 사람이라 보고 있다. 『尙書』에서는 "오직 사람만이 만물 가운데 영험하다"[01] 고 말하고 있고, 『白虎通義』에 "천지의 성품 가운데 사람이 귀하다"[02] 고 한다. 또한 『列子』에 "하늘은 만물을 낳았으나 오직 사람이 귀하다"[03] 고 말하고 있고, 周敦頤는 『太極圖說』 가운데서 "오직 사람만이 가장 빼어남을 얻어 가장 영특하다"[04] 고 말한다. 우리나라에서도 민족의 건국신화인 단군신화에서 天神인 桓雄이 貪求人世한다고 했고, 地神인 곰도 모두 사람이 되기를 원하여 만물 가운데 사람이 가장 귀하다는 점을 표현하고 있다.

또한, 우리는 '나'보다 '우리'를 소중하게 생각한다. 즉, 개인주의보다 공동체주의를 가치 있게 보고 있다. 이는 인간관계의 중요함을 인식한 결과이다. 각박한 세상사라고는 하지만 우리는 언제나 이웃이 어려울 때 합심하여 도움을 주고 받아왔고, 이는 현재진행형이다.

그렇다면 우리는 왜 자신의 운명에 대해 의문을 제기하는가 되돌아봐야 할 것이다. 우리의 생은 '無意志的'이었으나, 죽음은 '意志的'일 수 있다. 이 말은 태어난 것은 내 맘대로 할 수 없지만 죽음은 내가 맘만 먹으면 언제든지 가능하다는 뜻이다. 생명을 스스로 끊

---

01) "惟人萬物之靈.", 『尙書』

02) "天地之性人爲貴.", 『白虎通義』

03) "天生萬物, 唯人爲貴.", 『列子』

04) "唯人也得其秀而最靈.", 『太極圖說』

는 행위를 인간의 '권리'나 '수단'으로 인식하는 것은 사회적 논의 이전에 철학적 논의가 부족했기 때문으로 판단된다. 또한 '운명'에 대한 개념적 이해가 보편화되지 않았기 때문이다. 따라서 본고를 통해 '운명'의 개념적 이해를 분명히 하여 여기에서 파생되는 여러 학문적 기틀을 닦는 데 유용하게 적용될 수 있기를 기대한다.

본 연구에서는 이와 같은 한국인의 인생관을 바탕으로 하여 우리가 가져온 운명론적 사유구조는 무엇인지 그 이론과 실체를 밝혀보고자 하는데 연구의 목적이 있다. 이를 儒·佛·道 三敎를 중심으로 한 동양 운명론의 관점에서 점검해 보고자 하는 것이다.

2. 선행연구 분석

　'운명'을 의미하는 단어는 'destiny' 혹은 'fate', 'fortune' 등이 쓰인다. 이중 보편적으로 많이 쓰이는 단어는 'destiny'인데 이것은 신에 의해 '사전에 결정한다.'라는 의미이다. '운명'의 유의어로는 대의명분을 바로잡아 실질을 바르게 한다고 하는 '正命', 날 때부터 타고난 정해진 운명이라는 '宿命' 등이 있다.

　특히 숙명은 어떠한 결과에 대해 개인의 노력이나 힘으로는 어떠한 영향을 미칠 수 있는 것이 아니며, 그것이 외부의 어떠한 힘과 결정에 의해 일어난다고 생각하는 가치관이다. 즉, 숙명론은 신 혹은 우주의 지배자의 의지에 따른 결정으로, 三世에 걸쳐 우주에서 일어나는 모든 일을 규정한다. 따라서 숙명론에서는 개개 인간은 자신의 장래를 전혀 예견할 수 없다.

　이상주[05]는 숙명론을 세 가지로 구분하여, 숙명론은 천재지변이나 질병 등에 대해 인간의 의지와 뜻이 아무런 영향을 미칠 수 없는 상황에서 발생하고 소멸한다고 생각하는 자연적 숙명론과 사회 조건의 개선과 진보에 대해 인간의 의지로는 어떻게 할 수 없다고 생각하는 사회적 숙명론, 그리고 자신의 신분과 지위와 미래 생활 등에 대한 결정론적인 입장이 강하게 드러나는 개인적 숙명론으로 나누고 있다. 한국인의 경우 자연적 숙명론과 사회적 숙명론은 어느 정도 극복하였지만, 아직도 개인적 숙명론은 상당히 강하게 남아 있는 것 같다.

　운명은 지극히 인간적인 심리 현상으로서, 어느 시대의 사람들에게서나 찾아볼 수 있으며 고대로부터 신격화되거나 추상화되어 왔

---

05) 이상주, 『해방 40년 가치의식의 변화와 전망』, 서울대출판부, 1986 참조.

다. 운명을 예견하기 위한 여러 주술적 방법이 발달하여 철학의 주제가 되었다.

철학을 논하는 이유 자체가 바로 인간의 삶을 더욱 풍요롭게 하기 위함이라는 점에서 우리는 인문학의 최고 가치를 철학에서 찾고 있다. 그리고 적어도 동양철학의 영역에서는 운명에 대한 熟考 과정이 여러 고전에 잘 담겨 전한다. 그러나 우리는 운명을 한마디로 정의하기 쉽지 않다. 또한 그것을 다루는 방법조차도 서투르다. '운명'에 대한 철학적 탐구를 시도하는 이유가 바로 여기에 있다.

인간의 삶을 결정하는 것은 그의 노력과 운명에 있다. 일반적으로 우리는 노력이 우리의 삶을 좌지우지하는 결정적 요소라고 생각한다. 그러나 조금만 생각해 보면 이러한 생각이 얼마나 허약한 것인가가 드러난다. 인간의 노력 이란 것 자체가 이미 상당 부분 그의 의지와 땀의 산물이 아닌 운명적 토대 위에서 이루어진 것이기 때문이다.

다음으로 운명론에 대한 동양적 가치를 다룬 연구를 검토해 보면, 우선 심규철[06] 이 유불도 삼교의 운명론에서 명리학 운명론의 사상적 연원을 찾고자 하였다. 그 이면에는 명리학이 유불도 삼교와 공유하는 보편관념임을 밝히고자 한 의도가 담겨 있다. 유교의 운명론에 대해서는 최정연[07] 이 유교의 命論[08] 을 검토하기 위해 당시

---

06) 심규철, 「유불도 삼가의 운명론 : 명리학 운명론의 사상적 연원을 찾아서」, 『주역철학과 문명』 창간호, 한국역경문화학회, 2003, p.477.

07) 최정연, 「조선 후기 유교 지식인의 命論」, 『한국실학연구』 37, 한국실학학회, 2019, pp.437-462.

08) 이택용, 「『논어』에서의 명론의 함의와 그 위상에 대한 고찰」, 『유교사상문화연구』 47, 한국유교학회, 2012, pp.195-231; 이택용, 「『맹자』 명론의 다양한 층차성 대한 연구」, 『유교사상문화연구』 41, 한국유교학회, 2010, pp.143-175.

지식인들이 주희의 명론을 따르면서도 그것을 다시 정교하게 재구성하였음을 밝혔다. 불교의 운명론은 김소하의 잡지 기사[09]가 처음이다. 그는 운명을 인간의 힘으로는 어찌할 수 없는 신비불사의 한 것으로 이해하고, 숙명과 운명을 동일시했다.

무엇보다도 불교적 운명론은 '因緣'의 관점에서 풀어내고 있다. 박재현[10]은 불교 발생지인 인도에서 운명을 지나치게 존중하였고, 운명은 因果, 業 등과 같은 용어로 개념화 되었다고 하였다. 그러면서도 불교는 "인간의 삶을 미리 규정짓는 것으로 알려진 그 어떤 것에 대해서도 궁금해 하거나 고민하지 않도록 종용했다"고 보았다.

도교적 운명론에 대해서는 김현수[11]가 神仙命定論에 대해 고찰하였다. 신선학 정립의 중심 인물인 갈홍의 신선학을 존재론·가학론·명정론으로 나누었다. 신선의 명을 품수하지 못하면 선도를 배우고 익히더라도 신선에 이를 수 없다고 보았다. 또한 명정론은 일반적 결정론과는 다르게 可學이전에 작동하는 것으로 보았다. 이성미[12]는 莊子의 安命論에 대해 검토하여 안명이 세계의 변화를 깨닫게 해 주고 운명에 편안히 머물수 있는 마음가짐이라 보았다.

나아가 본고를 뒷받침하기 위한 철학과 운명을 대상으로 한 선행연구를 살펴보면, 이창일은 철학상담과 운명상담을 심리상담 영역

---

09) 김소하, 「불교의 운명관」, 『불교사 불교』 77, 불교사(불교), 1930, pp.40-45.

10) 박재현, 「운명과 자유의지를 보는 禪의 시선」, 『한국선학』 48, 한국선학회, 2017, pp.259-285.

11) 김현수, 「葛洪의 '神仙可學論'과 '神仙命定論'의 관계에 대한 고찰」, 『중국학보』 82, 한국중국학회, 2017, pp.419-437.

12) 이성미, 「양자 물리학의 확률적 세계와 장자의 안명무위」, 『교육철학연구』 38권 3호, 한국교육철학학회, 2016, pp.121-143.

으로 자리매김하기 위한 노력을 기울인바 있다.[13] 그는 통합심리학의 이론을 통해 상담 체계들의 지형도를 제시하였다. "철학상담은 철학의 실천성이라는 고유한 철학의 주제를 다시 현대적으로 재해석하면서 등장했다. 운명상담이란 음양오행론에 기반한 여러 易術 체계, 서구에 연원을 둔 오컬트(Occult, 祕學)적 경향의 기술들, 신성과 영성을 핵심교의로 삼는 여러 조언 체계들을 한데 묶어서 나타내는 명칭이다."라고 정의하였다. 그의 견해는 운명상담에 대해 긍정적인 입장을 취하고 있다.

이상, 과문한 탓인지 모르겠지만, 그 밖에 '운명'의 개념에 대한 독자적이고 전문적인 연구는 아직까지 발견하지 못하였다.[14] 이는 '운명학'에 대한 연구자의 부족과 그들의 시각이 근본 철학의 탐색에 있지 않았고 단지 현실의 문제를 다루는 데 익숙했기 때문으로 판단된다. 따라서 본고가 이 분야 연구의 미진한 부분을 조금이나마 채워 가는 데 일조가 되길 바란다.

---

13) 이창일, 「철학상담과 운명상담의 특성과 영역에 대한 철학적 검토」, 『동양 문화연구 』 8, 영산대학교 동양문화연구원, 2011, p.272.

14) 2017년 6월 2일에 성균관대학교 유학문화연구소의 춘계학술대회에서 「인간 의 운명과 자유의지」라는 주제의 세미나가 개최되었다. 여기서 논의된 주제 는 '운명론과 윤리', '운명과 자유의지를 보는 禪의 시각', '무위자연론에서 인 간의 위치' 등을 주제로 동·서양의 운명에 대한 시각차를 논의한 바 있다.

3. 연구의 방법과 범위

東洋은 아시아의 중국과 인도 및 중동 지역까지도 포함하는 개념이다. 그 범위가 넓기 때문에 본 연구에서는 국가적 범위는 漢字文化圈의 유사한 문화를 가진 韓·中·日 삼국을 염두에 두고, 그 중에서도 대륙으로 연결된 중국과 한국을 지역적 범위로 설정하였다.

자신의 운명을 알고자 하는 마음은 인간의 본능적 욕구이고, 그런 만큼 다양한 방법을 통해 운명을 예단하는 일은 인류의 역사와 함께 이루어져 왔다. 메소포타미아문명과 황하문명 등 인류의 고대문명 유적 속에 등장하는 점성술과 卜筮에 관한 사항은 인간이 자신의 안위를 주관하는 운명에 대해 얼마나 깊은 관심을 가졌는가를 읽게 한다.

고대인들은 '命'을 인간이 알 수도 없고 어찌할 수도 없다는 인식을 하였다. 이를 근간으로 양분된 양상을 보인다. 즉, 삼라만상의 모든 현상을 인격신이 주재하며, 그들의 의도(神意)가 命을 통해 인간에게 전달된다는 이해와 인간 주체성의 원초적 자각과 神에서 人으로의 관념 전이로부터 도덕적 측면의 命에 대한 이해이다. 이는 다시 인간의 德行과 善行 등을 통해 吉, 福의 '命'을 얻을 수 있다는 이해와 합일을 통해 바깥의 환경과 그것을 경험하는 인간을 분리하는 이해로 구분된다.

본 연구는 제1장 서론의 연구목적과 방법에 이어, 제2장 운명론의 개념과 『주역』의 운명론에서는 먼저 운명 예측의 정의와 점성술의 운명 예측에 대해 살펴보고, 동양 운명 예측의 종류를 정리해 볼 것이다. 그러고 나서 동양 운명론의 대표적 고전이라 할 수 있는 『주역』의 占筮 구조와 운명론에 대해 生生思想, 하늘사상,

憂患意識을 중심으로 『주역』의 운명론을 정리할 것이다. 제3장 한국 운명론의 역사적 전개에서는 시대별로 운명 예측이 어떻게 변화되어왔는지 그 전개 과정을 고찰한다. 대체적으로 운명론의 담론이 많은 중국의 사서인 『三國志』와 우리의 『三國史記』 그리고 『三國遺事』 등에 보이는 고대의 운명 예측 사례를 검토하고, 중세의 운명 예측은 고려시대와 조선시대로 나누어 살펴볼 것이다. 이후 근, 현대의 운명 예측을 점복 집단의 조직화, 미아리 점성가촌을 중심으로 점검해 보고 그 특징을 도출할 것이다.

제4장 유불도의 운명론은 본 연구의 핵심에 해당하며, 유불도 삼교사상의 운명론을 다룬다. 먼저 공자의 천명론, 묵자의 비명론, 양주의 숙명론을 통해 유교사상의 운명론을 살펴보고, 연기설과 업론, 윤회론의 운명론을 통해 불교사상의 운명론을 정리하도록 하겠다. 그리고 나서 도교사상의 운명론은 도교적 운명론과 도가적 운명론으로 구분하여 검토한다. 특히 도가적 운명론은 노자의 복명론과 장자의 안명론을 중심으로 다루도록 하겠다.

이어 제5장 유불도 운명론의 특성과 현대적 과제에서는 이상에서 살펴본 내용에 대한 종합 정리 관점에서 유교 · 불교 · 도교 운명론의 특성을 재정리하고, 인간 자유의지 회복의 문제와 술수적 성향 극복, 운명론이 지니는 학문적 과제를 제시하도록 하겠다. 그리고 나서 제6장 결론을 통해 본론의 내용을 정리 할 것이다.

Ⅱ. 운명론의 개념과 『주역』의 운명론

Ⅱ. 운명론의 개념과 『주역』의 운명론

1. 동양 운명론의 개념

1) 운명 예측의 정의

(1) 예측과 점복 ————————————————————

모두에서 밝힌 바와 같이 아직까지 '운명론'이라는 정의를 분명히 내릴 수 없는 한계가 있기 때문에 여기서는 유사 개념인 '예측'이라는 용어를 사용하여 '운명론'의 정의 파악을 대신하고자 한다.

'예측학'은 불완전한 미래에 대한 정보를 얻는 방법의 하나이다. 그러나 동양사상의 예측학은 정보를 얻는 방법이 논리적이거나 합리적인 것이 아니라 신비적이고 초합리적이라는데 특색이 있다. '예측학'에 대한 사전적 정의는 아직까지 갖춰지지 않았다. 단지, 철학사전에서 유사한 정의를 찾아보면, '과학적 예측(Scientific prediction)'이 가장 적절할 것으로 판단된다. 이는 '신의 계시', '영감' 등에 기초한 예언이 아니라, 사실에 대한 과학적 지식에 기초하여 장차 일어날 일정한 사건의 발생을 추론하는 것, 혹은 그것을 논술하는 명제를 의미한다.

우리가 예측을 하는 목적은 진실을 탐구하는 것과 다가올 미래를 진단하여 올바른 삶을 꾸려가는 판단의 방향을 제시하고 미래를 준비하는 데 있다. 단순히 개인의 길흉화복 판단을 위한 도구로서만 예측을 이해하는 것은 협소한 관점이다. 부정한 일이나 기복적인 길흉만을 고집하며 예측학을 이용하는 것은 예측의 본래적인 정신과는 무관한 것이다. 이러한 예측의 대표적인 예가 바로 '占卜'이다.

吳浩坤은 "신과 영혼에 대한 신앙이 움틈에 따라 혼령 숭배와 조상숭배가 출현하였고, 부계사회 확립 이후 씨족의 조상숭배는 가문 숭배로 전환했다. 卜辭 내용을 볼 때, 殷代의 숭배 사상은 완전하게 형식화되지는 않았다. 이 점은 빈번했던 占卜과 거의 언급되지 않은 부분이 없는 占卜 내용에서 알 수 있고, '殷代人은 귀신을 숭상했다.(殷人鬼)' 고 한 것처럼 융숭하고 다양한 제사에서도 표현되어 있으며, 銅器 · 玉器 · 骨器 등에 조각된 험상궂은 동물 형상 속에서도 찾아볼 수 있다."[15] 라고 하여 점복의 연원이 신과 영혼의 숭배에서 비롯되었다고 보고 있다.

점복에 대한 현대의 인식은 안타깝게도 迷信이나 비과학적 운명론자의 행위로 제한될 뿐 학문의 대상이 된 지는 그리 오래되지 않았다. 그러나 점복은 우리 사회에서 광범위한 사회적 현상으로 나타나고 있다. 모든 일상생활의 通過儀禮(passage rite)로 관행화된 경우도 있어 생의 중요한 몫을 차지하고 있다.

특히 점복은 민속의 다양한 신앙층 위에서 자연적 신앙으로 전승되는 현상으로, 일정한 의례 행위를 필수 조건으로 하지 않는다는 점에서 제의와는 다소 차이가 있다. 과거에는 신라의 '觀象監', 고려의 '太卜監', 조선의 '書雲觀' 등 국가에서 점복을 관장하는 기관을 두기도 하였으나, 오늘날 점복은 제의와 같은 과거 형식은 고려되지 않고 있다.

인간의 점복 추구는 원초적인 의도에 의해 생성된 것으로, 김영재는 점복을 추구하는 목적을 크게 두 가지로 구분하였다. "첫째는 진실, 즉 신의 뜻과 자연현상을 탐구하기 위한 목적이다. 둘째는 미래를 예측하기 위한 목적으로 생활에 따르는 모든 조짐을 알아내는

---

15) 吳浩坤, 潘悠, 梁東淑 譯, 『갑골학사 』, 동문선, 1985, pp.429-430.

것이다. 다시 말해서 미래를 예견하며, 예견된 결과에 따라 대처 하고자 하는 의도에 의해 생성된 것이다."[16] 따라서 점복을 개인의 길흉화복을 알아내기 위한 방법이라고 보는 시각은 지나치게 협소한 관점이라고 본다.

점복뿐만 아니라 예언(prophecy), 초능력, 금기(taboo), 유사종교(cults) 등을 포함한 것들을 우리는 흔히 미신이라고 말한다. 그리고 '미신성(superstition)'이란 비합리적 신앙이나 행위로서 넓은 의미에서 사용되는 용어이다. 또한 주술적 요소가 짙은 맹신의 신앙형태를 가리킨다.

본 연구에서는 예측학을 점복의 관점에서 접근하였다. 점복은 신비적인 방법을 통해 미리 얻어진 모든 정보, 즉 미래에 대한 모든 징조를 포괄하며 그 종류나 방법에 구애받지 않고 별자리 운세와 같이 접근이 용이한 것부터 신을 불러 메시지를 전달하는 초능력자에 의해 구해지는 신점까지 다양하게 포함된다. 또한, 점복 추구란 미래에 대한 어떤 징조를 미리 판단하고자 하는, 즉 점복을 구하고자 하는 모든 의도 및 행동을 의미한다.

(2) '命'의 의미

'運'은 제자리로 다시 돌아온다는 뜻이다. 『周易』의 '日月運行'은 해와 달이 제자리로 다시 돌아온다는 회귀론을 설명하는 것으로 이해할 수 있다. 인간 생애에서 길흉화복이나 운 혹은 불운을 運命이라고 할 때, 이는 결정론적이 아닌 순환론적인 사고를 반영하는 것이다.

---

16) 김영재, 「점복문화 배경의 여성내담자를 위한 상담전략의 모색: 근거이론적 접근」, 숙명여대 박사논문, 2003, p.16.

목숨이라는 의미의 '命'이라는 글자를 파자해 보면 '令'과 '口'로 이루어졌다. 여기서 '命'과 '令'은 유사한 의미이다. 특히 '命'이 동사로 쓰일 경우 '명령하다'는 식으로 사용된다. 즉, 神이나 지위가 높은 사람의 뜻을 아랫사람들이 받드는 상황을 의미한다. 『說文解字』에서 '令'은 '명령하다'[17] 라고 하였다. 여기에는 고대인들의 주술적 사고가 내포되어 있다. 즉, 우리의 경우 단군신화에서 "환웅천왕이 풍백·우사·운사를 거느리고"[18] 라는 식의 내용이 그 예이다.

『詩經』에서는 다음과 같이 읊고 있다.

하늘에서 제비에게 命을 내려　　　　天命玄鳥
상나라 조상을 낳게 하시고　　　　　降而生商
커다란 은나라 땅에 살게 하셨다.　　宅殷土芒芒[19]

이 시에서는 제비[玄鳥]가 하늘과 인간을 잇는 매개자이다. 앞서 단군신화에서 환인이 자신의 뜻을 직접 인간에게 전하지 않고 중간의 매개자로서 환웅을 내세운 것과 같은 구조이다. 『시경』에서는 그 주체가 제비라는 동물로 표현된 점이 다를 뿐이다. 그러나 동물을 매개로 삼은 것은 단군신화에서도 곰과 호랑이를 내세우기 때문에 유사한 구조를 갖는다고도 볼 수 있다. 그러나 곰과 호랑이는 인간을 대표하는 상징적 의미를 가질 뿐 매개체로써의 역할은 적다고 보인다. 어쨌든 '命'은 신의 뜻을 의미하는 것이다.

殷代까지의 '命'의 의미는 神이나 上帝가 인간에게 명령하는 의

---

17) "令 發號也.", 『說文解字』

18) "是謂桓雄天王也 將風伯雨師雲師.", 『三國遺事』卷1,「紀異·古朝鮮」

19) 『詩經』「玄鳥」

미였다. 그리고 인간은 그 명령에 순종을 강요받았다. 따라서 선천적인 것이나 이성적 납득이 어려운 상황들은 하늘이 명령한 것이며, 우리 인간의 역할은 신을 향해 순종하고 祈福만 가능한 것이었다.

『서경』에서는 "天命은 쉽지 않아 하늘을 믿기 어렵다"[20] 는 염려와 함께 "하늘은 믿을 수 없으나 우리가 문왕의 德을 이어간다면 하늘이 버리지 않을 것이다"[21] 는 방법론을 함께 제시하였다.

이와 같이 고대의 운명에 대한 인식은 하늘에서 인간으로의 점차적인 변화를 보여주고 있다. 그 과정에서 『주역』에서 말하는 '憂患意識'이나 유교의 '敬'의 윤리와 같은 것들이 생겨나게 된다. 나아가 하늘에서 인간에게 명령하는 일방적 전이와 함께 인간 스스로의 자발적인 반성적 태도를 통해 하늘로 부터 새로운 명을 받을 수도 있을 것이라는 인식의 변화가 점차 나타난다.

2) 점성술의 운명 예측

점성술(astrology)은 시대를 막론하고 여러 문명에 큰 영향을 미쳐왔다. 일반적인 점복이나 점술에 비해 과학적인 것으로 인식되는 경향이 짙다. 그 이유는 아무래도 천체의 탐색을 통해 사람의 운명을 예측해 왔기 때문이라 판단된다.

점성술의 종류도 무척 다양하여 호로스코프와 같은 별점을 비롯하여, 흙점, 불점과 같은 자연 현상에 의한 점이 있고, 닭점, 당나귀점 등과 같은 동물을 통해 보는 점도 있다. 또한 화살점, 양파점, 램프점, 향점, 보석점, 막대기점 등 사물을 활용한 점 등 이루 헤아릴

---

20) "天命不易 天難諶.", 『書經』「君奭」

21) "天不可信 我道惟寧王德 延 天不庸釋于文王受命.", 『書經』「君奭」

수 없이 많다. 그 밖에도 일찍이 바빌로니아에서 발생한 동물의 肝 등에 의하여 점치는 '內臟占'[22] 이 발달하였고, 책을 펼쳤을 때 가장 먼저 눈에 띄는 문장으로 점을 치는 '開典占' 등도 점성술의 종류에 속한다.

농경사회에서 강우량 측정부터 국가의 흥망성쇠를 예측하는 것까지 천문 탐색을 기초로 하였고 하늘의 조짐과 땅의 길흉을 예측하면서 天地와 더불어 천문과 인간이 서로 연관되어 있음을 판단해왔다. 이러한 관련성을 인식하고부터 이것이 자연스럽게 실생활에까지 접목될 수 있었다.

점성술은 하늘의 12 별자리를 관찰하여 별자리의 변화를 분석한 후 이를 통해 운명을 예측하는 방법이다. 이 점성술의 발생지는 메소포타미아 지방으로 이후 이집트로 건너갔고 그리스 문화권에서 많은 연구가 되었다. 따라서 점성술을 뜻하는 'Astrology'는 그리스 어로 별을 의미하는 'Astron'과 말씀을 의미하는 'Logos'의 결합[23] 으로 글자 그대로 해석하면 '별의 말씀'이 된다. 앞서 살펴본 중국 고대의 '命'이 신이 인간에게 주는 명령이라면, 점성술은 별의 현상을 인간이 어떻게 받아들이는지가 관건이 된다.

과학의 발전으로 인해 천문학과 점성술은 17세기 이후 완전히 다른 길로 나아간다. 천문학은 우주와 천체의 구조, 물질 등을 연구하는 것으로, 천문현상이 지구상에 미치는 영향을 해석하는 점성술은

---

22) 내장점에 대해서는 다음을 참조. 나까야마 시게루 저, 이은성 역, 『점성 술』, 전파과학사, 1973, pp.79-86.

23) Merriam-Webster사전에서 Astrology의 어원을 보면, 중세영어는 Astrologie, 라틴어는 Astrologia, 그리스어는 Astr-+-logia-logy로 설명하고 있다. http://www.m-w.com/dictionary/astrology 참조.(2020. 12. 10 최종검색)

근거 없는 믿음이라는 인식이 확산되기 시작하였다. 즉, 천문학은 과학이고, 점성술은 미신으로 취급되어온 것이다.

그러나 엄격히 따져볼 때, 천문학과 점성술에 대한 영역 구분은 B.C. 2세기경부터 존재했다. 즉, 천문학을 의미하는 Astronomy라는 용어는 "2500년 전에 그리스의 황금시대라 불리던 시기에 철학자들과 수학자들이 처음 사용하기 시작했다."[24] 17세기 전까지는 대부분의 천문학자가 점성가였고 학문적 영역의 구분이 명확하지 않았으며 두 영역에 대한 상반된 평가도 크지 않았다.

호로스코프 점성술은 황도 12궁의 체계로 발전하였다. 그러나 이 체계에서는 12개의 별자리만 쓰인 것은 아니고 18개의 별자리도 쓰였다. 대체적으로 오현진은 "12차례에 걸친 길가메시의 모험을 그린「길가메시 서사시」가 대표적이다. 이것은 메소포타미아 지역에서 발흥했던 수메르 제국이 전 시기인 우룩(Uruk) 시기 B.C. 3800~3200년에 우룩의 왕이었던 길가메시Gilgamesh)의 모험 여정을 12편으로 구성하여 인간의 삶과 죽음의 문제를 다루고 있는 대서사시로 황도12궁의 재현"[25] 이라고 보았다. 이같이 점성술은 대중적인 인기를 끌기 시작한다. 점성가들은 출생 천궁도를 작성해 그가 태어난 계절의 영향을 점친다.

인도점성술의 중국 전래 기록은 중국 吳나라때 인도의 竺律炎과 支謙 공역의 『摩登伽經』[26] 에 나타난다. 이 경은 밀교의 경전으로 2권 7품으로 구성되어 있는 점성술서이다. 「度性女品」, 「明往緣品」, 「示眞實品」, 「衆相問品」, 「說星圖品」, 「觀災祥品」, 「明時分

---

24) Kenneth C. Davis 저, 이충호 역, 『우주의 발견』, 푸른숲, 2001, p.37.

25) 오현진, 「紫微斗數 研究: 成立 背景과 理論的 土臺를 中心으로」, 공주대 석사논문, 2014, p.48.

26) 『大正藏』 卷21, pp.399c-410b.

品」중 점성술에 대한 내용은「說星圖品」,「觀災祥品」,「明時分品」에 집중적으로 나타난다.

전반적인 내용은 마등가의 한 처녀가 우물가에서 우연히 붓다의 제자 아난을 보고 그 용모에 미혹된 것을 붓다가 비구니로 만든 경위와 그 처녀의 전생이야기 그리고 별들의 위치를 보고 사람들의 길흉을 점치는 법에 대해 설명하고 있다.[27] 이와 비슷한 내용으로 4세기 초 인도 출신의 학승 竺法護가 번역한 『舍頭諫太子二十八宿經』(일명 『虎耳經』)[28] 도 있다.

이 경전들은 27수나 28수를 중심으로 하는 인도의 점성술이 내용의 핵심을 이룬다. 이 경전들이 성립될 당시의 점성술은 그리스적 요소가 가미된 것이었다. 따라서 그 이전부터 "서역의 점성술이 인도를 통해 중국으로 전래"[29] 되었다. 무엇보다도 서역의 점성술이 가미된 호로스코프 점성술은 인도의 不空이 764년 번역한 『文殊師利菩薩及諸仙所說吉凶時日善惡宿曜經』(일명, 『宿曜經』)[30] 이라 하겠다. 이 경전은 7요, 12궁, 27숙의 관계를 기초로 하여 인간의 생사 운명의 길흉을 예측한 것이다. 『수요경』에 뒤이어 등장한 唐의 金俱吒 撰, 『七曜攘災決』[31] 에는 천체들의 위치 추산 방법이 서술되어 있다. 이는 이 시기 서양식 점성술이 중국에서 유행하는 계기가 되었음을 알려 주는 것이다.

이후 점성술은 조선에도 전래되었다. 조선 후기 南秉哲(1817-

---

27) 진현종, 『한권으로 읽는 팔만대장경』, 들녘, 1997, p.572 참조.

28) 『大正藏』卷21, pp.410b-419c; 위의 책, p.572 참조.

29) 서정화,「古代 中國의 28宿와 12次 理論의 起源」,『退溪學論叢』20, 퇴계학부산연구원, 2012, pp.162-169 참조.

30) 『大正藏』卷21, pp.387a-399c.

31) 『大正藏』卷21, pp.426b-452b.

1863)[32] 저술로 추정되는 『星要』에 점성술적 방법으로 개인의 운명을 점치는 점성술이 나타난다. 『성요』는 1책의 필사본으로 '太陽平長短三規太陰五星南緯圈圖說', '赤道緯度尺圖說', '太陽黃道規圖說', '時盤橘瓢曲線圖說' 등 作圖法을 소개하고 있다.

이와 같이 서양의 점성술은 비단 서양에서 출발하였지만, 이후 인도, 중국을 거쳐 우리나라에서도 발전을 이루었다. 『고려사』「역지」서문에서 "백성들의 생활에 필요한 역서를 작성하여 계절을 알려 주는 것은 지극히 중요한 문제이므로 단 하루도 중지할 수 없는 일이었다"[33]고 하여 역서를 제작한 것이 백성들의 생활에 도움이 될 수 있도록 한 조치임을 밝히고 있다.

세종 때에는 천문학의 획기적인 업적이 이루어졌다. 대표적인 것이 『七政算』 내·외편의 편찬이었다. 이는 조선의 독자적 천문과 달력의 체계를 보여주는 것이다. 그 외에도 천문 기구인 大簡儀·小簡儀·圭表·測雨器·渾儀·仰釜日晷 등이 고안되었다. 서금석은 "칠정산은 중국의 역법 수용에 따른 이해와 활용의 결정판이었으며, 앙부일구와 자격궁루 등 각종 의기의 제작과도 맥락을 같이한 역사적 성과물이었다. 당연히 조선 세종 때는 천문·역법 분야에서 前 왕조에 비해 괄목할만한 성과를 이루었다"[34]고 정리하였다. 이러한 역법의 활용은 통치자의 지배체재 강화를 위해서도 유용하게 사용되었지만, 자연현상을 이해하여 국가의 운명을 예단하기 위

---

32) 남병철의 유고집인 『圭齋遺藁』에는 說 11篇이 실려 전하는데, 奕說, 渾天儀 說, 渾蓋通憲儀說, 簡平儀說, 驗時儀說, 渾平儀說, 地球儀說, 量度儀說 등에서 천문기구에 관련된 기록이 전한다. 특히 서울대학교 규장각본 (奎4155-v.1-3) 참조.

33) "盖以先民用授人時不可一日廢也.", 『高麗史』卷50, 「志·第4歷」

34) 서금석, 「고려시대 曆法과 曆日 연구」, 전남대 박사논문, 2016, p.21.

한 중요한 수단이었기 때문에 대다수의 국가가 나름대로의 역법체계를 발전시켜 나갔던 것이다.

3) 동양 운명 예측의 종류

동·서양을 막론하고 운명 예측은 어느 민족에게나 존재하였으며, 서로 조금씩 차이가 있다. 운명 예측은 행하는 주체와 대상, 운명 예측에 이용되는 도구, 운명 예측을 하는 방법에 따라 분류되고 다양한 형태로 변화해 왔다.

논점을 앞으로 돌려, 운명 예측을 대변하는 '占卜'이라는 한자를 살펴보면, '占'은 거북껍질에 나타난 조짐을 보고 미래의 길흉을 예측하는 것이고, '卜'은 거북을 태워서 갈라지게 하는 것이다. 문헌상 우리나라의 최초 점복은 부여의 소발굽점이다. 『三國志』「魏書·東夷傳」의 夫餘條에서는 "전쟁을 하게 되면 그 때도 하늘에 제사를 지내고, 소를 잡아서 그 발굽을 보아 길흉을 점치는데, 발굽이 갈라지면 흉하고 발굽이 붙으면 길하다고 생각한다"[35] 고 하는 식이다.

오늘날 우리나라에서 흔히 시행되는 운명 예측의 종류로는 사주점, 주역점, 수상, 풍수, 신점, 성명학, 관상 등이 있다. 사주점이나 주역점은 그 원리를 『주역』에서 찾을 수 있는데, 『주역』의 원리를 추출해 길흉화복을 해석해내는 것이다. 『周易』을 학문적으로 평가하는 활발한 작업과 함께 최근 들어 더 보편화되는 경향이 있다.

운명 예측이 일종의 祭儀에서 비롯되었고, 그 목적이 神의 뜻을

---

35) "有軍事亦祭天 殺牛觀蹄以占吉凶 蹄解者爲凶 合者爲吉.", 『三國志』, 「魏書」卷30, 東夷傳 夫餘.

아는 것이었으므로 과거 운명 예측은 신과 교섭이 가능한 巫覡[36]에 의하여 이루어졌다. 그러나 점차 신의 뜻을 알 수 있는 능력자들이 줄어들고, 반면에 점치는 도구를 이용하여 운세를 읽어내는 능력을 갖춘 자들이 등장하게 되었다. 크게 운명 예측은 사주를 풀어 삼세를 내다보는 사주명리학에 의한 점과 신점으로 대별된다.

사주명리학은 흔히 역학, 역리학, 추명학, 역술 등으로 통용된다. 이에 비해 신점은 일반인과 다른 일종의 초능력을 가진 자에 의해 이루어진다. 최근 들어 신점보다는 사주명리학이 보편화되는 경향을 볼 수 있다. 이는 사주명리학이 다른 운명 예측에 비해 현대사회에 잘 적응하고 상대적으로 번성하고 있기 때문이다.

이문재는 "역리점복자는 역학을 학습하여 점복자로 입문한 점복자를 말하는데 대개의 역술인들은 신과 교통하는 점쟁이들을 높이 평가하지 않는다. 점에는 어떤 법칙도 없으며 학문적 수련 과정도 없다. 역술인들이 사주와 점을 명확하게 구분 지으면서 점을 기피하는 까닭이 여기에 있다"[37]고 구분짓고 있다. 그러나 역술인 중에서도 역학을 통해 점복자로 입문한 경우가 있는가 하면 신병을 앓아 강신체험을 하고 심지어 내림굿까지 받아 신점자로 입문한 후에 다시 역학을 학습하는 점복자도 있다. 요즈음은 신점복자들도 『주역』에 기초한 역리점복을 병행하는 경우가 많다. 이러한 전형적 무격의 감소와 역리점복의 증가는 무속인을 보는 시각이 보다 비판적이기 때문이다.

운명 예측 중에서 神占은 신이 내린 무당이나 보살, 법사, 명도 등

---

36) 무격에 관한 종합적 연구는 한규진, 「한국 무격에 대한 연구: 종교·사회적 역할과 과제를 중심으로」, 원광대 박사논문, 2019 참조.

37) 이문재, 「불안시대의 역술열기」, 『시사저널』(1992.2.20.), 시사저널사, 1992, pp.28-34.

이 하는 영점이다. 점복자 중 신점자들은 인간의 모든 일이 신의 뜻에 따라 정해지는 것이라고 믿는다. 그래서 운명 예측을 통해서 신의 뜻을 알아보고, 신에게 기원하는 방식을 취하고 있다.

동양사상에서 자연세계는 인간의 욕망을 충족시키는 대상이나 인간에 대립하며 정복해야 할 존재로서가 아니라 오히려 인간과 일체가 되는 것, 즉 인간도 자연의 일부로서 인식되고 있다. 자아는 하나의 동떨어진 개체가 아니며 물리적 자아를 벗어나 시간적으로는 머나먼 과거의 조상에서부터 무궁한 미래의 자손에 이르며 공간적으로는 가족으로, 친족으로, 사회 전체로, 우주로 확대된 존재에 이른다. 생명은 장구한 시간과 무한한 공간 속에 위치하는 것이다. 그러므로 생명을 소중히 하는 동양사상에서 시간과 공간에 대한 성찰은 필연적인 과제가 된다.

易理占은 사주점으로도 부를 수 있다. 이는 곧 인간의 사주를 음양오행사상에 적용하여 그 사람의 운명을 판단하는 것이다. 따라서 역리점은 사람이 태어날 때 사주팔자에 의해 운명이 정해졌다고 보는 이론이다.

사주팔자라는 여덟 글자로 인간의 운명을 파악한다는 것이 과연 과학적인 것인가라는 질문을 할 수 있다. 역리점에서는 오랜 기간 수많은 사람들의 운명을 판단해 오면서 시행착오를 거쳐온 만큼 충분한 운명 파악이 가능하다고 말한다. 그리고 그 이면에는 음양오행과 자연 현상에 대한 탐색이 뒷받침 되어 있기 때문에 논리적으로도 설명이 가능하다고 한다.

역리점이 강조하는 바는 바로 점괘에 앞서 마음을 바르게 가지라는 것이다. 역리점이 내놓은 점괘도 잘 되면 잘될수록 그 세를 타되 그 분위기를 깨뜨리지 않도록 더욱 조심하라는 것이고 또 나쁘면

나쁠수록 근신하고 조심하되 오히려 미래에 희망을 가지라는 것이다. 왜냐하면 窮則通, 즉 궁한 것이 다하면 곧 통하게 되어 있기 때문이다. 이는 『주역』의 세계관으로, 난관이 있어도 포기하지 않고 혼신의 힘을 기울이면 반드시 난관 극복의 길이 열린다는 철학이다.

다음으로 인간의 어떤 면을 징표로 한 점복으로는 觀相占과 星命占, 夢占이 행해지고 있었다. 관상점이란 인간의 相貌를 보고 그의 운명을 판단하는 것인데, 이에 관한 자료로는, 고려 초의 승려인 忠湛이 어렸을 때 相者가 그의 관상을 보고 12살에 명성을 드러내겠다고 한 것,[38] 演之라는 術僧이 崔怡의 관상을 본 것,[39] 안향이 金怡의 상을 보고 귀하게 될 것임을 예언한 것,[40] 相師 天一이 충선왕의 관상을 본 것[41] 등이 전해지고 있다.

또 성명점은 한마디로 별점을 의미한다. 이는 사람의 생년월일을 天干과 地支에 배당하여 天星의 운세를 통해 운명을 살피는 것이고, 夢占은 사람의 꿈을 통해 운명을 예지하는 것이다. 현대에서도 돼지꿈, 용꿈 등 동물을 상대로 한 꿈이라든지, 똥꿈, 시체를 본 꿈, 돌아가신 조상을 본 꿈 등 수많은 꿈과 관련된 해몽이 사람들의 입에 오르내리는 현상을 종종 볼 수 있다. 이는 그만큼 몽점이 아직도 영향력이 있다는 것을 반증하는 것이다.

몽점 중에서도 특히 문헌에 많이 남아 있는 것이 바로 胎夢이다. 『고려사·열전』이나 승려들의 탑비 등에 많은 태몽들이 나타나

---

38) <原城興法寺眞空大師塔碑>, 『韓國金石全文』中世 上, 아세아문화사, 1984, p.309.

39) 『高麗史』卷103,「列傳·金希磾」

40) 『高麗史』卷108,「烈傳·金怡」

41) 『高麗史』卷33,「世家」, 충선왕 즉위전기.

있다. 이러한 자료들은 이미 상당수가 정리된 바 있어[42] 이들 사례의 제시는 다루지 않겠지만, 한 가지 첨가할 것은 아이의 이름을 태몽에 근거해서 짓는 풍속이 있었다는 점이다.

또한 인간이 만든 징표를 토대로 한 점복이란 占具를 이용한 점복 방법이 있다. 이것은 비록 인위적인 것이지만 적당한 도구와 적절한 방법을 사용한다면 신의 뜻이나 미래의 길흉을 알아낼 수 있다는 생각에 기초하고 있다. 고려 우왕 3년(1377)에 왜구들이 기승을 부려 천도를 계획하여 점을 쳤는데 '動'字와 '止'字 중에서 '지'자가 나오자 천도를 중단하였다는 기록[43] 이 있다. 또한 '茭' 또는 '杯珓'라는 대나무 점구를 던져서 그것이 떨어진 모습을 보고 점을 치는 방법이 기록에 전한다. 이는 『東國李相國集』에서 이규보가 태어난지 3달만에 종기가 생겨 어떤 약으로도 낫지 않자 그의 부친이 松嶽神祠로 가서 점을 친 내용이다. 또한 이규보가 전주의 지방관으로 가서 성황신이 언제 비를 줄 것인지를 점칠 때도 이용되었으며,[44] 최이의 동생 최항이 반란을 꾀하기에 앞서 성패를 점칠 때도 사용되었다.[45] 오늘날에도 인위적 징표를 토대로 한 점복이 여러 가지로 행해지고 있는데, 그 중에서도 擲米占이나 돈[錢]점은 바로 고려시대의 이러한 점복 방법과 맥락을 같이하는 것이라 하겠다.

다음으로 고려시대 문헌 기록에 등장하는 구체적인 점복 방법을 알아보도록 하겠다. 먼저 『東文選』에 전하는 거북점과 시초점

---

42) 秋萬鎬,「羅末麗初 禪師들의 胎夢과 民衆生活」,『伽山李智冠스님華甲紀念: 韓國佛敎文化思想史』上, 가산불교문화연구원, 1992, pp.647-667.

43) 『高麗史』卷133,「列傳·禑王 3年 5月 癸未」참조.

44) 『東國李相國集』卷1,「年譜」; 卷37,「又祈雨城隍文」참조.

45) 『高麗史』卷129,「列傳·崔忠獻 附 怡」참조.

은 다음과 같다.

> 거북점은 일을 결정하고 시초점은 의심을 물음이다. 그러므로 왕
> 자가 흥하려 할 때 천명을 점으로 물어보아 결정함이니 그 터전
> 을 창립할 때 시초 · 거북의 괘를 참고하여 상제의 뜻을 신비롭게
> 받아들이며 그 성패의 시기를 알아봄이다.[46]

이 시에서 알 수 있듯 국가의 중대한 일을 두고 점복을 행할 때에
는 蓍草占과 거북점을 사용하였던 것 같다. 고려시대 문헌 기록에
가장 빈번하게 등장하는 점복 방법이 바로 시초점과 거북점이다.
당시 고려인들은 국가 중대사 결정에 거북점과 시초점 등을 주로
사용했다는 점을 알 수 있다.

시초점은 주로 주역에서 사용하는 점복 방법으로 고려시대에는
주역점이 많이 쓰였다. 주역은 '經'과 '傳'으로 이루어졌다. 경에는
64괘가 3획괘씩 겹쳐서 나타난다.[47] 즉, 주역에서는 음양을 하나의
온줄(−:양)과 두 도막줄(−−:음)로 상징화하여 표시하며, 이를 爻라고
한다. 이 효가 이것저것 섞여 배열되어 6효를 이룬다. 이것이 다시
어울려 64가지가 되므로 64괘라 한다. 각 괘에는 卦辭가 있고, 효에
는 爻辭가 달려 있다.

그리고 거북점은 불에 지진 거북의 등껍질의 형상을 이용하여 운

---

46) "卜惟定事 筮乃質疑 故王者之興也 稽天命以決之 肇立丕基 謀及蓍龜之
策 靈承上帝 考其成敗之期.", 『東文選』卷2, 「賦·王者之興必卜筮決天
下賦」

47) 3획괘는 8괘를 말한다. 8괘는 건乾 ☰, 태兌 ☱, 리離 ☲, 진震 ☳, 손巽 ☴, 감
坎 ☵, 간艮 ☶, 곤坤 ☷이다. 심의용, 『주역: 마음속에 마르지 않는 우물을
파라』, 살림출판사, 2006, p.304.

명을 판단하는 것이다. 그러나 거북은 신성한 동물이므로 李奎報 (1168-1241)는 이를 "나가고 숨는 일 결단할 수 없어 여러 번 점치니 거북도 싫어하리라"[48] 고 하여 거북점을 너무 자주 치면 거북을 모독한다고 여겨 거북점은 자주 치는 것이 아니라는 점을 말하였다.

고려시대 문헌의 점복 관련 기사에는 거북점에 관한 기록이 많이 나타나지만 정작 구체적으로 어떠한 계기로 거북점을 쳤는지에 대한 내용은 보이지 않는다. 따라서 거북점에 대한 구체적인 설명은 하기 어렵다. 분명한 것것은 거북이는 예로부터 장수하는 동물로 여겨져 이를 靈物이라고 하여 거북을 점에서 많이 활용하였던 것으로 보인다.

'占'자의 형상은 거북의 등에 나무를 세우고 방향을 찾는 것으로 알려져 있다. 그래서 점복과 거북은 밀접한 관계가 있다. 거북 등에 새겨진 주름살을 '龜背文'이라고 하여 이를 해석하여 점치는 방법은 중국 고대사회부터 있어 왔고, 우리나라에도 있었다.

> 귀신이 하나 대궐 안에 들어 와서 '백제가 망한다. 백제가 망한다'고 크게 외치다가 곧 땅으로 들어갔다. 왕이 이상하게 여겨 사람을 시켜 땅을 파게 하였다. 석 자 정도 파보니 거북 한 마리가 나왔다. 거북의 등에 '백제는 보름달 같고, 신라는 초승달 같다'라는 글이 있었다. 왕이 巫에게 물으니 무가 '보름달 같다는 것은 가득 찬 것으로, 가득 차면 기운다는 것을 의미하며, 초승달 같다는 것은 가득 차지 못한 것으로, 가득 차지 못하면 점점 차게 되는 것이다'고 말하니 왕이 화가나서 그 무를 죽였다. 혹자가 말하기를

---

48) "行藏難自謀 屢卜龜厭却.", 『東國李相國集 』卷9,「古律詩·次韻趙亞卿冲見和 亞卿 趙相國季嗣」

'보름달 같다는 것은 왕성함을 말하는 것이고, 초승달 같다는 것
은 미약한 것을 말한 것입니다. 우리나라는 왕성해지고 신라는
차츰 쇠약해 간다는 것이라 생각 합니다'라고 하니 왕이 기뻐하
였다.[49]

이 내용은 의자왕 20년(660) 대궐 안에 귀신이 땅속으로 들어갔
는데 그곳을 파보니 거북이 있었고, 거북의 등에 백제가 망하고 신
라가 흥한다는 예언 글귀가 있었다는 것 등이다.

거북점을 치는 방법은 거북 등의 껍데기를 불에 태워 그 금의 균
열에 따라 점을 쳤다. 나중에는 거북 형상을 만들어 蓍草나 막대를
꽂고 그것을 뽑아 길흉을 판단하였다. 나무나 쇠로 거북모양을 만
들어 속을 파내고 입을 통해 占卦를 쓴 종이와 막대, 괘를 표시한
시초를 넣는다. 점치는 사람은 문점자의 생년월일시와 주소 등을
암송하여 해당 내용을 고하고, 주문을 외어 점이 잘 맞기를 염원한
뒤 거북을 흔들어 종이나 시초를 뽑아내고 거기에 적혀 있는 卦文
으로 점을 풀이한다. 괘문은 시문으로 된 것도 있으나 일반적으로
육효의 說卦를 이용한다.

그리고 遁甲三奇法[50]과 六壬占이 등장하기도 한다.

가을 7월에 유사에게 명하여, 송에서 귀화한 張琬이 공부하였다

---

49) "有一鬼入宮中大呼 百濟亡 百濟亡 即入地 王怡校勘之 使人掘地 深三尺
許 有一龜 其背有文曰 百濟同月輪 新羅如月新 王問之 巫者曰 同月輪者
滿也 滿則虧 如月新者未滿也 未滿則漸盈 王怒殺之 或曰 同月輪者盛也
如月新者微也 意者國家盛 而新羅寢校勘微者乎 王喜.", 『三國史記』
卷28,「百濟本紀」第6 義慈王.

50) 박흥식, 『기문둔갑옥경』, 삼한출판사, 1999; 김만태,「명리학의 한국적 수
용 및 전개과정에 관한 연구」, 원광대 석사논문, 2005, p.17.

는 遁甲三奇法과 六壬占을 시험하고 太史監候를 제수하였다. [51)]

둔갑 삼기법은 인간은 시간의 영향뿐만이 아니라 공간에서도 절대적 영향을 받고 있음을 전제로 하는 점복법이다. 여기에 착안하여 시간적 개념인 '간지'에 공간적 개념 '9궁'을 도입하여 인사와 지리를 판단하는 점술이다.

육임점은 '六壬式'이라고도 한다. 『六壬大占』, 『六壬大全』이라는 점서에 의해 점을 친다. 육임은 時의 12지와 月의 계절, 日의 간지를 토대로 하여 사물의 성패와 길흉을 판단한다. 둔갑 삼기법과 육임점은 송나라에서 귀화한 장완이 알고 있던 방법으로 이를 통해 고려의 점복 방법이 송나라 점복 방법의 영향을 받았을 것이라는 추측도 가능하다. 擲字占과 같이 '可否'의 내용을 써서 占卦를 만들고, 점괘에서 나온 글자에 따라 운명을 예측하는 것이다. 공민왕이 봉은사에 가서 태조 진전을 배알하고 한양으로 도읍을 옮기는 것에 대해 動과 靜을 점쳐 '靜'字를 얻었다거나, 이제현에게 명하여 점치니 '動'자를 얻어 길한 점괘를 얻었다는 기록[52)]이 보인다.

『高麗史』「列傳」崔忠獻傳에서는 최충헌의 아들 崔珣이 반란을 일으키기에 앞서 "일찍이 神祠에 가서 세 번 杯珓를 던져서 길하다는 점을 얻었으므로"[53)]라고 반란의 성패를 점칠 때도 사용한 기록이 나온다. 또한 제비뽑기로 점복을 행하였다는 기록도 있다. 이성계는 우왕, 창왕이 원래 왕씨가 아니라고 여겼다. 그래서 "宗室의 몇 사람의 이름을 써서 심덕부·성석린·조준을 보내어 啓明殿

---

51) "秋七月 命有司 試宋投化人張琓 所業遁甲三奇法 六壬占 授太史監候.", 『高麗史節要』卷5, 文宗 11年 7月.

52) 『高麗史節要』卷26, 恭愍王 6年 正月 참조.

53) "嘗詣神祠 三擲杯珓得吉卜.", 『高麗史』卷130,「列傳」43, 崔忠獻.

에 가서 태조(고려 태조)에게 고하고 제비를 뽑았더니 정창군의 이름이 뽑혔다"[54] 는 기사가 나타난다. 그리고 『東文選』에서 "吉籤 얻노라고 여러 번 뽑았네"[55] 라는 구절은 제비를 뽑아 점복을 행하는 장면을 묘사한 것이다. 이러한 기록 중 籤은 기호 등에 따라 승부를 결정하는 방법으로 일종의 제비뽑기와 같은 의미로 쓰이는 듯하다.

이상과 같이 과거부터 예측학의 일환으로 시초점, 거북점, 둔갑삼기법, 육임점, 척자점, 제비뽑기점 등으로 치는 점 등 다양한 방법이 사용되었는데, 괘상점을 많이 사용했다는 것이 특징이다. 특히 고려시대 사람들은 천도 문제에서는 척자점을 이용했고, 외교관계 결정에서는 시초점을 사용했으며, 왕위계승자를 결정할 때는 제비뽑기를 이용했다. 앞에서 살펴본 여러 기록에서 시초점과 거북점에 대한 언급이 많은 것으로 보아 역사적으로 주된 점복 방법으로 이들이 사용되었음을 짐작할 수 있다.

---

54) "書宗室數人名 遣德符 石璘 浚 詣啓明殿 告太祖 探籌 果得定昌君名.",
『高麗史節要』卷34, 恭讓王 元年 11月.

55) "扣吉籤而屢抽.", 『續東文選』卷2, 賦, 感舊遊賦送李仲雍.

2. 『주역』의 占筮 구조와 운명론

1) 『주역』의 占筮 구조

　『주역』은 하늘의 시간 즉, 天時를 연구하는 학문이라 해도 과언이 아니다. 이 천시는 인간의 삶과 관련된 것이며, 실존적 삶의 주체인 인간 의식에 관련된 시간적 구조를 의미한다. 따라서 『주역』은 인간의 미래관을 밝히는 학문임에 틀림없다.

> 卜筮者는 점을 숭상한다. 그러므로 군자가 장차 일을 할때나 행
> 동을 할 때에는 물어서 말하려 하니, 그 명을 받는 것이 마치 메
> 아리가 울리는 것과 같아서 먼 것이나 가까운 것, 그윽한 것이나
> 심원한 것을 막론하고 마침내 來物을 알게 된다.[56]

　이와 같이 『주역』의 궁극적인 목표 역시 미래의 일을 아는 것으로 귀결된다고 하겠다. 『주역』「곤괘」에서 "군자는 致命해야 한다"[57] 고 하였고,「설괘전」에서도 명을 언급하면서 "성인은 궁리진성으로써 명에 이른다"[58] 고 하였다. 송대의 程子와 朱子는 이 궁리, 진성, 지명에 대해 관심을 두었으며, 특히 "정자는 궁리, 진성, 지명의 세 가지는 일시에 완성된다고 하여 순서를 두지 않았다."[59] 이처럼 명은 "운명론적 사유와 더불어 고금의 깊은 관심을 유도"[60]

---

56) "以卜筮者 尙其占 是以君子將有爲也 將有行也 問焉而以言 其受命也如
　　嚮 无有遠近幽深 遂知來物.", 『周易』「繫辭上」

57) "君子以致命.", 『周易』「坤卦」

58) "窮理盡性以至於命.", 『周易』「說卦傳」

59) 곽신환,「주역의 자연과 인간에 관한 연구」, 성균관대 박사논문, 1987,p.122.

60) 류성태, 『장자철학의 이해』, 학고방, 2011, p.290.

해온 것이 사실이다.

예로부터 점치는 책에 『卜筮正宗』, 사주보는 책은 『命理正宗』, 相보는 책으로는 『麻衣相書』가 있다. 첫째, 『복서정종』은 일종의 『주역』을 확장하고 창안하여 만든 육효 점법의 경전이고, 둘째, 『명리정종』은 명대 張楠(1454-1529)의 저작으로 일명 '神峯通考'라고 불려진다. 『古今圖書集成』에 명대의 유명술사 12인에 들어 있다. 현대의 『명리정종』은 청대 1830년의 간행으로 총6권으로 되어 있다. 셋째, 『마의상서』는 중국에서 비서로 전해지는 책으로 宋나라 진박의 『神相全書』에서 필요한 부분을 초록하여 끝부분만 편집한 것이다.

『주역』은 이러한 책들의 祖宗이 되는 것이다. 『주역』은 우주의 삼라만상에서 벌어지고 있는 모든 사건과 사고를 포함하고 있다고 해도 과언이 아니다. 그 일부만 보고 점치는 사람은 점서라 하고, 정치하는 사람은 정치서라 하며, 책력으로 이용하는 사람들은 책력이라 한다.

『주역』은 "성인이 괘를 베풀고, 상을 보고, 말씀을 매달아서, 길흉을 밝힌"[61] 것이다. 「계사상」의 이 말은 『주역』이 卦·象·辭로 구성되어 있음을 의미하며, 그 목적이 길흉을 밝히는 것임에 있다는 점을 말해 준다. 즉, 『주역』은 점복의 핵심을 이루고 있다고 해도 과언이 아니다. 그래서 주희도 『주역』의 주석에서 "역은 마땅히 卜筮를 위해서 만들어졌다"[62]고 역설한 바 있다.

또한 「繫辭上」에서는 "數를 지극히 해서 다가올 것을 아는 것이

---

61) "聖人 設卦觀象 繫辭焉 而明吉凶.", 『周易』「繫辭上」

62) "易當來只是爲卜筮而作.", 『周易 附諺解』

占이다"⁶³⁾ 고 하는 점의 정의를 내리고 있다. 여기서 수는 천수 25, 지수 30을 의미한다. 즉, 朱震은 "天數는 25이고 地數는 30이니 天地의 수를 지극하게 해서 길흉을 미리 아는 것을 점이다"⁶⁴⁾ 고 하였다. 이와 같이 『주역』에서는 수를 통해서 미래를 예견할 수 있는 것을 점으로 보고 있다. 즉, "수로부터 괘와 효의 수를 구하고 우주 만물 변화의 이치를 궁구하는 것"⁶⁵⁾ 이다.

　점은 대체로 제왕들이 천명을 알아보는 官占과 사사로이 운세를 알아보려는 私占으로 나누기도 하고, 그 목적에 따라서 군대의 출전에 앞선 군사점, 개인의 운세점, 사주점, 병점 등으로 구분하기도 한다. 그리고 점의 방법으로는 고대의 시구점(蓍龜), 오행점, 역학자들이 하는 주역점, 판수와 무당이 하는 잡점, 形法이라고 하여 관상법, 수상법, 풍수학 등이 이에 속한다. 그런데 점에 있어서는 그것이 정말 맞는 점인지 아니면 믿을 수 없는 허황된 말인지가 크게 문제 되므로 그 방법이 중요시된다. 그러나 맞는 것도 점이고, 맞지 않는 것도 점이다. 그 확률은 5 : 5라는 말이다.

　고대국가에 있어서는 蓍龜占이 주를 이루고 있었다. 시구는 시초점과 거북점의 줄임 말이다. 거북이 껍데기와 시초의 줄거리는 고대국가 사회에서 점을 치는데 사용되었던 매개물이기도 하였다. 그런데 『書經』에 보면 "마음에 큰 의심이 있으면 卜筮에 물으라"⁶⁶⁾ 고 했다. 복서는 거북점을 말하는 것이다. 그러나 『주역』에서는 "천하의 길흉을 판단하고 세상의 온전함을 얻는 데는 시구

---

63) "極數知來之謂占.", 『周易』「繫辭上」

64) "天數二十有五 地數三十 極天地之數而吉凶可以前知 此之謂占.", 『周易 附 諺解』

65) 정병석, 『점에서 철학으로』, 동과서, 2014, pp.341-342.

66) "稽疑 擇建立卜筮人.", 『書經』「洪範第六」

점보다 좋은 방법이 없다"[67] 라고 하여 시구점을 가장 좋은 점이라고 하였다. 이와 같이 옛날에 제왕들은 큰일을 당하거나 계획할 때 먼저 시구점으로 그 길, 흉을 알아보고 난 다음에 방법을 택하고 행동에 옮겼다는 것이다. 사실 시구점은 고대국가에 있어서의 정치의 한 방편이기도 하였다. 이 시구점의 방법은 『주역』의 8괘를 형성하는데 기본이 되었다.

시구점은 엉겅퀴과에 속하는 시초의 줄거리를 가지고 치는 점으로 먼저 시초의 줄거리를 두 편으로 나누어, 한편으로 3爻를 만들어 內卦로 하고 다른 한편으로 또 3괘를 만들어 外卦로 한다. 이때의 내괘는 '靜'을 뜻하는 것이며, 외괘는 '動'을 뜻하는 것으로 이 내외괘의 합한 숫자를 가지고 점괘를 풀이하는 것이다.

『주역』에서는 변화를 매우 중시한다. 따라서 점을 쳐서 얻은 괘에 變爻가 있으면 그 변효의 효사에 의해 길흉을 판단했다. 『주역』의 괘사나 효사 길흉 판단은 대체로 조건적인 상황이므로 그 정황과 시기를 잘 따져서 면밀하게 관찰해야만 정확한 판단을 내릴 수 있다. 괘명과 괘사의 내용에 의해 점괘를 판단하는 경우에도 괘상을 근거로 정당성을 설명하게 된다.

따라서 圖象的인 괘상 중심의 『주역』은 춘추시대 후기로 가면서 추상적 성향이 강한 괘효사 중심으로 전환되어 의리역 중심으로 흘러간다. 이러한 의리성향의 『주역』은 "점을 쳐서 그 괘효사를 해석하는 그 자체로서 이미 큰 철학적 의의를 갖는 것"[68] 이다. 점을 쳐서 앞으로 해야 할 일의 실행 여부를 결정하는 것은 因果律에 의

---

67) "以定天下之吉凶 成天下之亹亹者 莫大乎蓍龜.", 『周易』「繫辭上」

68) 임정남, 「『春秋左傳』과 『國語』의 『周易』應用에 관한 연구: 『春秋左傳』과 『國語』의 筮例를 중심으로」, 원광대 박사논문, 2018, p.149.

해서 판단하는 과학적인 관점에서 보면 지극히 미신적·원시적·비합리적인 행위이다. 그러나 인간은 의식하든 의식하지 못하든 간에 항상 점을 치며 산다. 의사결정 순간마다 거기에 따르는 예측은 점과 다를 바 없기 때문이다.

　자신이 판단하는 것도 점이고, 남에게 물어보는 것도 점이며, 신에게 물어보는 것도 점이다. "과학적이고 합리적인 수단이라고 여겨지는 확률론도 컴퓨터와 통계자료라는 도구를 사용하는 일종의 점이라고 할 수 있다."[69] 따라서 점치는 행위 즉, 운명 예측의 행위는 이미 생활속에서 보편화된 양상임을 직시할 필요가 있다.

　司馬遷의 『史記』에「日字列傳」이라는 것이 실려 있다. 중국 고대 진한 때에는 복관을 '日字'라고 하였던 만큼,「일자열전」은 나라의 점을 치는 卜官의 열전이다. 이 복관이 점을 잘못 쳐서 국가대사를 그르치게 했다면 죽임을 면치 못했다. 이와 같이 고대 점복문화는 국가대사를 결정짓는 것에도 관여하여 매우 중시되어온 철학이요 문화라 하겠다.

　그렇다면 주역점의 목적은 어디에 있을까. 한마디로 길함을 얻고 흉함은 피하는 데 두어졌다.

> 길·흉·회·린 네 가지가 순환하고 두루하여 다시 시작되니, 후회함이 끝나면 곧 길해지고, 길함이 끝나면 곧 부끄러워지고, 부끄러움이 끝나면 흉하고 흉함이 끝나면 후회한다.[70]

---

69) 정병선,「주역의 리스크 관리 체계 연구」, 성균관대 박사논문, 2016, p.65.

70) "吉凶悔吝四者 循環周而復始 悔了便吉 吉了便吝 吝了便凶 凶了又悔.",
　　『周易 附諺解』

이처럼 길함을 얻었을 때도 조심해야 하고, 흉함을 만났더라도 뉘우치고 조심하면 길함으로 바꿀 수 있다고 한다. 이는 『주역』의 운명관은 인간 노력의 여하에 의해 바뀔 수 있음을 의미한다.

인간이 다른 동물에 비해 뛰어난 점은 스스로 무언가를 할 수 있다는 자발성과 도덕적인 주체성에 있고, 길흉에 대해서도 주동적으로 대처할 수 있다는 데 있다. 김진근은 "길흉에 대해 마땅히 나아갈 바에 나아가고 물러날 때 물러나는 것이 '得'이고, 나아가되 조급하거나 막히고 물러남에 의심하거나 겁을 먹는 것이 '失'이라 하여, 진퇴의 마땅함을 얻는 적극적 태도에 따라서 주어진 길흉은 得失로 그 의미가 바뀌어 원래 얻은 괘상의 길흉을 개변시킬 수 있다"[71] 고 보아, 이와 같이 길흉이 인간 의지와 무관하게 천도에 의해 주어진 상황이라 할지라도 그것을 어떻게 받아 들어야 하는가는 인간 스스로의 의지에 달려있다고 보았다.

그러나 무엇보다도 『주역』의 궁극 목적은 여기에 그치지 않고 천지자연의 化育을 돕고 만물의 복리를 증진하는 데에서 발견된다. 즉, 「繫辭上」에서는 "공자가 말하기를 저 역은 무엇을 하기 위함인가? 만물을 열어주고 일을 이루어 주며, 천하의 모든 도리를 망라하고 있으니, 이같이 할 뿐이다. 이런 까닭에 성인은 역으로써 천하의 뜻에 통하고, 천하의 사업을 정하며, 천하의 모든 의심나는 것을 결단하다"[72] 고 하였다. 따라서 주역점의 의의는 개인의 安身立命에 있을 뿐만 아니라, 세상의 모든 존재가 自得하고 모든 일이 원활하게 이루어지도록 하는데 있는 것이다. 그래서 『주역』의 본질은

---

71) 김진근, 『왕부지의 주역철학』, 예문서원, 1996, pp.105-110.

72) "子曰 夫易何爲者也 夫易開物成務 冒天下之道 如斯而已者也 是故聖人 以通天下之志 以定天下之業 以斷天下之疑.", 『周易』「繫辭上」

인간이 천명을 주체적으로 자각하는 본질적 체험이며, 천명과 교감 소통하고 합일하는 것이다.

　과학이 아무리 발전했다고 하더라도 오랜 역사를 통하여 사람의 운명을 점쳐 온 일종의 민간신앙이 아직도 전해지면서 점술가들이 타국까지 나가 활동을 하고 있다. 점은 인간의 운명을 예측하는 수단이 되기 때문에 사람들의 관심에서 멀어지지 않는다. 또한 『주역』은 이 점의 철학적 해명을 뒷받침하는 중요한 전적이 되기 때문에 그에 담긴 운명론이 중요한 의미를 가질 수 밖에 없다.

2) 『주역』의 운명론

(1) 生生思想과 운명론 ─────────────────

　우주 삼라만상을 포함한 우리 인간의 生은 철학의 핵심 주제이다. 이를 '생의 철학'이라고 볼 때, 생의 철학은 실증주의나 합리주의에 대한 반대의 개념으로 살아있는 생명체의 실상을 파악하려는 것이다. 특히 생에 대한 이해는 서양의 경우 니체(F.W.Nietzsche, 1844-1900)를 위주로 한 19세기 이후 현대 철학의 한 사조로 불릴 만큼 생의 철학은 철학사에서도 중요한 테제를 형성해 왔다. 동양에서는 그 보다 훨씬 이전인 『주역』 사상에서 생의 철학이 발견된다.

　『주역』에서는 생을 "天地의 큰 德"[73] 이라 하였다. 즉 만물이 끊임없이 생겨나고 소멸되는 공간이 바로 천지이다. 한마디로 '변화'의 공간이 천지이며, 그 변화의 공간 작용을 바로 生으로 보고 있다. 이 '변화'를 『周易』에서는 "문을 닫는 것은 坤이고 문을 여

─────────────────────────────────────
73) "天地之大德曰生.", 『周易』「繫辭下」

는 것은 乾이다. 닫혔다 열렸다 하는 것이 바로 변화이다"[74] 라고 설명하여 건과 곤의 문이 열리고 닫히는 것을 변화로 보고 있다. 이는 하늘과 땅의 변화요 음양의 변화를 의미하는 것이다.

생성은 소멸을 내포하는 개념이다. 이는 우리가 '살아가고 있는 것인가', '죽어가고 있는 것인가'라는 질문에 쉽게 답하지 못하는 이유다. 불교에서 말하듯, 生속에 滅이 있고, 滅속에 生이 있다는 논리로 이해된다. 이를 『주역』에서는 '易'으로 이해한다. 그리하여 "낳고 또 낳는 것을 역이라고 한다"[75] 고 하였다. 여기서 바로 '生生思想'이 드러난다.

주지하는 바와 같이, 『주역』은 道를 우주 만물의 운동 변화 법칙으로 보고 있으며, 陰陽의 작용을 근거로 한 만물의 '生生'이 『주역』의 원리이다. 이는 『주역』에서 '태극이 兩儀를 낳고 양의가 四象을 낳고 사상이 八卦를 낳는다'고 한 본원적인 인식이 기반되어 있다. 즉, 하늘과 땅의 交感으로 만물이 생기고 변화·발전이 생긴다. 이에 대해 『주역』에서는 다음과 같이 밝히고 있다.

> 천지가 풀어지면 천둥과 비가 일고, 천둥과 비가 일면 온갖 초목
> 이 껍질을 뚫고 움이 나온다.[76]

이는 우주 간의 모든 사물은 일정한 질서에 의해 진행한다는 말이다. 그래서 "만물은 다하여 끝날 수 없다. 따라서 미제괘가 이어

---

74) "闔戶謂之坤 闢戶謂之乾 一闔一闢謂之變.", 『周易』「繫辭上」

75) "生生之謂易.", 『周易』「繫辭上」

76) "天地解而雷雨作 雷雨作而百果草木皆甲坼.", 『周易』「彖傳」

지고 (역은) 그것으로써 종결된다"[77] 고 하여 우주의 진화가 영원히 진행되는 것임을 말하였다.

논의를 확대해 보면, 동양철학에서는 인간의 생에 대한 탐구가 철학의 중심을 이룬다. 나아가 인간과 자연 또는 세계와의 관계를 탐색한다. 이는 특히 유가·도가 철학에서 잘 밝히고 있다. 두 철학의 체계는 우리 인간의 생을 탐구의 근본 대상으로 하며 각자의 시각에서 그 생의 전제를 바라보는 점에서 동질성을 갖는다. 특히 이 두 철학은 인간 생의 근거를 세계 속에서 발견한다. 이는 세계의 현상이나 전개논리 속에 생을 규정하는 조건이 갖춰져 있음을 인정하기 때문이다. 즉, 이들은 존재하는 모든 것에 진리의 속성이 들어 있음을 인정하는 것이다. 윤천근은 이를 두고 "현상적 측면에서 포착하여 가는 것은 도가철학이고, 본질적 측면에서 받아들이는 것은 유가철학이다"[78] 고 정리하였다. 그러나 현상과 본질에 대한 접근은 도가나 유가 모두 중시하고 있다.

시간적·공간적으로 인간은 자연 앞에서 언제나 나약한 존재이다. 육체적 으로나 존재적으로도 자연에 대해 나약하기는 마찬가지이다. 반면에 인간이 속한 세계는 광대하고 위대한 것으로 인식되어 왔다. 아이러니하게도 나약한 인간이 위대한 세계를 탐색하고 자연을 도구화하기 위한 여러 시도를 해 오고 있다. 그 과정에서 인간은 자연을 훼손하여 수많은 자연재해가 인재로부터 비롯된 것임을 자각하고 있다. 그리고 다시 그 인재를 복구하기 위해 또 다른 자연에 대한 탐색을 시도한다.

자연은 인간의 존재와 삶을 아래에서부터 지지하여 주기도 하고

---

77) "物不可窮也 故受之以未濟終焉.", 『周易 』「序卦傳」

78) 윤천근, 『유학의 철학적 문제들 』, 법인문화사, 1996, p.49.

강력히 거부하기도 하였다. 바로 이 '거부'가 자연재해에 해당한다. 결국 인간은 자연에 의존하는 삶을 살아갈 수 밖에 없다. 지구적 환경은 그 생존환경이 어떠하냐에 따라 흥망성쇠가 나타난다. 특히 한반도와 같이 사계절이 분명한 지역은 미래의 모습 예측이 수월하다. 따라서 예측된 미래를 전제로 과거의 불안하고 잘못된 점을 수정하여 발전된 삶을 준비하는 지혜를 갖추어야 한다.

자연에 의존하는 인간 삶의 모습과 예측 가능한 자연은 우리의 의식을 결정하여 준 중요한 요건이 된다. 문제는 자연이 예측 가능한 것이어서 우리의 삶을 준비할 수 있게 질서를 잡아 주면서도 다른 일면으로는 그 질서를 파괴 하는 예측 불가능한 모습을 보이기도 한다는 점이다. 우리는 이러한 예측 불가능성이 점차 확대되어 가는 것을 경계해야 한다.

이상과 같이 인간이 의존하는 자연에 대한 관념을 올바로 인식하기 위해서는 자연에 내재되어 있는 통일적 질서가 무엇인지 치밀하게 분석해야 한다. 이를 위해서 자연의 질서를 확대하여 그 바탕에 있는 지배적 질서가 무엇인지 파악할 수 있는 인문과학적 지식이 요구된다.

(2) 하늘사상과 운명론 ─────────────────

동양사상에서는 하늘의 법칙[天道]에 근거하여 인간의 삶에 관한 문제를 논의한다. 특히 『주역』은 天道의 존재 구조를 밝히는 데 목적이 있다고 해도 과언이 아니다. 그래서 송재국은 "『주역』의 첫 마디를 하늘의 역학적 개념인 '乾'으로 시작하면서 이를 元·亨·利·貞의 四象으로 설명한 것은 天道의 존재 구조를 드러내고자 하는 의지가 그대로 반영된 증거이다"[79] 라고 보았다. 즉, 『주역』의 시작을 乾으로부터 시작하여 의도적으로 天道에 방점을 두고 있다는 것이다. 여기서 하늘은 부동의 존재가 아니라 끊임없이 변화 약동하면서 만물의 성쇠에 관여한다. 그것이 天命이며, 『주역』은 이를 元 · 亨 · 利 · 貞으로 설명한다.

易의 본래 의의가 '變化之道'에 있는 이상, 『주역』에서 천도의 성격은 '天行'으로 명기한 데에서 분명히 발견할 수 있다. '천행'은 '日月之行'으로 드러나는 하늘의 시간적 구조를 말한 것이다. 『주역』에서는 천행과 더불어 '天時'를 중요하게 다루고 있으며, 그와 더불어 '先天'과 '後天'이라는 개념으로 소개하고 있다. 모두 시간적 구조임은 두말할 나위 없다. 따라서 『주역』의 천도와 운명론을 논의하는 것은 시간적 운명론의 문제에서 다뤄질 수 있을 것이다. 그러나 천도는 단순히 물리적 시간 구조에 대한 것만이 아니다. 이를 『주역』에서는 다음과 같이 말하였다.

> 무릇 大人은 천지와 함께 그 덕을 합하고 일월과 함께 그 밝음을 합하며, 사시와 함께 그 질서를 합하고 귀신과 함께 그 길흉을 같이 한다.[80]

위와 같이 '大人'을 앞세워 인격적 주체로서 선천과 후천의 문제가 시간적 구조로만 따질 수 있는 것은 아니고 인간 주체성을 전제로 하고 있음을 시사하고 있다. 나아가 '대인'은 천도의 본질과 합치

---

79) 송재국, 「주역의 '先天'·'後天'의 철학적 이해」, 『동서철학연구』 23, 한국 동서철학회, 2002, p.96.

80) "夫大人者 與天地合其德 與日月合其明 與四時合其序 與鬼神合其吉凶.", 『周易』「文言傳」

된 경지를 의미한다. 『주역』에서는 위 문장에 이어 선천과 후천에 대해서 '先天而天弗違 後天而奉天時'라는 유명한 문장을 남기고 있다. 이는 선천과 후천을 직접 언급한 부분으로 『주역』의 하늘사상을 이해하는데 필수적인 문구이다. 唐代의 孔穎達(574-648)은 이에 대해 다음과 같이 注하였다.

> 선천이천불위라고 한 것은 인간이 천시보다 먼저 일을 행해도 뒤에 하늘이 이를 어기지 않는다는 것이다. 이는 하늘이 대인과 합한다는 의미이다. 후천이봉천시라는 것은 천시보다 뒤에 일을 행함에는 上天을 받들어 따르는 것이다. 이는 대인이 하늘과 합한다는 것이다.[81]

즉, 대인은 하늘적 존재로서 그 덕이 크고 넓어서 天時에 앞서거나 뒤따라도 언제나 天道와 합치된다는 의미로 이해된다. 또한, 인간이 하늘보다 먼저 해도 하늘이 어기지 않는다는 것은 인간사에서 그 궁함을 미리 예측하여 없애는 것을 말한 것이며, 하늘보다 뒤에 일을 해도 天時를 받든다는 것은 인간사에서 생긴 재앙을 잘 처리하는 것을 말한 것이다.

반면, 邵雍(1011-1077)은 "선천의 학은 心法의 학이고, 후천의 학은 자취의 학이다"[82] 라고 하여 선천을 형이상학적 이치가 행해진 이상적 사회로 보았고, 후천을 亂이 반복되는 어지러운 현실 세계로 이해하기도 하였다. 그러나 『주역』에서의 후천은 "군자가 성

---

81) "先天而天弗違者 若在天時之先行事 天乃在後不違 是天合大人也 後天而奉天時者, 若在天時之後行事 能奉順上天 是大人合天也.", 『周易正義』

82) "先天之學心也 後天之學迹也.", 『皇極經世書』, 「觀物外」

인의 뜻에 따라 역리를 현실적으로 완성시킨 인간 세계"[83] 를 말하는 것이다.

어쨌든 『주역』의 하늘사상은 "하늘과 땅이 있은 후에 만물이 생긴다"[84] 는 관점에서 비롯된다. 이는 하늘이 천지만물의 근원이라는 말이다. 그리고 이 "하늘은 象이 이루어지는 곳이고, 땅은 形體가 이루어지는 곳"[85] 이다. 하늘이 만물의 상을 낼 때 만물의 생존 법칙도 함께 부여하였으므로 사람의 운명론을 이해하기 위해서는 하늘사상을 이해함으로써 가능하게 된다는 논리이다. 그래서 『中庸』에서도 "하늘이 命한 것을 性이라 하고, 성을 따르는 것을 道라 하고, 도를 닦는 것을 敎라 한다"[86] 고 했던 것이다. 또한, 易은 천도를 미루어 인도를 밝히는 것에 귀착된다. 즉 천도와 인사를 결부시켜 천도로부터 인사를 설명하는 것이다. 따라서 이러한 논리에 따르면 인간의 운명론은 곧 천의 운명론이라 해도 과언이 아니다.

역의 64괘 384효는 음양의 消長, 곧 자연의 변화를 나타낸다. 또한 『주역』에서는 이것이 인간의 모든 경우를 나타내는 것으로 이해한다. 자연의 변화가 곧 인간의 변화와 같다는 논리이다.

자연(하늘)의 법칙은 필연적이어서 우리는 그것을 지배할 수 없다. 자연의 법칙이란 이루 헤아릴 수 없는 것이지만, 이에 대해 거기서 일정한 법칙을 찾아내는 것처럼 인간에게도 그 사람에 따라 대처하는 방법이 있다. 한마디로 자연의 법칙에 따르는 것이 吉이

---

83) 송재국, 앞의 논문, p.101.

84) "有天地然後 萬物生焉.", 『周易 』 「序卦傳」

85) "在天成象 在地成形.", 『周易 』 「繫辭上」

86) "天命之謂性 率性之謂道 修道之謂敎.", 『中庸 』 一章.

요, 거스르는 것이 凶이다.

이처럼 『주역 』은 점을 치기 위한 도구에서 시작되었으나, 자연법칙을 그대로 담고 있으면서 인간을 계도하는 철학적 가치가 더해지면서 동양철학의 정점을 차지하게 되었기 때문에 인간과 자연을 이해하기 위해서는 『주역 』에 대한 이해가 필연적으로 선행되어야만 할 것이다.

(3) 憂患意識과 운명론 ──────────────

'憂患'은 고난과 역경에 대해 걱정하고 염려하는 것이고, '意識'은 그것을 자각하는 것을 의미한다. 궁극적으로 "우환의 극복을 통해 안락을 추구하면서 우환을 삶의 적극적인 계기로 인식하는 것이다."[87] 『주역 』에 바로 이와 같은 우환의식에 따른 운명론이 잘 담겨져 있다.

> 위태롭게 여겨 조심하는 자는 평안하게 되고, 자만하여 안이한
> 자는 기울어지고 넘어진다.[88]
> 처음부터 끝까지 줄곧 두려운 마음으로 임하니 그 요체는 바로
> 허물없음이다. 이것을 일러 易의 道라 한다.[89]

위 인용구에서 첫 번째 인용구의 '위태롭다'는 의미의 '危'와 두 번째 인용구의 '두렵다'는 의미의 '懼'를 합한 '危懼'가 『주역 』의 우환의식을 대표하는 것이다. 또한 다음에서도 우환의식이 잘 드러

---

87) 이상익, 『歷史哲學과 易學思想 』, 성균관대학교 유학대학출판부, 1996, p.248.

88) "危者使平 易者使傾.", 『周易 』 「繫辭下」

89) "懼以終始 其要无咎 此之謂易之道也.", 『周易 』 「繫辭下」

난다.

> 뉘우침과 인색이란 것은 그 작은 허물을 말함이요, 허물 없다는
> 것은 과오를 잘 고치는 것이다.[90]

여기서 '허물없음(无咎)'이란 과오를 잘 고치는 것이라고 한 점
이 주목된다. 사람은 누구나 성인이 아닌 이상 어느 정도의 과오가
있기 마련이다. 흔히 말하는 '털어서 먼지 나지 않은 사람'이 없다.
『주역 』에서는 그 과오를 잘 반성하고 고침으로써 후회할 일이나
근심할 일은 물론 흉한 일까지도 미리 예방할 수 있음을 강조하고
있다. 이와 같이 우환의식에는 일의 결과를 미리 예측하는 예측학
이 담겨 있다.
  견해를 약간 달리하여, 맹자는 다음과 같이 우환의식을 이해하고
있다.

> 사람이 덕행과 지혜와 기술과 지식을 가지게 되는 것은 항상 질
> 병이나 재난 가운데에 있을 때이다. 오직 외로운 신하와 서자들
> 은 그 조심하는 것이 위태로울 때처럼 하고 우환을 염려하는 것
> 이 깊기 때문에 출세하게 된다.[91]

이와 같이 맹자는 사람이 우수한 능력을 가지려면 그 사람이 처한
어려움을 극복함으로써 가능하다는 것으로 사전에 우환을 염려하

---

90) "悔吝者 言乎其小疵也 无咎者 善補過也.", 『周易 』「繫辭上」
91) "人之有德慧術知者 恒存乎疢疾 獨孤臣孼子 其操心也 危 其慮患也 深
   故達.", 『孟子 』「盡心章上」

는 마음이 깊으면 출세하게 된다고 보았다. 다시 말해서 우환의식이 사람의 발전을 견인하는 것이라는 말이다. 즉, 논의를 확대하면 우환의식을 통해 자신의 운명을 미리 예측하는 지혜가 필요하다는 말로 이해된다. 사람들이 생활상에서 변화시키거나 만들어가는 여러 가지 현실적 상황과 달리 변화시킬 수도 피할 수도 없는 '한계상황'에서 어쩔 수 없는 벽에 부딪혀 좌절함으로써 자아를 각성하고 초월에 닿게 된다. 그 초월의 대표적인 것이 바로 절대자에 귀의하는 것과 같이 종교에 의지하는 것이다.

『주역』에서도 일의 성패와 화복을 예측하기 어려울 때 주로 점을 친다. 점을 치는 목적이 바로 "천하의 의심을 끊는 것"[92]에 있다는 말이다. 즉, 의심나는 사항을 끊어 버리기 위해 점을 친다. 우리는 심각한 문제나 한계상황이 닥쳤을 때 스스로 그 해결책을 찾기 위해 궁구한다. 혼자서 해결하지 못할 경우 주변의 도움을 받거나 점을 쳐서 지혜를 구하는 것이다. 우환에 처했을 때 우환을 돌파해 나가는 가장 기본적인 원동력은 바로 자기 자신에 대한 진지한 성찰이다. 그런 까닭에 우환을 극복하기 위해서는 주체성의 자각이 필수적이다.

다른 한편, 王夫之(1619-1692)가 "『주역』의 존재 이유는 우환의 해소에 있었다"[93]고 할 정도로 우환의식은 『주역』의 성립에서 중요한 위치를 점한다. 이와 같이 『주역』은 길흉을 예측하고 미리 예방해야 한다는 우환의식 아래 지어진 것으로 64괘 모두가 우환에 처하는 도리를 말한 것이다.

이상과 같이 『주역』은 天道를 天時로 밝히고자 하는 데서부터

---

92) "以斷天下之疑.", 『周易』「繫辭上」

93) "而詔民於憂患者 存乎易而已矣.", 王夫之, 『周易內傳』

출발하여 생생사상과 하늘사상 그리고 우환의식을 통해 우연한 한 계상황에 처했을 때 그것을 극복하는 지혜를 가르쳐 주고 있다. 인 간의 운명을 예측하는 고대인들의 가르침이 철학적 담론으로 지속 되고 있다는 점에서 운명론의 의의가 담겨 있는 것이다.

Ⅲ. 한국 운명론의 역사적 전개

Ⅲ. 한국 운명론의 역사적 전개

1. 고대의 운명 예측

1) 고대 운명 예측의 기원

예측의 역사는 곧 인류의 역사라고 해도 과언이 아닐 정도로 어느 문화에나 일찍부터 예측 문화가 있어 왔다. 특히 우리 조상들은 일찍이 점복이나 사주팔자, 풍속점 등 운명 예측에 익숙했다. 전쟁의 승패를 미리 점치는 것부터 농사일을 결정하는 구체적인 것까지 점복의 결과에 주안점을 두었다. 한편, 앞에서 살펴본 대로, 고대 중국과 로마에서의 예측은 황제만이 가질 수 있는 소유물이었으며, 이 기술을 사사로운 목적으로 이용하는 것은 중대한 범죄였다. 그러던 것이 점차 일반 백성들까지 점치는 문화가 확산되어 현재에 이르고 있다. 즉, 운명 예측의 보편화가 이뤄진 것이다.

조선조에 와서 양반문화가 우세해지면서 무속인을 천민으로 취급하고, 일제 강점기에는 민중의 유대감을 강화하는 무속신앙을 탄압하기고 했다. '미신(superstition)'이라는 부정적인 의미를 담은 용어 자체도 메이지 유신 시대 개화주의자들이 쓰던 것을 그대로 사용해온 것이다. "해방 이후에는 서구 문명과 기독교의 유입으로 무속 행위가 타파대상이 되었다."[94] 그리하여 상당수가 운명 예측을 추구하면서도 그것을 폄하하거나 떳떳하지 못한 느낌을 가지게 되었다. 그러나 우리의 사고 기저에는 샤머니즘이라는 원초적 행동

---

94) 장성숙, 「토속신앙과 상담의 관계: 점복문화를 중심으로」, 『한국심리학회지: 상담 및 심리치료 』 17-3, 한국심리학회, 2005, pp.735-749.

양식이 존재한다. 왜냐하면 최근 무속에서 굿을 하는 사람들은 많지 않지만, 운명학 종사자는 늘고 있기 때문이다.

논의를 다시 앞으로 돌려 운명 예측의 기원을 살펴보면, 운명 예측은 선사 시대로까지 올라간다. 당시 문헌 기록은 남아 있지 않지만, 다양한 형태의 운명 예측이 존재했을 것이다. 인간이 고등동물이라는 점은 불의 사용이 핵심 이유이다. 불은 인류에게 자연을 지배할 수 있는 힘을 주었으며 이로 말미암아 인류는 동물 상태에서 완전히 벗어날 수 있었다.

원시 사회는 구석기 시대를 거쳐 신석기 시대, 청동기 시대로 이어진다. 구석기 시대 사람들은 작은 무리를 지어 옮겨 다니는 생활을 하였다. 이 시기의 인간은 예지의 발달이 아직 부족했고 자연을 공포의 대상으로 여겼다. 자연에 대한 공포와 알 수 없는 미래의 두려움은 원초적 형태의 신앙을 발생시켰다. 그러나 어떤 전형적인 운명 예측은 아직 시작되지 않았다. 단지 일월의 변화, 밤낮의 변화, 바람과 강물, 바다와 산 등의 변화를 보고 직감적으로 미래를 예견하는 정도의 예측 능력은 있었을 것이다.

흔히 민속에서 말하는 '아침 까치가 짖으면 손님이 찾아온다'는 말이 있다. 그래서 아침에 일어나서 까치 소리가 들리면 그날은 좋은 소식 혹은 손님이 올 것이라는 기대를 하게 된다. 물론 과학적으로 까치와 손님은 아무런 관련이 없다. 그럼에도 우리는 아침에 짖는 까치 소리를 좋은 징조, 즉 '吉兆'로 여긴다. 반대로 까마귀가 울면 '凶兆'이다. 이런 식으로 특정한 자연현상을 통해 하루의 운세를 알아보는 것도 예측의 일종이다.

이밖에도 달빛으로 점을 친다거나, 동짓달 연못의 얼음이 갈라지는 모양을 보고도 풍흉을 점칠 수 있다. 얼음이 남쪽에서 북쪽으로 갈라져 있으면 풍년, 서쪽에서 동쪽으로 갈라져 있으면 흉년이라는 식이다. 꿈도 빠질 수 없다. 돼지꿈은 복이 들어올 조짐을 의미한다고 하여 이 꿈을 믿는 사람들은 그날 복권을 산다.

이와 같이 동서고금을 막론하고 인류는 특정한 기상 현상, 식물의 형태, 동물의 움직임과 같은 자연 현상과 꿈속에서 일어난 일들을, 나름의 방식으로 해석하여 하루 또는 한 해의 길흉을 점쳤다. 호락호락하지 않은 자연환경에 맞서서 늘 생존을 걱정해야만 했던 원시인들은 앞일을 점쳐서 그 의미에 맞는 대비책을 강구해갔다. 그리고 이러한 원시인들의 점술과 사고방식은 역사 시대에도 이어져 현대인의 의식과 관습 속에도 뚜렷이 남아 전한다.

신석기 시대로 접어들면서 인간 생활은 정착 농경 생활로 변화되어 씨족 사회를 이루고 살았다. 이 시기는 원시 공동체 사회로서 구성원들 사이에 계급 관계가 성립되지 않아 인간에 의한 인간의 지배나 착취는 없었다. 다만 전 시기보다는 정교해진 수준의 인간의 노동과 수확물에 대한 성공을 비는 주술적 의례는 있었을 것이다. 오랫동안 존속하던 원시 사회는 농업의 발달과 함께 서서히 변질되어 갔다. 신석기 시대 후기로 오면 이미 사회 구성원들 사이의 평등한 관계는 깨어지기 시작했다. 청동기의 사용은 이러한 추세에 결정적인 계기를 마련하였다. 청동기 시대에 이르면 많은 동경과 방울, 여타 제의용 도구들이 사용되기 시작한다.

馬韓에서 天君은 天神의 제사를 주관하는 자인데, 제천행사를 할 때 "방울과 북을 흔들어 귀신을 모신다"[95] 는 기록이 전한다. 방울은 그 소리로써 귀신을 쫓거나 불러들이는 데 사용된다고 한다. 이러한 천군의 巫具로 추정되는 청동방울이 남한 지방 여러 지역에서

---

95) "縣鈴鼓 事鬼神.", 『三國志 』, 「魏書」卷30, 東夷傳, 韓.

발견된 바 있다.[96] 그 밖에도 거울은 보통 거울과 달리, 거울면이 오목하게 되어있어 얼굴을 비춰보는 거울이 아니었다. 방울은 자루가 달린 것, 닻 모양의 것과 방울의 수효가 두 개에서 여덟 개에 이르기까지 여러 가지 양식을 보여주고 있다. 이들 청동기 원료는 흔치 않았고 청동기의 생산량도 많지 않았다. 따라서 청동으로 만들어진 이들 儀器들은 누구나 소유할 수 없는 것이었다.

청동기 시대에는 전쟁이 자주 일어났고, 약탈전이 강화되고 원시공동체의 모습은 현저히 변질되면서 질적으로 새로운 단계로 접어들었다. 이 시기는 사제와 정치권이 결합되어 점복을 행했다. 전쟁에 대한 예견이나 농사의 풍흉, 집단의 단결 등을 위하여 다양한 형태의 점복이 행해졌을 것이다.

이같이 청동기 시대에 들어오면서 지배하는 자와 지배받는 자가 생겼고, 식량과 영역 확보를 위한 집단 간의 전쟁이 벌어졌다. 이때 하늘이나 자연물에 드리는 제사는 전쟁의 승리나 풍년을 기원하고 집단 결속을 강화하는데 좋은 수단이 되었다.

우리나라에서도 부족사회와 초기왕조에서도 甲骨을 행사하여 왔다. 신석기시대부터 철기시대까지 만주나 한반도 내에서 여러 갑골이 발견되었다. 이러한 갑골이 최근 茂山 虎谷洞 · 金海 府院洞 · 海南 郡谷里 등지에서도 확인되고 있어 중국의 한국 · 일본 등에 대한 卜骨 운명 예측의 문화적 영향을 짐작할 수 있다. 이리하여 갑골 문화의 전래를 통해서도 고대 한반도와 중국과의 관계를 설명할 수 있다. 복골의 존재는 종래 토착적인 신앙 이외에도 중국으로부터 새로운 점복이 유입되었음을 말해주고, 또한 당시의 사회가 운명

---

96) 충남 논산과 덕산, 전남 환순 대곡리, 함평 초포리, 대구 신천동과 월성 죽동리 등에서 발견되었다.

예측을 필요로 하는 단계였다고 생각된다. 그러나 이러한 운명 예측이 우리나라의 경우 어느 시기까지 거슬러 올라가는지 정확히 밝히는 것이 앞으로의 과제이다.

2) 고대 한국의 운명 예측

운명 예측은 고대인의 정신생활이나 祭祀 활동에 매우 중요한 부분이다. 政治上으로는 통치자가 有意·無意 중에 점복을 통치권력이나 王統을 유지하는데 이용하였다.[97] 특히 고대 한국 사회는 주로 고조선 사회로부터 언급된다. 檀君史話에서 말하는 天符印은 청동기 사용과 정치 권력자의 등장을 말해 준다. 즉, 단군은 특정한 인물을 가리키는 고유 명사가 아니라 제사장을 가리키는 보통 명사이며, 王儉은 현실의 지배자로서 정치 권력자를 의미한다. 이러한 이름을 가진 지배자는 하늘로부터 받았다고 믿는 천부인 3개를 권위의 상징으로 삼아 종교 행사를 주관하면서 현실 사회를 지배하였다. 이들은 바로 국가적인 운명 예측뿐 아니라 개인적인 문제에도 예측을 행하였던 것이다.

고대 부여국에서는 종족신 외에 하늘의 주재자, 또는 그 자손인 지상의 신, 즉 국왕 및 그 시조에 대한 숭배로 발전하였다. 부여에서는 소 발굽을 보고 길흉을 점쳐서 굽이 쪼개져 있으면 흉조, 합해 있으면 길조인 것으로 판단한 것으로 미루어 운명 예측이 있었음을 알 수 있다. 이를 조금 더 자세히 살펴보면, 다음은 중국의 사서에서 전하는 夫餘의 점치는 풍속이다.

---

97) 이형구, 「갑골문화의 기원과 한국의 갑골문화」, 『정신문화 』 1982년 겨울호, 한국정신문화연구원, 1982, pp.189-205 참조.

軍事(전쟁)가 있을 때 역시 하늘에 제사 지낸다. 소를 죽여 발굽을 보고 길흉을 점쳐 발굽이 갈라져 있으면 凶이고 붙어 있으면 吉로 여긴다.[98]

이는 부여인들이 국가의 중대사를 결정할 때 점술의 결과를 중요하게 받아들였음을 말해주는 기록이다. 고구려 역시 부여와 같은 풍속이 있었다고 한다. 삼국 시대로 접어들면서 운명 예측의 역사는 구체적으로 『삼국유사』나 『삼국사기』 등에 서술된다. 고구려에서 유리왕이 무속을 불러 점을 쳐서 저주를 밝히는 과정이나, 우리가 잘 알고 있는 차대왕 3년 흰 여우가 뒤를 따라오며 울기에 왕이 활을 쏘았으나 맞히지 못하고 巫師에게 길흉을 물은 이야기, 보장왕 시대에 주몽의 사당에서 신탁을 내려 성을 온전하게 한 이야기 등이 전해지는 것으로 보아 국가적으로 점복이 중요했음을 알 수 있다. 구체적으로 관련 사례를 검토해 보자.

고구려의 운명 예측 사례는 그 담당자를 명시하지 않은 예를[99] 제외하면 아래에 인용하는 6건이 된다.

> 19년 가을 8월에 郊豕가 달아나서 왕은 託利와 斯卑를 시켜 뒤좇게 하였더니, 長屋澤 가운데에 이르러 잡아서 그 돼지의 힘줄을 끊었다. 왕이 이 말을 듣고 화가나서 '하늘에 제사 지낼 짐승을 어찌 죽일수 있단 말인가' 하고는 두 사람을 구덩이에 던져 버렸다. 9월에 왕이 병이 나자 巫가 '탁리와 사비가 빌미가 되었다고

---

98) "有軍事亦祭天 殺牛觀蹄以占吉凶 蹄解者爲凶 合者爲吉.", 『三國志』卷30, 「烏桓·鮮卑列傳」

99) "相者占之曰……"(『三國遺事』紀異, 高句麗條) 및 "占者"(『三國史記』卷15, 太祖王 90年條)의 경우이다.

말하였다. 왕이 그를 시켜 사과하니 곧 병이 치유되었다.[100]

위 기사에서에서 巫는 왕의 병이 왜 발생했는지를 찾아냈고, 그 치료 방법까지 제시하였다. 즉, 託利와 斯卑가 천제에 쓸 제물인 돼지(郊豕)를 함부로 죽인 것이 빌미가 되어 왕이 그들을 구덩이에 파묻어 죽게 한 것이 결국 왕의 병인이 되었다고 하여 巫가 그것을 사과하게 함으로써 병을 낫게 한 것이다.

> 가을 7월에 왕은 平儒原에 사냥을 갔는데 흰 여우가 따라오면서 울었다. 왕은 그것을 쏘았으나 맞치지 못했다. 師巫에게 물었더니, '여우는 요망한 짐승으로 상서롭지 못합니다. 하물며 그 색이 백색이니 더욱 괴이합니다. 그러나 하늘은 간절히 말할 수 없으므로 妖怪로써 보이는 까닭으로 이는 왕으로 하여금 두려워하고 반성하게 하여 스스로 새롭게 하고자 하는 것입니다. 왕께서 덕을 닦으시면 禍가 복으로 바뀔 수 있습니다'라고 대답하였다. 왕은 '凶이면 凶하고 吉이면 吉할 뿐이다. 네가 이미 요괴라 해놓고서 또 복이 된다고 하니 이 무슨 거짓말이냐?' 라고 말하고 드디어는 그를 죽여 버렸다.[101]

---

100) "十九年秋八月 郊豕逸 王使託利斯卑追之 至長屋澤中得之 以刀斷其脚筋 王聞之怒曰 祭天之牲 豈可傷也 遂投二人坑中 殺之 九月 王疾病 巫曰託利 斯卑爲祟 王使謝之 卽愈.", 『三國史記』卷13, 瑠璃明王 19年條.

101) "秋七月 王田于平儒原 白狐隨而鳴 王射之不中 問於師巫曰 狐者妖獸非吉 祥 況白其色 尤可怪也 然天不能諄諄其言 故示以妖怪者 欲令人君恐懼修 省 以自新也 君若修德 卽可以轉禍爲福 王曰凶卽爲凶 吉卽爲吉 爾旣以爲 妖 又以爲福 何其誣耶 遂殺之.", 『三國史記』卷15, 次大王 3年條.

여기서 얼핏 보기에 師巫는 미신의 세계에 있으며, 次大王은 매우 합리적인 사고를 한 것 같다. 그러나 師巫는 자신의 일에 충실하여 하늘에 복을 비는 것을 개진하였고, 이에 대해 차대왕은 거부하고 있는 것이다.

> 처음 小后의 어머니가 아이를 잉태하였으나 아직 낳지 않았다.
> 巫가 점을 쳐서 말하기를 '반드시 왕후를 낳을 것입니다'라고 하니,
> 어머니가 기뻐하였다.[102]

이는 山上王이 酒桶村女와의 사이에서 왕자 東川王을 낳고 주통촌녀를 小后로 봉한 뒤의 이야기이다. 이 기사를 통해 동천왕이 이미 왕이 될 운명이었음을 시사하는 내용이다.

> 巫者가 말하기를, '國壤이 나에게 내려와 말하기를, 어제 于氏가
> 山上에게 돌아온 것을 보고 분을 참지 못하여 마침내 그와 전투
> 를 벌였는데 물러나서 생각하니 부끄러워 차마 나라 사람들을 볼
> 수 없다. 네가 조정에 알려서 나를 물건으로 가리어 달라'고 하였
> 다. 이로 말미암아 소나무를 陵 앞에 7중으로 심었다.[103]

여기서 국양은 故國川王이다. 고국천왕의 妃 于氏는 왕이 죽자 王弟(山上王)의 妃가 되었다. 于氏는 사후 자신의 유언에 따라 山

---

102) "初 小后母孕未産 巫卜之曰 必生王后 母喜.", 『三國史記』卷16, 山上 王 13年條.

103) "巫者曰 國壤降於予曰 昨見于氏歸于山上 不勝憤恚 遂與之戰 退而思 之 顔厚不忍見國人 爾告於朝 遮我以物 是用植松七重於陵前.", 『三國 史記』卷17, 東川王 8年 9月條.

上王과 合葬되었는데, 이에 대한 故國川王의 분노를 巫가 전한 것이다. 이것은 "于氏의 행위에 대한 당대인의 의구심을 巫가 故國川 王에 가탁하여 표현한 것"[104] 이라는 해석이 있다.

지금까지 인용한 巫를 종합적으로 고찰해 보면 비록 통계를 낼 만큼 충분한 숫자는 아니나 이들 巫는 1~3세기에 집중되어 있다. 巫는 하늘과 같은 자연을 중심에 놓고 인간을 파악하는 것이 핵심 기능이다. 따라서 정치의 최고 권력자인 왕으로써는 무를 옆에 두고 자신의 정치적 입지를 굳히는데 주요한 상담자로 삼았던 것이다.

巫는 어떠한 사건의 발생 원인을 찾아 주고, 질병이 일어난 경우 그것을 치유해 주는 醫師의 역할도 하였다. 그리고 무는 일반인이 할 수 없는 능력을 지녀 死靈과도 교유할 수 있다고 믿었다.

> 李世勣이 요동성을 공격하여 주야로 쉬지 않고 12일이나 계속했다. 황제는 精兵을 이끌고 그와 합세하여 그 성을 수백 겹으로 에워싸고 북치고 고함을 지르니 천지가 진동했다. 성에는 朱蒙의 사당이 있고 그 사당에는 갑옷과 창이 있었는데, 망령되게 말하기를, 前燕때 하늘에서 내린 것이라 했다. 한창 포위되어 급박해지자 미녀를 예쁘게 꾸며 婦神을 만들었는데, 巫가 말하기를, '주몽이 기뻐하니 성이 반드시 완전하리라'고 했다.[105]

위 인용문에서 巫는 주몽의 사당에서 갑옷과 창 등의 巫具를 갖

---

104) 盧泰敦, 「高句麗 초기의 娶嫂婚에 대한 一考察」, 『金哲埈華甲記念論叢』, 知識產業社, 1983, p.85.

105) "李世勣攻遼東城 晝夜不息 旬有二日 帝引精兵會之 圍其城數百重 鼓噪聲振天地 城有朱蒙祠 祠有鎖甲銛矛 妄言前燕世天所降 方圍急 飾美女以婦神 巫言 朱蒙悅 城必完.", 『三國史記』卷21, 寶藏王 4年 5月條.

추고 주몽신을 모시고 있었던 무격이다. 또한 이 무격은 왕실의 무격이 아닌 민간의 무격이었다. 어쨌든지 이를 통해 보장왕 당시의 무격들의 양상이 어느 정도 파악된다.

> 5월에 五星이 동방으로 모였다. 日者는 왕이 노할 것을 두려워하여 거짓 고하였다. '이는 왕의 덕입니다. 나라의 복입니다'라 하니, 왕이 기뻐하였다. [106]

『漢書』「天文志」에 의하면, "五星이 東方에 모이면 중국이 크게 이롭고 西方에 모이면 夷狄用兵者가 이롭게 된다"[107] 고 한다. 어떻든지 우리나라 역대 왕조에서는 五星의 출현을 불길한 징조로 보았다.[108] 위 사료는 모두 次大王 遂成이 太祖王으로부터 왕위를 강압적으로 이어받고 그 반대세력인 右輔 高福章과 태조왕의 元子를 죽인 뒤의 사건이다. 그러므로 차대왕의 합리적 판단을 나타내는 것이 아님은 물론, 차대왕의 포악한 성격을 전하는 것이다.

이상과 같이 고구려의 운명 예측 담당자는 巫와 日者 두 부류가 있었다. 이들 기사는 당대의 전승을 잘 유지하고 있다 하더라도, 운명 예측자의 명칭은 후대의 한자식 표현이다. 그리고 앞서 살펴본 대로 동물의 뼈나 발굽을 이용하여 점치는 풍속은 부여인이나 고구려인들뿐 아니라 남방의 백제에서도 있었음이 고고학 발굴 조사

---

106) "五月 五星聚於東方 日者畏王之怒 誣告曰 是君之德也 國之福也 王喜.", 『三國史記』卷15, 次大王 4年條.

107) "五星分天之中 積于東方 中國大利 積于西方 夷狄用兵者利.", 『漢書·天文志』

108) Park, Seong-Rae, "Portents in Korean History", JSSH47, 1978, pp.45-46 참조.

로 밝혀졌다. 대표적인 유물이 2008년 서울시 송파구의 풍납토성터에서 발견된 소의 어깨죽지뼈(길이 34cm)인데, 이 뼈에는 7-8개의 낮은 홈을 파고 불을 지져 점을 쳤던 흔적이 남아있다. 이를 점뼈라 하는데, 한자로는 '甲骨' 또는 '卜骨'이라고 한다. "卜骨은 龜甲이나 동물의 肩胛骨로 점을 치는 것을 일컫는다.

복골에는 卜辭나 문자를 刻辭한 '有字卜骨'과 아무것도 기록이 없는 '無字卜骨'이 있다. 무자복골은 중국에서 신석기시대 이래로 사용되는데 유자복골은 商中期에 출현한다. 한국이나 일본지역에서 발견되는 것은 모두 무자복골이다. 변한·전한 지역에서는 김해府院洞패총, 會峴里패총 주변에서 발견되었다."[109] 백제 초기의 왕성으로 알려진 풍납토성에서 그것도 비교적 큰 건물이 있었던 자리에서 이런 점뼈가 발견되었다는 사실은 백제인들도 지배층을 중심으로 자주 점술을 행했음을 말해준다.

이와 같이 점뼈는 한반도 곳곳에서 발견되었다. 함경북도 무산군 범의구석, 경상남도 김해시 부원동, 부산광역시 기장군 유적, 해남군곡리 패총에서도 점뼈가 나왔다. 이렇듯 동물의 뼈를 통해 운명을 예측하는 풍속은 부여와 고구려로부터 백제, 신라, 가야에 이르기까지 중요한 국가 행사였다.

백제의 운명 예측은 조금 더 구체적으로 나타난다. 앞서 살펴본 의자왕 말년에 백제가 망한다는 소문이 돌아 땅을 파보니 3척 가량의 깊이에서 거북이 나왔다는 기사가 대표적 예이다. 거북의 등에 백제는 둥근 달과 같고 신라는 초승달과 같다 하였으니, 이는 백제의 멸망을 의미하는 것으로, 신라의 국호를 계림으로 한 것도 흰 닭

---

109) 金暘玉, 「삼한의 형성과 문화적 배경: 변·진한을 중심으로」, 『국사관논총』 13, 국사편찬위원회, 1990, p.16.

의 울음소리를 점쳤던 데서 유래한 것이다.

> 25년 봄 2월에 왕궁의 우물이 넘치고 漢城의 人家에서 말이 소를
> 낳았는데 머리는 하나이고 몸이 둘이었다. 日者가 말하였다. '우
> 물이 넘친 것은 대왕이 勃興할 징조이고, 소의 머리가 하나이고
> 몸이 둘인 것은 대왕이 이웃 나라를 병합할 징조입니다.' 왕이 이
> 말을 듣고 기뻐하여 드디어 辰韓과 馬韓을 병합할 마음을 갖게
> 되었다. [110]

　이 기사는 온조왕 25년에 성안에 기이한 일이 벌어지자 日者(무
격)가 그 이유를 밝힌 것으로, 그 다음해의 기사를 보면 백제가 멸
망시켰다고 되어 있다. 백제가 정복해야 할 최대의 과제가 마한이
었던 시기의 전승사료이다.
　이와 같은 자연현상은 백제 발흥에 대한 하늘의 뜻을 보여주는 것
이라 할 수 있다. 그런데 그것은 日者의 판단을 통해 나타나고 있으
며, 왕 자신이 그러한 초자연적 능력을 가졌음을 보여주는 여타의
개국신화 분위기와는 차이가 있다. 그리고 日者는 자신의 판단을
인과적으로 설명하고 있다. 비록 기러기가 백성의 象이라고 한 것
은 『詩經』[111]에 근거한 후세의 修飾이라 하더라도, 백제사에서
국초에 두 번 보이는 日者 기사는 그들이 정신적으로 국정에서 행
하는 역할과 권위를 말해준다.
　상고시대 의료 담당자는 '巫醫'였다. 질병의 원인을 惡靈의 침입

---

110) "二十五年春二月 王宮井水暴溢 漢城人家馬生牛 一首二身 日者曰 井
　　水暴溢者 大王勃興之兆也 牛一首二身者 大王幷鄰國之應也 王聞之喜
　　遂有幷吞辰馬之心.", 『三國史記』卷23, 溫祚王 25年條.

111) 『詩經』 小雅 鴻雁篇.

으로 보는 원시사회나 고대인에게 있어서 그 치료는 샤먼이 전담하였다. 중국에서 '醫'자가 '靈'로도 쓰였음은 의사가 원래 巫였기[112] 때문이다. 巫覡이 金良圖의 병을 다스렸으나 효험이 없어 선덕왕대의 佛僧 密本이 이를 고쳐주었다는 이야기[113]도 있다. 이러한 사료는 치병의 직능을 두고 불승이 기존 무의 권위를 차지한 사례가 되겠으나, 모두 불교측에서 나온 이야기 이므로 이것을 두고 곧바로 巫佛交代라고 해석하기는 어렵다. 초기의 불승이 치병활동을 통해 포교의 목적을 달성함은 서역이나 중국에서도 마찬가지였으므로, 위 인용문은 불교 初傳時의 사정을 전해주는 것으로 이해된다.

---

112) "靈子·醫·毉·覡 巫也.", 張揖 撰, 『廣雅』, 釋詁 四(文淵閣版 『四庫全書』第221册, p.442) 참조.

113) 『三國遺事』 神呪 密本摧邪條 참조.

2. 중세의 운명 예측

1) 고려시대의 운명 예측

 통일 신라를 뒤이은 고려에 접어들어도 운명 예측은 여전히 행해
졌다. 고려를 창건한 王建(877-943)은 역성혁명을 통해 창간된 왕
조를 굳건하게 하기 위해 여러 가지 위인 탄생 신화를 발생 시킨다.
여기서 고려 왕씨 발생 및 고려 왕조 창건에 대한 운명 예측이 다수
발생하였다.

 고려시대 문헌에는 운명 예측 기록이 풍부하다. 문헌 기록에 나타
난 국가 차원의 운명 예측 계기도 다양하다. 당시의 운명 예측 계기
는 기록의 빈도수나 당대 사회에 미치는 영향을 고려하여 遷都, 전
쟁, 외교관계, 國亂, 권력자의 질병, 국가적 행사 擇日, 왕위계승자
결정 등으로 열거할 수 있다. 이처럼 문헌에 기록되어 있는 국가 차
원의 운명 예측은 주로 중요한 국가 정책의 결정을 앞두고, 왕이나
집권 세력의 명령에 의하여 정책 결정 방향에 대한 조언을 얻기 위
한 목적으로 행해졌다. 당시 국가 차원 운명 예측 기록의 추이를 살
펴보면, 국가적 巨事 전에 점복 기록이 매번 나타나지는 않는다. 국
가가 대외적인 위기에 처하였거나 국내의 왕권 및 집권세력의 균형
이 깨어졌을 때 운명 예측을 행하였다는 기록이 빈번하다. 즉 국가
의 대내외적 위기로 국론이 분열되어 이로 인한 갈등과 혼란을 수
습할 필요가 클 때, 운명 예측이 행해졌던 것으로 짐작된다.

 고려시대 문헌 기록에서 국가 차원의 운명 예측 계기 중 가장 많
은 횟수를 보이는 것은 천도 문제와 관련해서이다. 고려시대에는
定宗代 서경 천도론, 仁宗代 妙淸의 서경 천도론, 恭愍王代 천도
론, 禑王代 천도론 등 천도론이 빈번하게 일어났다. 이중 정종대의

천도 관련 내용을 살펴보면 다음과 같다.

> 왕은 불교를 좋아하는 성품으로 겁이 많았다. 처음에 도참으로써
> 서경 천도를 결심하고 장정들을 징발하여 시중 權直으로 하여금
> 궁궐을 건축하게 하였다. 이때의 부역은 쉼이 없었고, 또한 개경
> 백성들을 뽑아서 그곳을 채웠다. 군중들이 불복하고 원성이 계속
> 일어났다. [114]

이와 같이 정종 4년(949) 서경 천도 문제를 놓고 국론의 분열이
있었다. "定宗은 도참을 빙자해 서경으로 천도하려고 서경에 왕성
과 궁궐을 만들었으며 개경 民戶를 뽑아 서경을 채웠지만 많은 반
발을 받았다. 결국 왕식렴과 정종은 서경천도를 이루지 못한 채 정
종 4년(949) 정월과 3월에 차례대로 죽었다."[115] 특히 서경 천도론
은 17대 인종대에서 최고조에 달했다. 사실상 인종의 의도가 반영
된 것으로 추측되는 서경천도론은 당시 정치계의 난기류를 척결하
고자 발의된 것이다. 즉, 이자겸과 척준경의 제거 및 이에 따른 중
앙 관인들의 분열과 이해관계가 얽히면서 이러한 현실을 타개하고
왕권을 강화하는 것은 물론 인종 나름의 새로운 정치를 구상하고자
한 것과 관련된 것으로 풀이된다.

여기에는 풍수사상이 적용되었다. 上京의 기가 쇠하였다는 사고
가 점차적으로 西京에 왕기가 서렸다는 의식으로 전환되었다. 이때

---

114) "王性好佛多畏 初以圖讖決議移都西京 徵發丁夫令侍中權直 就營宮闕
勞役不息 又抽開京民戶以實之 群情不服怨讟胥興.", 『高麗史』卷2,
「世家」2, 定宗 4年 3月.

115) 김창현, 「고려초기 정국과 서경」, 『사학연구』 80, 한국사학회, 2005,
pp.41-42.

인종의 왕권강화 정책과 태조의 왕권 정치를 토대로 한 새로운 정국 운영의 계획이 맞물리면서 태조 王建의 유훈인 '서경은 만대의 왕업기지'라는 대목과 결부되어 서경으로의 천도 논의가 구체화되었다.

공민왕대에도 천도론이 여러 차례 제기되었다. 천도를 두고 운명 예측을 행한 기록은 공민왕 6년(1357) 한양 천도론이 제기되었을 때에 처음 나타난다. 당시 공민왕은 친히 奉恩寺의 太祖 眞殿에서 한양 천도 여부를 놓고 운명 예측을 행하였다. 이 때 공민왕은 점괘가 국왕의 의도와 어긋나자, 李齊賢(1287-1367)에게 다시 운명 예측을 행하도록 명하였다.

> 왕이 봉은사에 가서 태조의 진전에 배알하고 한양으로 도읍을 옮기는 것의 동과 정을 점쳤다. 왕이 고리를 더듬어 '靜' 자를 얻었다. 다시 이제현에게 명하여 그것을 점치게 하여 이내 '動' 자를 얻었다.[116]

점을 쳐서 공민왕은 '정'자를 얻었고, 이제현은 '동'자를 얻었다고 하였다. 공민왕은 '동'자를 염두에 둔 것으로 아마 '동'자가 나올 때까지 점을 쳤을지도 모른다. 이는 운명을 자신의 생각에 맞추려고 한 결과이다.

그리고 공민왕 9년(1360) 한양 천도론이 다시 일어났고, 천도 여부를 놓고 운명 예측을 행하였다는 기록이 있다.

---

116) "王如奉恩寺 謁太祖眞殿 卜遷都漢陽動靜 王探環得靜字 更命李齊賢卜之 乃得動字.", 『高麗史節要』卷26, 恭愍王 6年 正月.

다행히 백악에 가서 천도의 땅을 보았다. 백악은 임진현의 북쪽 5
리에 있다. 이전에 남경으로 도읍을 옮기려고 할 때 전 漢陽尹과
李安을 보내어 그 성궐을 수리하게 하니, 백성들이 매우 괴로워
하였다. 이내 태묘에서 점치니 불길하다고 나왔기 때문에 옮기지
않았다. 또한 백악에서 역사가 있어 당시 사람들이 '新京'이라 하
였다.[117]

이번 경우 역시 공민왕은 한양으로 천도를 원하여 운명 예측을 행
하였다. 그러나 점괘가 불길하여 천도를 이루지 못하였고, 백악 지
역에 건축 공사만 했던 것으로 기록되어 있다. 그리고 한양의 성과
궁궐을 수리하던 중 많은 동사자가 발생하는 등 어려움에 처하게
되자, 공민왕은 한양 천도를 끝내 실행시키지 못하였다. 그 후 공민
왕 9년(1360) 11월에 국왕은 천도의 의지를 갖고 백악 지역의 새 궁
궐로 거처를 옮겼지만, 3개월 만에 왕과 공주가 太妃를 모시고 개
경으로 돌아왔다. 여말선초의 천도 논의를 보는 입장은 巡駐나 일
시적인 移御로 보는 입장과 실제 천도로써의 의미로 보는 입장으로
나눌 수 있다. 장지연은 이를 "巡駐나 일시적인 移御"[118]로 보고,
최혜숙은 "공민왕이 '도선의 말을 듣고 백악을 도읍터로 잡아 국가
의 운명을 영원히 연장시키려는 의도'를 가진 정치·군사적 목적의
천도"[119]로 본다.

---

117) "幸白岳 相視遷都之地 白岳 在臨津縣北五里 先是欲遷都南京 遣前漢
陽尹李安 修其城闕 民甚苦之 乃卜于大廟 不吉故 不果遷 又有白岳之役
時人謂之新京宰相.", 『高麗史節要』卷27, 恭愍王 9年 7月.

118) 장지연, 「여말선초 천도논의에 대하여」, 『한국사론』43, 서울대학교 인
문대학 국사학과, 2000, pp.13-14.

119) 최혜숙, 『고려시대 남경연구』, 경인문화사, 2004, pp.134-138.

마지막으로 공민왕은 재위 11년(1362)에 다시 한 번 강화도로 천도를 하고자 태조 진영이 있는 開泰寺에서 운명 예측을 행하였다.

> 왕이 강화로 천도하고자 하여 評理 李仁復을 태조 진영이 있는
>
> 개태사로 보내 점치게 하였다.[120]

이상의 내용을 종합해 보면, 당시 공민왕은 강화도로의 천도를 계획하였으나, 대비 등 일부가 國役 때문에 백성들이 반대하고 있음을 들어 천도를 반대하였다. 그러나 결국 공민왕은 한양, 강화로의 천도를 염두에 두고 세 번의 국가 차원 운명 예측을 행하였던 것이다. 이후 공민왕 16년(1367)에 서경으로의 천도 논의가 다시 일었고, 또한 辛旽은 충주로의 천도를 제기하였으나 모두 실행되지는 않았다.

공민왕에 이어 우왕 3년(1377) 5월에도 천도론이 제기되었다. 이때에도 운명 예측을 행하여 천도 여부를 결정하고자 하였던 기록이 있다. 우왕 때 천도론이 나온 이유는 잦은 왜구의 침입으로 인해 개경까지도 위협을 받게 되었던 점에 기인한다. 그래서 내륙지방으로의 천도를 계획했던 것이다. 천도 과정에서 尹桓 등 대신들 간에 천도에 따른 여러 논의가 벌어졌다. 그 과정에서 李仁任 · 崔瑩 등에 의해 반대 여론이 일어나서 국론이 갈리게 되었다. 이에 慶復興 · 최영이 태조의 진전으로 가서 천도를 해야 하는지의 여부를 점쳤지만 불길하다는 점괘를 얻었다. 그러나 우왕은 불길하다는 점괘는 게의치 않고 철원이 천도지로서 적합한지를 따져보았다.

---

120) "王欲遷都江華 遣評理 李仁復 詣開泰寺太祖眞卜之.", 『高麗史節要』卷27, 恭愍王 11年 9月.

慶復興 · 崔瑩 등이 태조의 진전에 가서 動 · 止를 점쳐 '止'字를 얻었다. 최우가, '도적이 매우 가까이 왔는데 점만 좇을 수 있는 가'라 하고, 정당문학 權仲和를 철원으로 보내 집터를 살펴보게 하였다.[121]

이처럼 천도 문제에 있어 의견이 나뉘고 결정이 어려울 때 국가 차원의 운명 예측이 행해졌다. 왕도는 국가 운영의 중심지로서 한 국가의 상징적 도시이다. 왕도는 왕은 물론이고 피지배 공동체 구성원들이 활동하는 공간이다. 특히 왕도에서는 외국과의 교역이 이루어지는 만큼 경제적으로도 거점 도시였다. 따라서 여러 특권이 인정되는 곳이다. 그만큼 위정자들이 정착 생활을 하기 용이하여 자신들의 위세를 드러내는 곳이기도 하다. 이러한 왕도를 옮기는 천도에는 고도의 정치적 행위가 내포되어 있다. 이러한 곳을 고려할 때 천도의 문제는 비단 왕 본인의 생각으로만 결정할 수는 없었기 때문에 신료들의 의견도 고려되어야 했다. 아울러 왕의 결정을 뒷받침하기 위해서는 천도에 따른 점복의 영향도 컸던 것으로 이해된다. 즉, 고려시대에는 정치적 의미가 큰 천도 문제를 국가 차원의 운명 예측을 통해 결정하였던 것이다.

또한 외국과의 전쟁시 전쟁의 승패여부를 미리 예측하거나 군대의 배치 나 진격 및 강화 여부를 점복을 통해 알고자 했다. 고려는 거란과 여진의 성장과 쇠퇴에 따라 전쟁을 겪게 되었다. 고려는 국초부터 고구려의 옛 영토를 회복하기 위하여 북진정책을 추진하였는데, 거란의 성장과 더불어 3차례의 침입을 겪게 되었다. 최초 침

---

121) "慶復興瑩等 詣太祖眞殿 卜動止得止字 禑曰 盜賊密邇 可從卜耶 遣政堂文學權仲和 相宅于鐵原.", 『高麗史節要』 卷30, 辛禑 3年 5月.

입에서 거란은 고려와 송의 외교관계를 단절시키고 고려를 자신의 편으로 만들기 위해 80만 대군을 동원하여 고려를 침입하였다. 이후 고려와 송의 관계는 끊어지고, 거란과 통교를 조건으로 하여 1차 전쟁은 마무리되었으나 고려는 다시 송과의 관계를 맺고 연합책을 펼쳐 거란을 협공하였다. 그에 따라 거란은 2차 침입을 해 왔고 趙元, 姜民瞻, 洪叶 方休 등 서경성에 잔류한 장수들은 성을 지킬지 말지 결정하기 위해 점을 쳐서 운명 예측을 행하였다.

> 기미일에 통군녹사 조원과 애수진장 강민첨, 郎將 홍협 · 방휴가
> 어찌할 바를 몰랐다. 곧 함께 神祠에 기도하고 점을 쳐서 길조를
> 얻었다.[122]

신사에서 점을 친 결과 吉兆를 얻자 승리할 수 있다는 자신감을 얻게 되어 조원을 병마사로 임명하고 흩어진 군사를 모아 다시 전투에 임하였다. 그러나 점괘와는 달리 고려군은 전세가 불리하게 되어, 현종은 남행길을 떠날 수 밖에 없었다. 현종이 양주에 이르렀을 때 거란의 침입 이유가 康兆를 토벌하는 데 있었으니 강조가 잡혀 있는 만큼 사신을 보내어 화친을 요청하면 거란군이 물러갈 것이라 생각하였다. 이에 현종은 화친 요청 여부를 두고 운명 예측을 행하였다.

> 갑술일에 왕이 양주에 도착하자 하공진이 아뢰기를, '거란은 본
> 래부터 역적 토벌을 명분으로 삼았는데, 지금 이미 강조를 잡아

---

122) "己未 統軍錄事趙元 隘守鎭將姜民瞻 郎將洪叶 方休 莫知所措 乃共禱 神祠 筮得吉兆.", 『高麗史節要』 卷3, 顯宗 元年 12月.

갔으니, 만약 사신을 보내어 화친을 청하면 그들이 반드시 군사

를 돌이킬 것입니다.' 하였다. 왕이 점을 쳐서 길한 괘를 얻었다.

드디어 하공진과 고영기를 보내어 表狀을 받들고 거란의 진영에

가게 하였다.[123]

현종은 운명 예측을 행한 결과 길조를 얻었다. 그리고 점괘대로

하공진과 고영기를 거란군 진영으로 보내어 강화를 청하였다. 강화

결과 거란은 강화 요청을 수락하였고 현종의 親朝를 조건으로 철수

하였다.

고려가 몽고의 침입으로 정부를 강화도로 피란해 있을 때에도 운

명 예측을 행한 기록이 있다. 고려는 30년간 몽고와의 전쟁을 전개

하였지만, 결국 무인정권의 타도와 함께 몽고와 강화를 맺을 수 밖

에 없었다. 이러한 상황에서 개경 환도 여부를 정하기 위해 운명 예

측을 행하였던 것이다.

초에 判太史局事 安邦悅이 舊都(개성)로 돌아가는 일에 대하여

태조의 영전에서 점을 쳤는데, 반은 存하고 반은 망하는 점괘를

얻었다.[124]

또 몽고과의 대외 관계에 있어 그들의 물질적 요구의 수용 여부를

가리기 위해 운명 예측을 실시하기도 하였다.

---

123) "甲戌 王次楊州 河拱辰 奏曰 契丹 本以討賊爲名 今已得康兆 若遣使請
    和 彼必班師 王筮得吉卦 遂遣拱辰 及高英起 奉表狀 往丹營.", 『高麗
    史節要』卷3, 顯宗 元年 12月.

124) "初 判太史局事安邦悅 卜還舊都于太祖眞 得半存半亡之兆.", 『高麗史
    節要』卷19, 元宗 12年 5月.

왕이 몽인들은 그 욕심이 골짜기와 같아서 그들이 구하고 찾는
것을 주면 재물이 마르고, 그렇지 않으면 혼란이 생길 것이라 하
여 결정을 보지 못하였다. 문하시중 李抗과 사천감 朴剛材를 보
내어 태묘에 점치게 하였다.[125]

위 인용문 다음에 이항과 박강재가 태묘에 점을 쳤으나 역시 미결
(又未決)이라고 하였다. 그리고 국난이 닥쳤을 때에도 운명 예측을
행하였다는 기록을 찾을 수 있다.

고려 사회는 12세기 이후 일부 문벌 귀족 가문이 왕실과 중첩된
혼인 관계를 맺으면서 유력한 외척 가문으로 성장하였다. 경원 이
씨의 李資謙(?-1126)이 대표적인 사례이다. 이자겸 한 사람으로의
지나친 권력집중은 그에 대한 반대 세력의 성장을 가져왔고, 인종
의 왕권 강화 의지가 더해지면서 결국 국왕과 측근 신료에 의한 이
자겸 제거 움직임이 일어났다. 그러나 성급한 진행으로 인해 이 제
거 계획은 실패로 이어져 결국 이자겸의 난으로 이어졌다.

인종 4년(1126) 3월 이자겸의 세도는 절정에 달하였다. 이에 인종
은 아무도 몰래 崔思全과 함께 이자겸 제거의 계획을 세웠다. 최사
전은 拓俊京을 회유하여 이자겸을 제거토록 청하였다. 이때 인종은
점을 쳐 길조를 얻었다.

왕은 '척준경이 국공의 심복이 되어 결혼까지 이르게 되었고, 척
준신과 척순이 모두 관병에게 살해되었으니 그것이 두려운 바이

---

125) "王以蒙人 谿壑其欲 凡所求索 與則財竭 否則釁生 議未決 遣門下侍中
李抗 司天監朴剛材 卜于大廟.", 『高麗史節要』卷15, 高宗 8年 9月.

다'라 하고, 곧 드디어 점을 쳐서 길조를 얻었다.[126]

이는 왕이 척준경을 회유하러 최사전을 보내기 전 길흉 여부를 알기 위해 운명 예측을 행한 기록이다. 다음은 왕이나 정치권력자가 병이 났을 때도 운명 예측을 행하여 병의 원인을 알고자 한 기사이다.

> 왕의 병이 심하여 점을 치니, '죽은 資謙이 탈이 되어 그렇다' 하여 내시 韓綽을 보내어 자겸의 처자를 仁州로 옮겨 놓고….[127]

위 인용문은 인종의 병환이 심해지자 병의 원인을 알고자 국가 차원의 운명 예측을 시행한 기사이다. 그리고 최우와 같은 정치권력자가 병이 났을 때도 운명 예측을 행하였다.

> 최우가 병이 나자 낫지 않을까 두려워하여 之正 등과 함께 演之에게 점을 쳤으나 기세를 시기하는 자의 참소로 죽었다.[128]

이는 병의 발생 원인을 귀신의 탓으로 생각했기 때문이다. 그래서 질병의 원인을 찾고 이에 대한 치료를 위하여 운명 예측을 행하였던 것이다. 또, 국가적 행사를 택일하기 위해 운명 예측 담당관이 운명 예측을 행하였던 것으로 보인다.

---

126) "王曰俊京 爲國公腹心 至結婚姻 而俊臣 及純 皆爲官兵所害 以是疑之 遂筮得吉兆.", 『高麗史節要』卷9, 仁宗 4年 3月.

127) "王疾篤 卜曰 資謙爲崇 遣內侍韓綽 徙置資謙妻子於仁州.", 『高麗史節要』卷10, 仁宗 24年 正月.

128) "當瑀病 恐不愈 與之正等 卜於演之 爲妬勢者 所譖而死.", 『高麗史節要』卷15, 高宗 14年 3月.

왕족의 장례일도 택일의 중요한 사례였다. 崔忠獻은 국왕의 묘가 잘못 되어 그 결과 잦은 변란이나 전쟁이 일어난다고 생각하였던 것 같다. 그래서 최충헌은 국가의 평안을 되찾기 위해 국왕의 묘를 옮길 吉日을 얻고자 운명 예측을 행하도록 하였다.

> 최충헌이 그것을 옳다고 여겨 改葬을 하고자 점을 쳐서 날짜를 택하게 하였다. 司天臺에서 의심하여 곧 길일을 택일하지 않자, 이내 제 맘대로 判事 崔季良을 고란도로 귀양보내 버렸다.[129]

왕이 거처할 중요한 건축물인 궁실을 지을 때에도 좋은 날짜를 정하고자 운명 예측을 행하였다.

> 공주가 재신과 추신을 불러서 택일하여 궁실을 짓게 하니, 伍允孚가 아뢰기를, '금년에 토목 공사를 시작하는 것이 왕께 불리하니, 신이 감히 날을 택할 수 없습니다.' 하자….[130]

마지막으로 고려시대에는 왕위계승자를 결정할 때도 운명 예측을 행하였다. 고려시대 마지막 왕인 공양왕이 왕위에 오르는 과정에서 왕위계승자를 결정하는 계기로 운명 예측이 사용되기도 하였다.

> 宗室의 몇 사람의 이름을 써서 沈德符·成石璘·趙浚을 보내어 啓明殿에 가서 태조에게 고하고 제비를 뽑았더니 定昌君의 이름

---

129) "忠獻然之 欲改葬 令卜日 司天臺 持疑不卽涓吉 乃擅流判事 崔季良于高欒島.", 『高麗史節要』卷15, 高宗 4年 3月.

130) "公主召宰樞 令卜日作宮室 伍允孚曰 今年 興土功不利於人主 臣不敢卜.", 『高麗史節要』卷20, 忠烈王 4年 10月.

을 얻는 결과가 나왔다.[131]

위화도 회군 이후 이성계 일파가 최영을 살해하고 난 뒤 우왕은 폐위되었다. 그리고 이성계측은 신종의 7대손인 定昌君 瑤를 즉위시켰다. 그 과정에서 새로운 왕위계승자를 정하기 위해 국가 차원의 운명 예측을 행하였던 것이다.

또한 고려시대에는 민중들 사이에 몽점이 널리 유포되었다. 崔知夢(907-987)은 왕건이 가장 믿고 아끼던 책사였다. 최지몽의 원래 이름은 崔聰進으로 경서와 역사서에 능통하였고 특히 천문과 복술에 정통하여 이미 어릴 때부터 그 이름이 온 나라에 알려졌다. 이에 왕건은 최지몽을 불러 자신의 꿈해몽을 시켰다.

최지몽은 몽점뿐 아니라 점성술에도 능했다. 혜종(재위 943-945) 때 왕규의 반란음모, 경종(재위 975-981) 때 왕승의 반란음모를 미리 알고 적발한 것도 모두 최지몽이 별을 보고 점친 덕분이었다. 고려시대에 점복을 관장하는 기구를 설치한 것 또한 최지몽이 역할이 컸다.

즉, 고려시대에는 書雲觀을 세워 천문 지리를 살피면서 제도적으로 운명 예측을 행하였다. 『高麗史』에서는 다음과 같이 전한다.

고려 왕조 475년 간에 일식이 132회나 있었고, 다섯 개 행성이 다른 별에 접근한 현상과 각종 별들이 이상한 현상도 많았다. 이제 역사에 나타난 이러한 사료를 모아 천문지를 만든다.[132]

---

131) "書宗室數人名 遺德符 石璘 浚 詣啓明殿 告太祖 探籌 果得定昌君名.", 『高麗史節要』卷34, 恭讓王 元年 11月.

132) "高麗四百七十五年 閉日食一百三十二月 五星凌犯及諸星變亦多 今探其見於史者作天文志.", 『高麗史』卷47, 志1.

또한 『고려사』 전체에 걸쳐서 오행이라거나 주역에 의한 복술 해석이 자주 등장하고 이로써 국가의 흥망을 점쳤음을 알 수 있다. 한 가지 실례를 들면 다음과 같다.

> 오행의 3은 木이다. 나무는 굽고 곧은 것이 그 본질인데 그 본질을 잃게 되면 요괴로 된다. 그러므로 나무가 생겨나도 무성하지 못하며 괴상한 형태로 되는 수가 있어서 혹은 괴화가 있기도 하고 혹은 서요가 있기도 하는 바 나무가 굽고 곧은 그 본질을 잃은 탓이다. 그 징조는 항상 비를 내리며 그 빛은 청색이니 이것이 청생과 청상으로 된다. 태조 21년 8월에 궁궐 안 유원에 넘어져 있던 회화나무가 저절로 일어섰다.[133]

비록 문헌상에는 나타나지 않지만, 점복관들은 날마다 국운이나 재앙을 점치는 등 점복을 일상으로 행했을 것이다. 이러한 경우는 일상적인 일이므로 기록으로 남기지 않았을 가능성이 높다. 특히 점복관은 주술적 행위나 신과 교통하는 주술적 행위 통해 미래를 예측하였다. 따라서 점복관은 신의 세계와 현실 세계의 매개체로서 국왕이나 관료 못지않은 중요한 운명 예측 담당자였을 것이다. 그러므로 고려시대 국가 차원 점복의 성격과 그 의미를 이해하기 위해서는 당시 점복관에 대해서도 알아볼 필요가 있다.

고려 시대 천문 점복계 관청으로 太卜監·太史局 등이 논의되고 있다. "태사국이 천문, 달력, 기상 관측 등 오늘날 기상청이 하던 일을 맡은 관청이라면, 태복감은 그 밖의 운명 예측에 관한 일을 맡은

---

133) "五行三曰木 曲直木之性也 失其性爲沴 故生不暢茂 及爲變怪者 有之 時則 有雞禍時 則有鼠妖 是爲木不曲直 其徵恒雨 其色靑 是爲靑眚 靑 祥 太祖二十一年 八月 大內柳院僵槐自起.", 『高麗史』卷54, 五行.

관청이었다."[134] 그리고 여기에 卜正 또는 卜博士라는 관직을 두었다. "司天臺(太卜監)의 卜博士가 司天博士로 명칭이 바뀌기도 하는데 이는 문종 대에 직관 체제를 완성하면서 복박사를 사천박사로 개칭하였던 것 같다."[135] 이 두 관청은 사천대(현종·문종) → 사천감(예종) → 관후서(충렬왕) → 사천감(충렬왕) → 서운관(충렬왕) → 사천감(공민왕) 등으로 여러 번 이름을 고쳤다가 서운관(공민왕)으로 통합되었다.

그렇다면 고려시대 점복 담당관은 어떠한 역할을 하였을까. 고려시대 점복관은 앞에서 살펴보았듯이 국가적 巨事를 앞두고 정책 갈등을 겪을 때, 국왕의 명령에 의하여 운명 예측을 행하였다. 그리고 집권 세력은 운명 예측 결과를 참고하여 정책을 결정하였다. 이러한 점으로 미루어 보아 당시 점복관은 국가 정책 결정의 조언자 또는 자문관의 역할을 하였던 것으로 보인다.

고려시대에 들어와 처음으로 시각장애인 점술가들이 기록에 등장한다. 고려왕조는 과거제도를 시행하면서 따로 卜業科를 설치해 민간의 점술가를 占卜師로 등용하는 것을 제도화하였다. 태조 13년(930) 서경에 학교를 설치할 때 "의학과 복학의 두 과목을 두었으며"[136], "광종 9년(958) 雙冀의 제의로 과거를 처음 시행하면서부터 詩, 賦, 頌 및 時務策을 시험쳐서 進士를 뽑고 겸하여 明經, 醫卜科를 뽑았다."[137] 이때부터 시각장애인들 중 많은 사람들이 점복업에 진출해 경제적 자립을 이뤘다. 통상 이들을 '盲僧'이라 불렀

---

134) 임동권, 『한국민속학논고』, 집문당, 1982, p.317.

135) 송춘영, 『고려시대 잡학 교육 연구』, 형설출판사, 1998, p.151.

136) "兼置醫卜二業.", 『高麗史』 卷74, 「志28」, 選擧 2, 學校.

137) "光宗九年 五月 雙冀獻議始設科擧試 以詩賦頌及 時務策取 進士兼取 明經醫卜等業.", 『高麗史』 卷73, 「志27」, 選擧 1, 科目.

는데 '눈먼 승려'라는 뜻이다. 하지만 이들은 승려가 아니라 이때의 '僧'은 도교 계통의 수행자를 가리키는 말로 불교와는 거리가 멀다.

고려시대의 맹승은 관직에 등용되기는 했지만 그리 높은 사회적 지위를 누리지는 못한 듯하다. 숙종 7년(1102) 감찰기관인 御史臺에서는 다음과 같은 이야기가 나온다.

> 四門進士 李齊老는 맹승 法宗의 아들이니 과거에 응시하는 것은 합당하지 못합니다고 하니, 왕이, 공자께서 仲弓을 두고 말하기를 검정소 새끼의 털빛도 붉고, 또 뿔모양이 좋아서 비록 제물로 쓰지 않으려 해도 산천의 신이 버릴 것인가라 하였다. 科擧는 것은 장차 어진자를 구하려는 것으로 李齊老가 진실로 재주와 학문이 뛰어나니 어찌 아비 때문에 그것을 폐할 것인가. 과거를 보게 하라.[138]

사문진사 이제로는 맹승의 아들이었다. 위 기사는 고려시대 맹승의 사회적 지위를 잘 보여주는 기사라고 할 수 있다. 아무리 점술이 국가 차원에서 제도화되고 민간에서도 두터운 풍습이 형성되었다고는 하나, 한편에서는 시각장애인 점술가들에 대한 정치·사회적 차별이 존재했음을 알 수 있다.

반면, 고려시대 맹승은 반란이나 암살 모의에도 관여했다.

김준은 맹승 伯良이 文璜의 암살 음모에 대하여 길흉을 점쳐 주

---

138) "奏四門進士李齊老 盲僧法宗之子 不合應擧 王曰 孔子謂仲弓曰 犁牛之子 騂且角 雖欲勿用 山川其舍諸 科目 將以求賢 齊老 苟有才學 豈可以父故 廢之 可令赴擧.", 『高麗史節要』第6卷,「肅宗明孝大王一」

었다 하여 바다에 던져 죽이고 그 집을 몰수했다.[139]

　위 기사는 문황의 암살 모의에 맹승 백량이 관여하여 그를 죽이고, 일가를 몰살시킨 사건이다. 과거 음모를 꾸미기 전에 일의 성공 여부를 미리 예측하기 위해 점을 쳤는데, 주로 맹승이 그 일에 관여했던 것이다. 맹승은 눈이 보이지 않기 때문에 목소리만으로 모의자를 구별할 수 밖에 없었다. 따라서 모의자들은 점을 치는 일과 함께 자신의 신분을 숨기는데 맹승이 요긴하게 필요했던 것이다. 철저한 보안을 위해서라면 맹승만큼 좋은 대상은 없기 때문이다. 따라서 고려시대나 조선시대나 비밀 모의에는 언제나 시각장애인 점술가들이 끼어 있었다.

　고려 말에 이르러 맹승은 집단화 된다. 충렬왕 6년(1280) 5월 가뭄이 심하여 "임자일에 우박이 내려 맹승을 모아 비를 빌었다"[140]는 기록이 이를 말해준다. 여기서 맹승을 모았다(聚盲僧)고 하는 대목에서 맹승들이 집단화된 양상을 엿볼 수 있다.

　앞의 기사에서 아들(이제로)의 과거 응시를 제한한 관료들로부터 차별을 맛보았던 맹승(법종)과 그 다음 기사에서 비밀 모의에 가담했다는 혐의로 죽음을 맞은 맹승(백량)의 기사를 통해 당시의 맹승들의 고초가 어떠했는지 짐작이 된다.

　또 병에 걸리면 어떤 초자연적 원인에서 비롯된 것인가를 판단해야 하는데, 이 때 동원되는 것이 점복이다. 인종이 병에 걸렸을 때 점을 쳤다든지, 인종비 恭睿太后 任氏가 "妃가 갑자기 병이 나서 거의 죽을 것 같았다. 그래서 결혼을 사절하고 신랑을 돌려보낸 후 점

139) "盲僧 伯良 卜其吉凶投海 籍其家.",『高麗史』卷130,「列傳43 · 주金俊」
140) "壬子 雨雹聚盲僧禱雨.",『高麗史』卷29,「世家29·忠烈王2年」

쟁이에게 병점을 쳐 보았다"[141] 고 한 것은 이러한 사실을 반영한다.

다음으로 『동국이상국집』에서 병점과 관련된 내용을 찾아보면 다음과 같다.

> 공이 태어난 지 석 달 만에 나쁜 종기가 온 몸에 퍼져, 여러 약을
> 써도 잘 낫지 않았다. 아버지가 화가 나서 송악사우로 들어가 산
> 가지를 던져서 생사를 점쳤는데 점괘가 '산다'고 나왔다. 다시 무
> 슨 약을 쓸 것인지를 점치자, 약을 쓰지 않아도 저절로 나을 것이
> 라고 하였다.[142]

위 내용은 이규보가 태어난 지 얼마 안 되어 나쁜 종기가 온몸에
퍼지자 그의 아버지가 松岳祠宇로 가서 산가지를 던져 나을 수 있
겠는지와 무슨 약을 쓰면 좋은지를 점쳤다는 것이다. 이를 통해 병
점은 발병 원인을 찾아내는 데뿐만 아니라, 이런 경우에도 이용되
었음을 알 수 있다.

질병의 원인이 초자연적인 것이라면 치병 또한 초자연적으로 해
결할 수 있다는 관념이 생겼다. 그런가 하면 무당의 말에 따라 신
축한 金堤 碧骨池의 둑을 허물기도 했다.[143] 이것은 벽골지의 둑을
만드는 과정에서 흙을 잘못 다루었기 때문에 地神이 노하여 병을
가져다주었다는, 즉 동티〔動土〕났다는 관념에서 취해진 조치일

---

141) "妃暴疾幾死 乃謝遣卜人占病.", 『高麗史』卷88,「列傳1·恭睿太后
任氏」

142) "公始生三月 惡瘡滿身 衆藥不理 嚴君憤之 詣松岳祠宇 擲筊卜生死 曰
生 問藥理與否 曰勿藥理.", 李奎報, 『東國李相國集』卷1, 年譜.

143) "庚申 以巫言遣 內侍奉說決 金堤郡新築 碧骨池堰.", 『高麗史』卷17,
「世家」17, 仁宗 24年 2月 庚申 참조.

것이다.[144] 新宗 원년(1198) 5월에 경주민란과 만적란의 원인이 이의민이 쌓은 沙堤 때문이라고 한 術家의 말에 따라 이를 허문 것[145]도 동티관념의 한 사례라 하겠다.

또 영험 있는 존재에게 병이 낫기를 기원하기도 했다. 고려시대 역시 여러 종교가 병존하는 다종교 상황이었던 만큼, 기원의 대상은 대단히 다양했다. 중대한 문제의 결정을 점에 의시하려는 것은 개인의 경우도 마찬가지였다. 고종 7년(1220) 崔怡(瑀)의 동생 崔珦은 洪州에서 반란을 일으키기에 앞서 "신사로 가서 杯珓라는 점구를 던져 길하다는 답을 얻었고"[146], 고종 45년(1258) 文璜 등은 권신 金俊을 제거할 계획을 세우면서 "盲僧 伯良에게 일의 성패를 점쳤으며"[147], 원종 12년(1271) "判太史局事 安邦悅은 강도에서 개경으로 환도하는 문제에 대해 태조진영 앞에서 점을 친 후 삼별초를 따라 진도로 갔다"[148]는 것 등은 바로 이러한 사실을 말해준다.

징표를 기준으로 할 때 고려시대의 운명 예측은 자연현상을 징표로 한 것, 인간의 어떤 측면을 기준으로 한 것, 인위적으로 만든 징표를 기준으로 한 것 등으로 나누어 볼 수 있다. 먼저 자연현상을 징표로 한 운명 예측은, 자연의 운행이 정상적인 궤도를 벗어나 이상 현상을 보이는 데에는 무언가 감추어진 의미가 있다는 관념에

---

144) 李能和, 「朝鮮巫俗考」, 『啓明』 19, 1927, p.6 참조.

145) "壞李義旼沙堤 初義旼自駱駝橋 至猪橋築堤 夾堤種柳 人不敢斥言 稱爲新道宰相 後東南盜賊大起 又奴隷謀逆 術家指以爲說 故壞之.", 『高麗史節要』 卷14, 「神宗靖孝大王」 참조.

146) "神祠三擲 杯珓得 吉卜.", 『高麗史』 卷129, 「列傳42·崔忠獻 附 怡」

147) "盲僧伯良卜其吉凶.", 『高麗史』 卷130, 「列傳43·金俊」

148) "判太史局事安邦悅 卜還舊都于太祖眞.", 『高麗史節要』 卷19, 元宗 12年 5月.

기초하고 있다. 이는 비정상적인 자연현상이 미래에 일어날 사태를
알려주는 것으로 여겨졌음을 보여준다.

2) 조선 시대의 운명 예측

(1) 실록의 '천명' 용례

조선시대는 유가사상이 주류 사상이었던 만큼 이 시기 운명론은
유가 운명론에 초점이 두어진다. 따라서 유가의 핵심인 天命에 대
한 왕실의 이해를 구하는 것이 선행되어야 한다. 왕실에서 '천명'이
란 단어가 최초로 등장하는 것은 『太祖實錄』의 최초 기사에서
부터 시작된다.

> 예로부터 王의 일어남은 天命이 있지 않으면 불가하다. 나는 실
> 로 德이 없는 사람인데 어찌 감히 이를 감당하겠는가.[149]

이는 태조가 신하들이 왕위에 오를 것을 권고하는 데에 한사코 거
절을 하면서 한 말이다. 왕이 되기 위해서는 德이 높아야 하고 천명
이 따라야 한다는 점을 강조한 것이다. 태조 스스로는 덕이 부족하
다고 하였으나 임금의 덕은 신하들의 신망을 얼마나 얻었는가에 달
려 있다고 본다. 따라서 태조의 謙遜 자체도 신하들에게는 덕으로
작용하여 결국 왕으로 추대되었던 것 같다. 여기서 덕과 천명의 관
계는 『書經』의 '天命有德'이라는 대목에서 비롯된다. 이는 태조
가 운명론에 지배를 받고 있음을 보여준다.

---

149) "自古王者之興, 非有天命不可. 余實否德, 何敢當之.", 『太祖實錄』1
　　卷, 太祖 1年 7月 17日 丙申.

『태조실록』 두 번째 기사에서는 '운명'에 대한 내용이 나온다.

> 일찍이 相命師 惠澄이 개인적으로 친한 사람에게 '내가 사람들
> 의 運命을 관찰한 것이 많았으나 李成桂와 같은 사람은 없었다.'
> 고 하자 친한 사람이 묻기를, '타고난 운명이 비록 좋더라도 벼슬
> 이 冢宰에 그칠 뿐이다.'라 하니, 혜징이 말하기를, '총재라면 어
> 찌 말할 것이 있겠는가? 내가 관찰한 것은 君長의 운명이니, 그가
> 王氏를 대신하여 반드시 일어나겠지'라 하였다.[150]

여기서 '相命師'는 운명을 점치는 사람을 말한다. "惠澄은 고려
시대 相術로 유명한 승려로써 無學(自超, 1327-1405)의 문도이
다."[151] 혜징은 위 인용문과 같이 평소 태조의 운명을 관상을 보아
점쳤고 반드시 왕이 될 운명임을 예언하고 있다.[152] 즉, 운명은 이
미 정해져 있는 것임을 말하고 있는 것이다. 이상, 실록 전체에서
'천명'은 모두 706회 정도 언급되어 있을 정도로 높은 빈도수를 보
인다.

---

150) "嘗有相命師惠澄私謂其所親曰. 吾相人之命, 多矣, 無如李(太祖舊諱)
     者. 所親問 賦命雖善, 位極於冢宰耳. 澄曰 若冢宰, 何足道哉. 吾之所相
     者, 君長之命也. 其代王氏而必興乎.", 『太祖實錄』1卷, 太祖 1年 7月
     17日 丙申.

151) 황인규, 「先覺國師 道詵의 宗風 계승 및 전개」, 『한국선학』20, 한국선
     학회, 2008, p.96.

152) 이와 같은 내용이 野史에도 전한다. 『大東野乘』53卷, 「東閣雜記」上,
     本朝璿源寶錄; 『練藜室記述』1卷, 「太祖朝故事本末」참조.

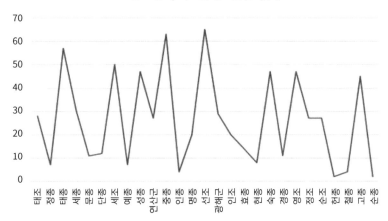

위 그래프와 같이 선조대와 중종대에 총63회에 걸쳐 '천명'이 언급되어 있고, 태종 55회, 세조 49회 등으로 나타난다.[153] 횟수가 적은 정종(1399-1401), 예종(1468-1469), 인종(1545-1545), 효종(1649-1959), 헌종(1834-1849), 순종(1907-1910)의 경우는 재위기간이 짧았기 때문에 천명을 언급한 횟수도 그만큼 적었던 것으로 유추된다.

여기서 가장 많이 언급한 선조대의 천명 기사를 제시해 보면 다음과 같다. 구체적으로는 『선조실록』에 51회 『선조수정실록』에 12회의 기사이다.

---

153) 전체적인 수치는 다음과 같다. 태조(28), 정종(7), 태종(55), 세종(29), 문종 (11), 단종(12), 세조(49), 예종(7), 성종(47), 연산군(27), 중종(63), 인종(4), 명종(20), 선조(63), 광해군(29), 인조(20), 효종(14), 현종(8), 숙종(47), 경종(11), 영조(47), 정조(27), 순조(27), 헌종(2), 철종(4), 고종(45), 순종(2).

`<표> 宣祖代의 '天命' 用例`

순	왕 력	서기년	용 례
1	선조즉위년11월 4일	1567	禮는 天命의 性에서 나온 것
2	선조[수정]1년8월1일	1568	道術이란, 天命에서 나와 人倫에 행해지는
3	선조2년4월5일	1569	天命이 믿기 어려운 것임을 두려워함
5	선조2년5월21일	1569	天命과 人心
6	선조[수정]2년9월1일	1569	天命과 人心
7	선조3년5월17일	1570	天命과 天討
8	선조3년5월18일	1570	天命의 거취
9	선조3년5월20일	1570	天命은 두터운 것
10	선조4년12월3일	1571	天命은 두려워할 것이 없고
11	선조6년12월21일	1573	'君子는 天命을 두려워한다.'
12	선조[수정]7년1월1일	1574	天命이 영원하기를 비는
13	선조7년5월30일	1574	'天命을 두려워한다'
14	선조9년2월15일	1576	天命도 떠났으니
15	선조9년4월24일	1576	《修正天命圖說》
16	선조[수정]14년4월1일	1581	天命을 계속 유지
17	선조[수정]14년7월1일	1581	天命을 연속시킨 뒤에야
18	선조14년7월미상	1581	天命을 다시 이은 뒤에야
19	선조18년4월16일	1585	天命有德
20	선조[수정]19년10월1일	1586	天命·天討
21	선조[수정]19년10월1일	1586	天命이 나에게 있다면
22	선조[수정]20년3월1일	1587	天命을 맞이함
23	선조[수정]20년12월1일	1587	天命을 받음

24	선조21년5월19일	1588	天命을 받음
25	선조[수정]22년4월1일	1589	만민이 화합해야 天命도 이로부터 연장
26	선조22년10월28일	1589	天命을 기원함
27	선조[수정]22년11월1일	1589	天命이 바뀌어지지 않음
28	선조22년12월14일	1589	天命이 다함이 없을 것
29	선조25년10월19일	1592	天命을 이어감
30	선조25년11월8일	1592	天命과 人心
31	선조25년11월17일	1592	天命을 즐기는 것
32	선조25년11월23일	1592	天命을 잇는 것
33	선조26년1월26일	1593	天命을 연속시킴
34	선조26년1월29일	1593	天命과 人心
35	선조26년2월4일	1593	天命을 거역하는 자
36	선조26년윤11월29일	1593	天命의 吉凶
37	선조27년1월14일	1594	天命이 돌아옴
38	선조27년2월14일	1594	天命의 도
39	선조[수정]27년4월1일	1594	天命이 이어짐
40	선조27년7월9일	1594	天命이 떠나느냐 머무느냐
41	선조28년7월18일	1595	天命과 人心
42	선조28년9월17일	1595	天命이 끊어 짐
43	선조29년1월3일	1596	天命을 기다리는 것
44	선조29년7월2일	1596	天命의 가버림과 돌아옴
45	선조29년윤8월7일	1596	天命이 끊어짐
46	선조29년윤8월9일	1596	天命이 이어짐
47	선조29년윤8월13일	1596	天命은 쉽지 않음/天命에 따르는 것
48	선조29년윤8월28일	1596	天命을 맞아 계승하여야 할 때

49	선조30년1월10일	1597	天命을 어긴 것
50	선조30년8월15일	1597	天命의 去取
51	선조31년2월29일	1598	天命을 이어받음
52	선조31년6월23일	1598	天命이고 운수
53	선조32년1월13일	1599	天命을 받아 도읍을 정함
54	선조33년10월16일	1600	天命을 맞이함
55	선조34년3월22일	1601	天命이 새로웠던 일
56	선조37년3월27일	1604	'그렇게 하지 않았는데도 그렇게 되는 것'이 天命
57	선조37년6월6일	1604	天命을 연장
58	선조37년6월10일	1604	화를 바로잡지 못한 것이 天命임
59	선조38년7월6일	1605	방 안에서 天命을 다하게 함
60	선조39년4월19일	1606	天命이 있다면 인위적으로 수고할 필요가 없음
61	선조39년11월9일	1606	天命이 이미 새로워짐
62	선조41년1월25일	1608	天命이 결정
63	선조41년1월25일	1608	天命과 人心

위 표에서와 같이 주로 천명은 人心과 對句를 이루어 표현되고 있다. 즉, 하늘의 마음을 命이라 하고, 사람의 마음은 心으로 표현하였다. 李滉은 천명을 禮를 통해 설명하였다. 즉, "예는 천명의 성에서 나온 것이기 때문에 보통 사람은 모르고 성인만이 알아서 예법을 만들어 세상을 가르치는 것인데"[154] 라 하여 예는 천명의 性으

---

154) "禮出於天命之性 故常人不知 而惟聖人知之 作爲禮法 以敎一世.",
    『宣祖實錄』 1卷, 宣祖 卽位年 11月 4日 乙卯.

로부터 나오는 것이라 하였다.

　선조37년 3월 27일의 비망기에서 선조는 사람의 화복과 영욕은 하늘에서 타고난 것으로, 천명의 의미를 "그렇게 하지 않았는데도 그렇게 되는 것"[155] 이라 하여 사람의 의지와는 상관없는 것으로 보고 있다.

　선조38년 7월 6일의 기사에서는 전장에서 전공이 훌륭한 자는 상을 주고, 물러나는 자는 벌을 주라고 이른 비망기의 내용으로, "임진년에 朴泓이 경상 좌수사로서 浿江에 와 있었는데, 이는 고금에 없는 일이어서 군법에 의해 주벌코자 전교하였으나 시행하지 못하고 '방 안에서 天命을 다하게 하여' 지금까지 분하게 여기고 있었다"[156] 는 내용이다. 즉 여기서 천명은 생명(목숨)의 의미로 사용되어졌다. 또 선조39년 11월 9일의 "천명이 이미 새로워져"[157] 라는 대목은 비변사에서 왜가 回答使에게 물을 예상 질문에 대한 답변 내용 중 일부로 여기서 천명은 國運을 의미하는 것이다.

　(2) 조선시대의 운명 예측 ─────────────

　조선왕조는 信佛을 금하고 있었지만 일반 백성들 사이에는 불교를 믿는 관행이 뿌리 깊게 남아 일상생활에 영향을 미치고 있었다. 조선왕조에서는 불교뿐만 아니라 점복 등도 이단으로 배척하고 있었다. 그러나 점복을 통한 운명 예측도 역시 민간에 널리 퍼져 있었다.

---

155) "莫之爲而爲者, 命也.", 『宣祖實錄』172卷, 宣祖 37年 3月 27日 丁丑.

156) "昔在壬辰 朴泓以慶尙左水使 來在浿江 古今之所未聞也 予欲依軍法誅
　　之 再三傳敎 終未得施 老死牖下 至今猶憤.", 『宣祖實錄』189卷, 宣
　　祖 38年 7月 6日 戊寅.

157) "天命旣新", 『宣祖實錄』205卷, 宣祖 39年 11月 9日 甲戌.

한편, 조선 시대는 개국과 더불어 점복이 국가적으로 사용되었다. 우선 고려대와 마찬가지로 조선 왕조에서도 수도를 한양으로 遷都하는 데는 많은 풍수설이 동원되었고, 이는 국가의 흥망을 예언하여 정한 것이다. 서울은 이미 백제가 남쪽의 웅진(공주)으로 천도할 때까지 약 120여 년 간 도읍이었다. 물론 강동구 암사동 일대의 한강변에서 출토되는 유물들로 미루어 보면 선사 시대부터 사람이 다수 살았던 곳임을 알 수 있다. 그 후 고려 중엽부터 서울의 목멱산(남산)에 궁궐을 지어 '南京'이라 칭하고 그 말엽에 천도할 뜻을 두었다.

고려 말기에는 공민왕이 승려 보우의 도참설을 믿고 국도를 옮기려고 궁궐도 쌓았지만 천도는 다른 卜者의 말에 의해 결행되지는 않았다. 우왕은 1382년 천도의 기운이 무르익어 드디어 서울로 천도를 단행했지만 다음해 중경으로 환도했다. 그러나 무엇보다 현재의 서울이 있기까지는 개성으로부터 서울로의 천도라는 조선의 개국과 연관된다. 특히 서울을 정하는데 풍수의 영향을 무시할 수 없다. 태조는 왕위에 즉위한 지 3년 만에 한양으로 옮겼다. 계룡산을 1차로 정하여 신도를 건설하려다가 서울로 재결정한 것이다. 이 과정에서 풍수지리가 결정적으로 이용되었으며 국가적 대사를 결정짓는 데 복사가 적극 가담하였다. 이와 같이 조선 초기부터 운명 예측의 역할은 매우 컸다.

조선시대에는 고려의 제도를 모방하여 觀象監이라는 관서를 두고 전적으로 천문·지리·역수·점부·측후·각루 등의 일을 관장시켰다. 고려 시대 서운관의 수신으로서 조선 초기에는 서운관이라고 하다가 1466년(세조12)에 관상감으로 고쳤다. 국가의 정치를 하늘의 뜻으로 만들기 위해 또한 천문 기상의 변화가 당시의 농업 생산에 직접적인 영향을 미치고 있었으므로 하늘의 관측에 특별한 의의를 부여한 것이다.

조선시대에는 천문 기상 관측을 매우 중시하였다. 따라서 영의정이 관상감의 장관인 영사를 겸임하였다. 관상감은 15세기 말에서 16세기 초에 司曆署로 고쳐 불렀다가 그 후 다시 관상감으로 고쳤다. 관상감에서 하는 일의 실례를 살펴보면 다음과 같다.

> 관상감에서는 朱砂로 천중절(단오절)의 붉은 부적을 만들어 대궐 안으로 올린다. 대궐에서는 그것을 문설주에 붙여 좋지 못한 귀신들을 물리친다. 경사대부의 집에서도 그것을 붙인다. 그런데 그 부적의 글은 '5월 5일 천중절에 위로는 하늘의 녹을 받고 아래로는 땅의 복을 얻어 蚩尤神의 구리 머리 · 쇠 이마 · 붉은 입 · 붉은 혀의 404 가지의 병을 일시에 없앨 것이니. 율령을 시행하듯 빨리빨리 행하라'하였다.[158]

이와 같이 관상감에서는 단오절에 귀신 퇴치를 위해 부적을 만드는 일을 주로 전담하였다. 끝으로 국가적인 운명 예측의 본거지인 관상감의 운명 예측 전문업자를 『大典通編』을 통해 살펴보겠다.

> 命課盲은 서반의 9품 遞兒 2자리를 배정하고 1년에 네 차례의 都目을 행하여 서로 교체하여 제수하며, 4백일의 근무일수를 채우면 자급을 올려주되, 賤人의 경우에는 종6품까지만 승진할 수 있

---

158) "觀象監朱砂榻天中赤符進于大內貼門楣以除弗祥 卿士家亦貼之 其文
曰五月五日天中之節 上得天祿 下得地福 蚩尤之神 銅頭鐵額赤口赤舌
四百四病一時消滅 急急如律令.", 洪錫謨, 『東國歲時記』, 5月 端午.

다.[159)]

　여기서 명과맹은 점을 치는 맹인에게 주던 관상감의 잡직 벼슬이다. 1445년(세종27) '명과맹은 연소자 10명을 뽑아 서운관에 소속시키고 훈도 4,5명을 두어 3일에 한 번씩 모여 習業하게 하였다'라고 기록되어 있는데, 서운관은 관상감의 전 기구이므로 그해 이전에 이미 설치되었다.

　관상감에는 正職의 정9품의 명과학훈도 2명을 두고 길흉 등 운명에 관한 학문을 가르쳤다. 훈도는 초기에는 문신이 맡았지만, 후에는 기술관을 훈도로 임명하였다. 賤人들도 종6품까지 승진이 가능한 구조였다.

　학업을 마친 뒤 명과학 시험을 통하여 관상감 參外의 체아직을 제수 받을 수 있다. 시험과목은 袁天綱 · 徐子平 · 應天歌 · 範圍數 · 時用通書 · 剋擇通書 등이다. 한편, 조선 중기의 실학자 李睟光(1563-1628)이 쓴 『芝峯類說』에는 조선이 중국보다 뛰어난 점 네 가지를 들고 있다.

　　우리나라 사람의 일로서 중국 사람들이 미치지 못하는 것이 네
　　가지가 있다. 그것은 부인이 절개를 지키는 것, 천한 사람도 喪을
　　치르는 것, 맹인이 점을 잘 치는 것, 무사의 片箭 쏘는 재주 등이
　　다."[160)]

---

159) "命課盲 西班九品遞兒二 四都目相遞除授 仕滿四百 加階 賤人 從六品 而止.", 『大典通編』「吏典 · 京官職」, '正三品衙門 觀象監.'

160) "我國之人 有中朝所不及者四 曰婦女守節 曰賤人執喪 曰盲者能卜 曰 武士片箭也.", 『芝峯類說』卷16,「雜說」

당시 중국은 세계 최고로 여겨진 시대였다. 이수광은 조선 사람들이 세계 최고의 중국에 비해 부인의 절개, 천인의 상례, 맹인의 점복 수준, 무사의 재주가 세계 최고라 평가했던 것이다. 그 중에 맹인의 운명 예측이 한 자리를 차지했다는 것은 그만큼 맹인의 운명 예측 활동이 왕성하였고 그 수준 역시 상당했음을 말해주는 것이다. 맹인들이야말로 조선시대 운명 예측의 주역들이었다.

앞에서 고려시대 수도 개경에 모여 비오기를 빌었던 한 무리의 '맹승'을 살펴본 바 있지만, 조선시대에는 이러한 민간 맹인 점복가들의 결속이 한층 발전된 모습으로 나타났다. '明通寺'가 바로 그것이다. 명통시는 맹인들의 집회, 점복교육 등을 실시했던 기관으로, 1402년 이전에 설립되었을 것으로 추정된다.[161] 成俔의 『慵齋叢話』에서는 "도시 복판에 명통시가 있었는데, 장님들이 모이는 곳이었다, 장님들은 초하루와 보름에 한번씩 모여 經文을 외며 祝壽하는 것을 일삼았는데, 그 중에 높은 사람은 堂으로 들어가고 낮은 사람은 門을 지키면서 겹문에 창을 세워 놓으므로 사람이 마음대로 들어가지 못한다"[162] 라고 전한다. 여기서 '시〔寺〕'라고 한 것에 대해 『오주연문장전산고』에서는 다음과 같이 추정하고 있다.

이미 시라 칭하였으니, 이는 곧 官署의 호칭인데, 장님에게 官廳을 설치할 리가 없고 보면, 시라 이름한 것은 알 수 없는 일이다. 이를테면, 局이라는 것도 官舍의 명칭인데 內醫院을 藥局, 訓鍊都監을 訓局이라 하고, 備邊司를 備局이라 한 유와 같다. 개인

---

161) 조선왕조실록 기사에서 명통시가 최초로 등장하는 기사가 『太宗實錄』4卷, 太宗2年 7月 2日 癸未로 이때가 1402년이기 때문이다.

162) "都中有明通寺 諸盲人所會也 朔望一會 以讀經祝壽爲事 高者入堂 卑者守門 重門施戟 人不得入云.", 『慵齋叢話』

점포에서도 약을 팔면 약국으로 호칭한 예와 같다. 맹인을 세속에서 判事라 호칭하니, 판사는 바로 各司 長官의 호칭인데, 장님에게 이 호칭을 쓰는 것은 외람된 일이다. 아무튼 이미 판사라고 칭해 왔기 때문에 그들이 모인 廳도 寺라 칭했나 보다.[163]

이와 같이 李圭景(1788-1856)은 명통시가 관례상 관청의 형식을 빌려 쓴 것으로 파악하고 있다.

명통시라는 명칭은 한성의 5부 중에 하나인 北部의 明通坊에 자리하고 있었기에 붙여진 이름이다. 조선 초기 맹인들은 이 명통시를 중심으로 점복 교육을 실시하였고, 국가의 명을 받아 기우제를 올렸으며, 나라와 왕실의 안녕을 빌었다. 혹 임금이 능침을 알현하기 위해 거둥하면 어가가 궁궐 밖으로 나아갈 때나 돌아올 때에 여러 맹인들이 의례적으로 도포를 입고 성 밖으로 나가 어가를 영접하기도 하였다. 명통시에 국가는 곡식과 노비를 내려주어, 맹인 점복가를 양성하고 그들이 단체 활동을 할 수 있도록 지원하였다.

태종대에는 "명통시 판수 등에게 쌀 30석을 내려 주었다"[164] 거나, "繕工監에 명하여 명통시를 다시 짓게 하고, 이어서 노비를 합하여 10口를 주니, 五部의 맹인이 모이는 곳이기 때문이었다"[165] 라

---

163) "旣稱寺 則迺是官署之號 而瞽非設官 則名以寺者未可知者 如局亦官舍之名稱 而內醫院曰藥局 訓練都監曰訓局 備邊司曰備局之類 而凡賣藥私鋪 便呼藥局之例耶 盲者 俗稱判事 則判事迺各司之長官 而濫稱者也 旣稱判事 其所會之廳 亦稱寺也歟.", 『五洲衍文長箋散稿』 「經史篇」 '論史·明通寺辨證說'.

164) "賜明通寺盲人等米三十石.", 『太宗實錄』26卷, 太宗13年 11月 5日 辛巳.

165) "命繕工監改營明通寺 仍給奴婢幷十口 五部盲人所會處也.", 『太宗實錄』33卷, 太宗17年 6月 16日 庚子.

고 하였다. 그 밖에도 『세종실록』의 여러 기사[166] 에서도 명통시에 쌀을 내려주었다는 내용이 발견된다.

이와 같이 명통시는 국가의 공식 관청은 아니었지만 국가와 밀접한 관계를 유지하면서 조선시대 음양학과 점복업의 요람 역할을 하였다. 또 이러한 명통시에 대한 재정적 지원은 곧 조선의 장애인 복지정책으로서도 높은 평가를 받을 수 있을 것이다.

그러나 명통시라는 이름은 世祖 3년(1457) 9월 16일 丁丑의 기록을 끝으로 더 이상 찾아볼 수 없다. 성리학적 지배 질서가 강화되고 유학의 근본이념에 충실한 士林 세력이 집권하게 되면서, 昭格署와 마찬가지로 도교 계통의 기관으로 분류되었던 명통시는 더 이상 국가의 지원을 받지 못하고 자연스럽게 소멸된 것으로 보인다.

조선 후기에 들어서 명통시를 계승한 '盲廳'이 등장한다. 조선왕조실록에서는 맹청에 관한 기사를 발견할 수 없고, 『五洲衍文長箋散稿』, 『林下筆記』 등에서 발견된다. 1500년대에 명통시가 없어져 맹인들의 구심점이 없던 중, 임진왜란이 일어나 선조가 한양을 버리고 義州로 몽진할 때 맹인 申景達이 선조를 도와 큰 공을 세웠다. 이후 조정이 한양으로 돌아온 후 논공행상이 있자, 신경달은 소원을 묻는 임금에게 맹청을 세워줄 것과 맹인들에게 갓을 쓸 수 있게 해달라고 하였다. 그리하여 한양의 맹인 점복가 8명이 모여 맹청을 만들었으나 뒤이은 胡亂으로 인하여 단체의 활동이 활발하지는 않았다.

『오주연문장전산고』에서는 당시 맹인에 대해 다음과 같이 전하고 있다.

---

166) 『世宗實錄』36卷, 世宗8年 5月 25日 戊午; 동 72卷, 世宗18年 6月 2日 丁酉; 동 84卷, 世宗21年 3月 27日 乙亥.

우리나라의 맹인은 海西(黃海道)의 鳳山·黃州 등지에서 많이 살고 있다. 세간에 전하는 말에 의하면, 해서에 땅이 꺼지는 재난이 있어서 맹인이 많다고 하는데, 그 말이 거짓이 아니다. 맹인은 四民(士·農·工·商)의 列에 끼지 못하여 衣食을 해결할 방법이 없으므로, 그들은 으레 易卜(易理에 의한 卜)을 배우고 겸하여 經文 道經이나 佛經 따위를 말하는데, 이것을 외어서 잡귀를 몰아내고 병을 다스린다) 이나 呪文을 외어 생활을 영위하는데, 師弟 간의 질서가 매우 엄중하다. 그들은 항상 算籌과 점대를 휴대하고는 서로 지팡이를 짚고 길거리에 다니면서 '신수들 보시오.[問數]'하고 외치는데, 그 소리가 마치 노랫소리와 같기 때문에, 사람들이 가만히 앉아서도 맹인이 지나가는 것을 알 수 있다. 그들을 불러 점을 치게 하면 그들은 양식[糈](옛날 곡식을 주고 점을 친다는 말이 있다. 亭林 顧炎武가 해석하기를 '옛날에는 돈이 널리 쓰이지 않았으므로, 詩經·書經 등의 책에는 돈과 관련된 글이 없다. 점치는 사람은 곡식을 사용하였다. 漢나라 초에도 그러하였다. 『史記』「日者傳」에 의하면 점을 보아서 설령 맞지 않을지라도 한번 받은 곡식은 빼앗기지 않는다 했다'라 하였다)을 받는 것으로 本業을 삼는다.[167]

이와 같이 영·정조 시대에는 서울에만도 900명의 맹인들이 맹청

---

167) "我東盲人 多出於海西 鳳山 黃州之間 世傳海西有地陷之災 故人多眼眚 其說不誣 盲則不參於四民之列 而無以糊口掩體 故必學易卜 而兼治誦經呪(經 如道經 佛經 以辟鬼治病) 以爲生 師弟之分截嚴 佩算籌策 相筇唱於街曰 問數 其聲如歌 故人知爲盲過也 招而問卜得糈(古則有握粟出卜而顧亭林炎武 解握粟出卜曰 古時 用錢未廣 詩書皆無貨錢之文 而問卜者亦用粟 漢初猶然 史記·日者傳 卜而有不審 不見奪糈) 爲本業.", 『五洲衍文長箋散稿』「經史篇」'論史·明通寺辨證說'.

에 속해 있을 만큼 민간에서도 盲卜이 번성했다. 도성 안에서는 '판수'라 불렸던 맹인 점복가들이 북과 지팡이를 들고 둘 씩 짝을 지어 '수에-'라고 외치면서 길거리를 돌아다녔다. 하얀 깃발을 매단 장대를 걸어 점집임을 알렸다.

그리하여 조선시대에는 천문, 관상, 점성, 풍수지리, 음양, 차력법 등의 잡술이 미신적인 측면이 강함에도 불구하고 일반민들 사이에서 어느 정도의 영향력을 발휘하고 있었다. 실제 민간에서는 차력법이나 음양법 등을 통해 질병을 예방과 퇴치의 영험을 얻고자 하였다.[168] 이러한 상황에서 19세기에 광범하게 존재했던 부랑인들 중에는 잡술을 가탁해서 私利를 꾀하는 자들도 있었던 것이다.[169] 儒者들의 경우에도 禍福의 설이나 점복 등 '異術'을 즐기는 예가 많이 있었다.[170] 바로 이러한 분위기에서 변란을 도모했던 주도층들이 『鄭鑑錄』 등 각종의 비기류나 잡술 등을 내세워 위기의식을 고양시키고 민심을 선동하는 것은 앞 시기보다 훨씬 용이하였을 것이다.

맹청제는 1894년 갑오개혁 이후 폐지되었다. 그에 따라 맹인 점복가들에 대한 국가의 지원도 끊겼다. 그렇지만 문생 조직까지 해체된 것은 아니어서 일제강점기 맹인 점복가들은 다시 새 단체를 설립하여 맹청의 전통을 이어나가게 된다.

정통 유학에 정진하는 도학자나 사대부가는 義理易 탐구를 통해

---

168) 村山智順·노성환 옮김, 『朝鮮의 鬼神』, 민음사, 1990, pp.385-397 참조.

169) "義興縣囚推罪人申相極 矣身本以浮浪之類 敢生討金之計 假稱雜術 誣惑愚民是如可.", 『平安監營啓錄』 乙巳 5月 14日 참조.

170) "凡耽於雜術 其心已不能正大 光明禍福之說 始入之 心有所蔽 則外物因投隙而入焉 故君子遠之 凡聞某地有某人 能通異術 能知未來 或能役鬼神 能設八陣 一切勿爲所動.", 李象秀, 『峿堂集』 卷19, 傳家雜訓 참조.

자신의 정신세계의 확장을 이어 왔다. 반면 "象數易은 術家가 어떤 개인적인 이득을 노리고 몰두한다는 俗易이라고 해서 배척 당해왔다."[171] 특히 조선후기 민간에서는 '唐四柱'가 널리 유포되었다. 당사주는 易理를 바탕으로 五行과 占星術을 가미하여 이를 그림으로 설명한 것이다. 그림으로 쉽게 이해할 수 있기 때문에 문자에 서툰 일반 서민들이 이용하기에는 매우 유용한 운명 예측 텍스트였다. 당사주와 같은 방식을 '斷易'이라고 하는데, 단역의 단점은 바로 점복을 보는 사람을 숙명론의 그물에 걸어 버리는데 있다.

당사주에서는 단명수가 있다고 해서 굿이나 절에 長命 기도를 하게 하는 등 미신의 풍조를 조장하여 사회적으로도 악영향을 끼치기도 하였다.

이와 같이 易理는 숙명론으로 흐르는 것을 엄격히 통제하고 있지만, 투철한 정신과 수련 과정을 거치지 않는 일반 서민들은 점괘를 보고 자신의 운명을 주체적으로 결정하고 개선 노력을 할 여유가 없었기 때문에 숙명론적 경향으로 기울고 미신적인 풍조가 조장되는 등 폐해가 컸다.

---

171) 황선명, 「운세와 운명관의 시대적 추이: 비결과 예언의 현대적 의의」, 『신종교연구』 6, 한국신종교학회, 2002, p.18.

3. 근·현대의 운명 예측

1) 점복 집단의 조직화

(1) 맹인 점복가들의 활동 ─────────────

과거 맹인 점복가는 대표적인 차별의 대상이었다. 차별 현상은 현대에서도 크게 다르지 않다. 이들은 전통적으로 맹승, 판수, 소경 등으로 불렸다. 주로 점복업과 독경업을 통해 자신들의 입지를 굳혀왔다. 무라야마 지준은 남성 복술자 중 약 8할이 맹인이었고, 이는 조선 특유의 현상이라고 했다. 그리고 왜 맹인 점복인이 많은지 그 이유에 대해서 맹인에게는 적당한 직업이 없고, 보통 사람이 볼 수 없는 신비한 것을 볼 수 있는 心眼을 가지고 있다는 민간신앙에서 옛 부터 귀신퇴치의 기도에 종사해 왔기 때문[172] 으로 보았다.

일제강점기 초만 하더라도 맹인 점복가들의 수가 상당했으나, 현대 안마업 등의 확산으로 인해 점복을 주로 하는 이들이 줄어들게 되었다. 그러나 맹인들에게는 점복업이 대표적인 경제활동의 하나였기 때문에 조합 설립 등 단체활동을 통해 존재감을 이어갈 수 있었다. 이는 앞서 살펴본 조선시대의 '盲廳'과 유사한 성격이라 할 수 있다.

근대 이전 맹인 점복가들은 구술문화를 통해 지식을 전승하였다. 구술을 통한 전승이었기 때문에 문자를 해독할 수 없는 것에 따른 문제는 그리 크지 않았다. 더군다나 당시는 현대와 같이 인쇄매체가 활성화되어 있지 않은 시대였기 때문에 그들의 문자해독 불가능은 큰 무능력으로 비쳐지지 않았을 것이다. 그러나 현대는 文盲을

---

172) 村山智順 저, 김희경 옮김, 『조선의 점복과 예언 』, 동문선, 2001, p.98 참조.

차별화한다. 점자의 보급이 그들 장애의 극복을 도와주었으나, 활성화 되는 것은 오랜 시간이 걸린다. 점자와 같은 근대성의 도입은 과거 전통성의 배제 원리가 작동되어 능력에 따른 재구성이 요청되었다. 그에 따라 맹인 점복가의 숫자도 현격하게 줄어들었다. 남은 이들은 직업조합을 통해 자신들의 능력을 입증하고자 하였다. 대표적으로 안마업과 점복업이 해당된다.

한국이 일본의 식민지가 된 후 조선총독부가 인정한 종교는 딱 세 가지뿐이었다. 일본에서 들여온 神道, 불교, 기독교만 정식종교로 인정받았다. 무속이나 점술과 같은 민간 신앙은 유사종교로 취급되었다. 근대의 계몽운동가들도 미신타파를 외쳤지만, 그 목적은 나라의 발전과 독립을 위해서이다. 그러나 일본은 식민지화를 위한 통치 방법의 일환으로 무속인이나 점술가들을 단속했다.

조선총독부의 미신 단속으로 맹인 점복가들의 활동이 많이 위축되었지만, 한국인의 마음 깊은 곳에 뿌리내린 점복에 대한 믿음은 거의 변함이 없었다. 여전히 많은 사람들이 알게 모르게 맹인 점복가들을 찾아 고민을 상담했고 귀신을 쫓아주기를 부탁했다. 또한 맹인들의 동업조합 맹청이 없어진지는 오래였지만, 지부 역할을 했던 문생청이 제 구실을 한 덕분에 1:1 역학 교육과 상부상조 관계를 계속 이어나갈 수 있었다.

1910년에는 원주 맹인 金裕鎭이 맹인조합의 설립을 청원[173] 한 일이 있고, 1925년 마침내 전국의 맹인 점복가들이 들고 일어났다. 1925년 9월 1일 <조선맹인역리대성교>라는 이름으로 단체를 결성한 전국의 맹인 점복가들은 누차에 걸쳐 조선총독부에 항의하여 결

---

173) "原州盲人金裕鎭 設盲人組合所 請願內部.", 『梅泉野錄』卷6, 隆熙四年庚戌 참조.

국 맹인 점복가들의 생업을 위하여 민간의 점복과 독경 행위를 묵인한다는 조선총독의 허락을 받아냈다. 조합의 창설을 위하여 김병순, 방덕권, 조명규, 이규옥 등 맹인 4명이 1919년 3·1운동부터 7년 동안 부단히 노력한 결과였다. 초대 회장은 이문호가 맡았다. 이후 <조선맹인역리대성교>는 일제강점기 맹인 점복가들의 동업조합 역할을 충실히 하다가 1956년 <대한맹인역리대성회>로 명칭을 바꾸고, 1971년에는 <대한맹인역리협회>라는 명칭으로 법인 설립 인가를 얻었고, 2007년 <시각장애인역리학회>로 명칭을 변경[174] 하여 현재에 이르고 있다.

일제강점기 중추원 조사자료 중 <朝鮮風俗集>에서는 1909년 당대의 점복에 대해 다음과 같이 보고하고 있다.

> 양반, 상민을 불문하고 문자를 약간 아는 자가 가세의 불운 때문에 占學을 배우고 이에 종사하였다. 또는 맹인이 7, 8세에 이르면 그의 父兄이 占學을 가르쳐 생활의 밑천으로 삼도록 하였다. 유생이 衣食의 곤란 때문에 占者로 영락하는 일도 있다. 占卜의 방법은 周易 기타의 術書를 기본으로 삼아 손으로 占具(통 모양의 작은 나무 통 안에 八卦를 넣은 것)를 흔들며 「祝 天何言哉 地何言哉 伏乞天地神明 庚午年 九月 六日 生 某氏名의 身數財數를 밝게 해주시오 云云」 하는 따위의 주문을 읊는다. 그런 후 괘를 꺼내 運氣를 점치고 禍福과 吉凶, 遺失 또는 紛失物, 행방불명자를 占卜한다. 妄薦虛誕한 이야기로 世人을 기만하거나, 지금 하늘에 제사를 지내면 흉을 길로 바꿀 수 있다고 부추겨서, 이러한 의뢰를 받으면 동업자 7, 8인을 모아 공물을 바치고 각종 귀

---

174) 사단법인 대한시각장애인역리학회 홈페이지(http://kbfo.or.kr) 연혁 참조.

신에게 제사를 지낸 뒤 5, 60원을 보수로 취하기도 한다.[175]

　한편 1927년 조선총독부가 조사한 자료에 의하면 전국의 맹인 수는 모두 11,206명으로 총인구의 약 6%를 차지했다. 이 중 점복업에 종사하는 사람이 1,539명으로 직업자들 중에서도 높은 비율을 보인다. 조선총독부는 시각장애인의 재활을 위해 맹학교를 세워 침술과 안마 훈련을 시켜 새로운 직업이 되었다. 오늘날에는 시각장애인 직업 가운데 안마사의 비율이 훨씬 높지만, 해방 이전까지만 해도 맹인들에게는 점복업이 가장 인기 있는 직업이었다. 이는 점복업을 통해 얻는 수입이 더 컸기 때문으로 판단된다.

　한국 전쟁 이후 우리 사회는 혼란한 국가 재건을 위해 총력을 기우리고 있었다. 일제강점기 이후 계속 전개되어온 미신타파 운동에 점복가들은 설 자리를 잃고 궁여지책으로 종교에 기대게 되었던 것으로 보인다. 종교 중에서도 특히 불교의 토속성과 점복이 맞닿아 있다고 보았다.

　　경찰에 의한 미신타파 운동이 점차 본 궤도에 오르자 '점쟁이'를 궁여지책으로서 여승을 가장 도시 농촌에 침투하여 무슨 수도나 한 것처럼 무지한 부녀자를 기만하여 다수의 금품을 착취하는가 하면 '점께' 운운 하면서 화합한 가정에 불을 붙이는 되지 못한 술책을 가감하여 이중삼중 수입을 획책하는 사실도 불소하다는 바이 이에 대하여 경찰 당국에서는 소위 불교 신자가 이 같은 '점쟁이' 행각을 할리도 만무할뿐 아니라 이들에 속는 부녀자들도 그

---

175) 「朝鮮의 迷信業者: 明治42年 11月稿」, <朝鮮風俗集>(국사편찬위원회, 한국사데이터베이스 http://db.history.go.kr) 중추원조사자료. 2020. 12. 14. 최종검색.

와 같은 인물인즉 여자 한 가장 인물에 저 신적 현혹을 일으키지 말도록 주의를 환기하는 동시에 해운동에 적극 협조 있기를 거듭 요망하고 있다.[176]

위 인용문은 당시 마산 지역의 기사로 '점쟁이'가 女僧을 가장하여 사회 혼란을 조장하고 있다는 내용이다. 여기서 중요한 것은 점복가들이 왜 불교에 가탁하였을까 하는 점이다. 위에서 잠깐 언급한 바와 같이 이는 한국 불교의 토속적 성격이 점복문화와 어느 정도 융화되었기 때문으로 보인다.

(2) 근대의 崇神人組合

점복 집단은 그 조직이 다른 조직에 비해 여러 면에서 미비한 것이 사실이다. 그러나 일제강점기에는 일정한 종단 형태의 조직으로 발전하려는 움직임이 있었다. 즉, 1920년대에 근대적 대규모의 巫團組織化의 움직임이 있었다. 이러한 동향은 갑작스러운 것이 아니고, 전통적으로 무속이 가지는 조직성에 기초를 두고 있었다는 점에서도 주목된다. 그러나 역설적이게도 이는 당시 무속에 대한 통제에 의해 빚어진 현상이었다.

일제강점기의 무속에 대한 통제는 시기별로 차이를 보인다. "무단통치기에는 일본이 자국내 유사종교를 단속하기 위해 제정하였던 <경찰범처벌규칙>(1912년 3월 25일 제정)을 근거로 경찰력을 동원하여 통제하였고"[177], 3·1운동 이후인 문화통치기에는 '崇神人組合' 등 무속인 조합을 허가하는 등 완화된 방식으로 통제하였

---

176) 「女僧 가장한 점복자가 횡행」, <마산일보> 1955. 1. 24. 2면 9단.

177) 최석영, 『일제하 무속론과 식민지권력 』, 서경문화사, 1999, p.87.

으며, 황민화정책을 강화하면서부터는 이를 신사신앙을 퍼뜨리기 위한 수단으로 삼았다. 그러나 전 시기에 걸쳐 <경찰범처벌규칙>은 계속 적용되었으며, 일제는 물론 조선인 단체에서도 미신타파라는 명분으로 무속에 대한 탄압을 정당화하였다.

숭신인조합은 1920년 6월 1일 고미네 켄사쿠(小峯源作) 등이 발기가 되어 창립총회를 한 것이 시초이다. 그 목적은 무녀를 통제하여 종래 자칫하면 풍속을 문란케 하고 위생에 장애가 된 무녀기도의 폐를 제거하는 데에 있고, 그래서 기도는 일정한 장소에서 행할 것, 무녀의 기도는 본 조합에서 알선할 것, 조합원은 모든 영과 신을 존숭하고 풍속을 문란케 하거나 비위생적일 수 있는 행위를 하지 않을 것, 조합원은 조합을 통하여 자유로이 기도의 수요에 응할 수 있다는 등의 규약을 세우고 경성의 무녀를 규합하여 일단으로 하고 지방에 지부를 설치하여 조선의 무녀를 통솔하려고 했다. 그러나 임의로 기도의 수요에 응할 수 없는 부자유스러움과 조합원이 기도 때 기도료의 일부를 조합에 각출하는 것만으로 아무런 효과가 없었다. 그로 인해 일단 가입한 자도 탈퇴하고 아무런 발전의 징후도 없이 1927년 고미네 켄사쿠(小峯源作)가 죽자 그 후 간부간에 내분이 끊임없어, 조합원이 상호부조 喪禮契를 조직하여 그 발전을 꾀하기도 하였으나 효과가 없고 조합장 및 사무소가 자주 이동함에 따라 점점 부진에 빠져 현재 유명무실한 형편이다. 1934년 8월말 교세는 포교소 1, 지구 1, 남자 교도 61, 여자 교도 359 총 420명으로 보고[178] 되어 있다.

비록 숭신인조합이 일제가 독립운동 세력을 견제하기 위해 합법

---

178) 村山智順 저, 최길성·장상언 역, 『조선의 유사종교 』, 계명대학교출판부, 1991, pp.356-357 참조.

화시켰다고는 하지만, 당시 무속인들의 입장에서는 생계를 유지하
기 위해서 별 수 없이 이 조합에 가입해야만 했다. 이와 관련하여
1920년 6월 3일《동아일보》기사를 살펴보면 다음과 같다.

> 京城 淸進洞三和旅舘에 崇神人組合이란 日本人 小峯源作의 사
> 교간판이 붙었다. 同 日人은 韓國宗敎의 獨立運動을 방해코자
> 天道敎에 침투하여 濟世敎를 조직하고 太乙敎에 침투하여 濟化
> 敎를 만들었으나 뜻을 이루지 못하고 실패의 원인이 日本人이기
> 때문이라 하여 金在賢이라 개명한 후 同 組合을 조직하다.[179]

이와 같이 숭신인조합이 합법적인 단체임을 이야기 하고 있다. 이
것은 총독부가 오랜 전통의 무속이 지닌 가치를 재인식하는 한편,
무속의 폐습도 철폐하고자 했던 것이다. 곧 "무격을 보호하고 무속
의 폐단을 시정한다는 목표"[180]를 세운 것이다.

1930년대에는 무속을 조선 전통의 신앙으로 인정하였다. 그러나
이를 통해 일본의 神社에 의한 조선인의 '일본인화'를 꾀하는 음모
술수가 시작되었다. 무속인들에게 天照大神을 무속인이 모시는 신
령보다 윗자리에 놓게 해야만 巫業을 허가해 주었다. 이와 같은 사
항은 당시 잡지 『개벽』에 실린 숭신인조합에 대한 설명이 도움
을 줄 것이다. 내용이 길지만 자료의 의미가 중요한 만큼 원문을 그
대로 제시해 보겠다.

---

179) 「崇神人組合이란 何, 텬도교도와 조선민족의 사상을 어지럽게 하라는 백
   주의 요마, 小峯源作」, 《東亞日報》 1920.6.3. 3면 7단.

180) 이필영, 「일제하 민간신앙의 지속과 변화」, 『일제의 식민지배와 일상생
   활』, 연세대국학연구원, 2000, p.351.

崇神人組合은 즉 巫女의 조합으로 京城에서 제일가는 迷信窟이다. 巫女는 弊害가 만은 동시에 역사가 또한 오랫다. 往古 祭政分離시대에 北方 亞細亞 及 波斯지방에 舞蹈를 好하는 所謂 原始神이 잇서서 특히 여자로 하여금 其神을 祭케 하얏는데 此가 遂히 巫가 되고 其風이 北部支那로부터 점차 朝鮮에까지 전하야 今日에 至하얏다. 그것의 위하는 귀신은 所謂, 玉皇上帝, 關聖帝君, 太上老君, 崔瑩將軍, 北斗七星, 江南護口別星(所謂 痘疫神) 등인데 (巫를 隨하야 各異함) 人의 생산, 혼인, 부귀, 등을 祈願하고 또 질병, 災厄을 제거 예방한다 하야 蒙昧한 인민을 迷惑케 한다. 특히 京城에 잇서서는 中流 以下의 가정은 물론이고 비록 상류의 가정이라도 巫女의 潛勢力이 자못 크다. 이것은 李朝末에 宮紀가 紊亂하야 巫女가 궁중을 출입하며 집권하던 관계로 생긴 惡風이다. 世人이 다 아는 바 李太皇 시대의 眞靈君은 巫女中 妖傑로 그 세력이 八道를 風靡하야 비록 高官大爵이라도 그를 다 阿附屈從하얏섯다. 此 時期는 京城의 巫女全盛時期엿다. 彼 勇敢果斷한 大院王의 巫女를 추방하던 功效도 水泡에 歸하얏다. (甲子年에 大院王이 京城의 巫女를 追退하야 鷺梁津에 居住制限을 함) 其後 光武 8년에 宮紀를 肅淸하기 위하야 巫女를 再次 추방하고 又 倂合 이후로 取締가 엄중하야 京城 內에 巫女가 一時 影子를 見키 難하더니 齋藤 總督이 所謂 文化政治를 선포한 후로 다른 사람보다도 특히 巫女가 恩澤을 깁이 입어 其數가 一時 激增되고 崇神人組合까지 생겨서 李朝 末의 亡國의 舊劇을 復演한다. 鷺梁津堂은 물론이고 南山國師堂과 三淸洞 梨花洞의 堂은 巫女의 집회소다. 이 巫女輩는 다만 蒙昧한 인민을 迷惑케 하야 굿만 할 뿐 안이라 甘言利說로 良家 婦女를 誘引하야 密賣淫을 하게 하고 또 안색이 美麗한 者는 자기도 密賣淫을

한다. 그럼으로 어느 堂에서 굿을 한다 하면 淫婦蕩子가 頭를 爭
하야 간다. 이것이 엇지 京城의 大羞恥가 안이고 무엇이냐. 巫女
중에는 又 胎主라 칭하는 귀신을 위하는 者가 잇스니 胎主鬼는
一名 死指神이다.(俗說에 痘疫에 罹한 乳兒를 極端으로 飢케 한
후 乳를 示하야 兒가 手를 出할 時에 其 無名指를 절단하야 此
를 祭한다 云함) 此는 신체의 일부분 혹은 공중에서 聲을 出케 하
야 今日 所謂 千里眼者와 類似한 행동을 하야 金錢을 取한다. 其
眞理有無는 如何하고 민간에 유혹하는 者가 多한 것은 사실이
다.[181]

　　앞서 『조선의 유사종교』에서 밝힌 내용과 달리, 당시 숭신인
조합은 각지 30여처에 지부를 설치하고 있었다고 한다.[182] 또한 숭
신인조합은 당시 신종교의 하나로 이해되었던 것 같다. 1923년 신
흥종교 및 유사종교단체 상황은 "동학계로서는 천도교 100,699명
… 日本의 所謂 神道敎系로는 神理宗 5,000名, 숭신인조합 701명,
皇祖敬神崇神敎 135名이며"[183] 라 하여 일본 신도계 신종교의 하
나로 분류하고 있다. 반면, 유사종교단체로 분류한 『조선의 유사
종교』에서는 숭신인조합을 숭신계로 분류하고 있고, 숭신계 유사
종교에 속하는 종교에 關聖敎, 檀君敎, 大倧敎, 三聖敎, 箕子敎, 箕
師敎, 神理宗敎, 文化硏究會, 矯正會, 聖化敎, 靈神會, 西鮮信徒同

181) 「京城의 迷信窟」, 『開闢』48, 1924. 6.1. p.101.

182) 「崇神人組合排斥, 開城靑年의 快擧를 稱頌하는 同時에 全國靑年을 向
　　하여 迷信打破 氣運을 促進할것을 要望」, 《東亞日報》, 1922.4.17.·18,
　　1면 1단 참조.

183) 「1923年의 新興宗敎 및 類似宗敎」, 『일제침략하 한국36년사』7권(한
　　국사데이터베이스 http://db.history.go.kr)

志會, 皇祖敬神崇神敎, 七星敎, 知我敎, 詠歌舞敎 등으로 소개하였다. 이 중 숭신인조합과 함께 무교와 관련된 것으로는 신리종교, 문화연구회, 교정회, 성화교, 영신회, 서선신도동지회, 황조경신숭신교가 있다.[184] 이 중 1934년 8월말 영신회의 교도수가 900명으로 가장 많고, 신리종교가 7명으로 가장 적다. 따라서 일본의 신도계통을 무교와 연관 짓고 있는 것으로 보인다.

무속숭신계는 우리나라의 재래적인 무당들의 禱神行爲를 하는 신앙단체들을 말한다. 여기에는 접신무와 접신이 현상이 없이도 무축을 기업으로 하는 세습무도 포함된다. 무속은 천신, 지신, 인귀, 칠성신, 산신, 해신, 三神, 가정신 등 여러 가지 신들을 숭신하는 다신교의 일종이라 할 수 있다. 이러한 무속신앙이 어떤 종교적 집단의 형태를 이룬 것은 없었다. 다만 민간신앙 가운데 전래[185]되어왔다.

또한 지방에 따라서도 전통적 무단 조직은 다소 차이가 난다. 북부지방에서는 무당을 '師巫'라 하고 '師巫廳'이라는 집회소에서 집회를 가졌다. 경성 밖의 사무청에는 관의 허가를 얻어 남무들이 巫契를 조직하였다. 그러나 1930년대는 경문을 읽는 독경쟁이가 사무청과 관계를 할 뿐, 조직력은 보잘것없는 상태였다. 제주도에는 무당들의 집회소인 神房廳이 여러 곳에 있었다. 각 신방청에는 鄕首가 있고 또 그들을 감독하는 都鄕首가 있었다. 그리고 향수를 보좌하는 公員, 회계를 맡는 所任이 있었다. 도향수 밑에는 그를 보좌하는 도공원이 있었다. 전라도 지방에서는 神廳이라 하는데, 나주·장흥·우수영·진도·완도 등지에 있었다. 이들 신청에는 남자 무당

---

184) 村山智順 저, 최길성·장상언 역, 앞의 책, pp.345-368 참조.

185) 「해방이후 최초로 결성된 무속인 단체 대한승공경신연합회의 조직과 변천」, 《매일종교신문》, 2018. 11. 05 참조.

들로 조직된 巫夫契가 조직되어 있었다. 그러나 무부들로 조직되어 있다고는 해도 남무들만의 독점적인 집단이라고는 할 수 없다. 왜냐하면, 남부지방의 무당들은 대개 부부가 단위가 되거나 가문 대대로 무업을 세습하는 관계로 볼 때, 남무가 巫家를 대신하기 때문에 무부계라 하게 된 것 같다.[186] 이러한 전통적 무당 조직은 근대화의 물결과 더불어 새로운 무당 조직으로 발전하였다. 그 대표적인 것이 바로 숭신인조합이다.

(3) 현대의 大韓勝共敬信聯合會 ─────────

현존하는 대표적인 무조직으로는 1950년대 말에 '敬信會'라는 이름으로 발족한 '大韓勝共敬信聯合會'[187]가 있다. 기관지로 1991년 11월 26일 창간한 《한국민속신문》을 격주간으로 간행하고 있으며, 1982년부터 1988년까지 간행한 『경신회보』가 있으며, 매년 전국무속예술경연대회를 열고 있다. 1958년의 기사를 기사를 살펴보면, "전국민속예술경연대회는 1958년부터 시작되었으며, 제1회 대회에서는 경북의 무당춤이 수상되는 등 무속식 제의가 사회에서 인정받는 데에 적지 않은 기여를 해왔다"[188]고 밝히고 있다.

대한승공경신연합회의 1950년대 말 출범초기에는 무속인 스스로

---

186) 「무조합」, 『한국민족문화대백과사전 』(http://encykorea.aks.ac.kr) 참조.

187) 대한승공경신연합회에 대한 선행연구는 매우 적다. 최초의 학술연구로는 김태곤, 『한국무속연구 』(집문당, 1995, pp.458-460)를 들 수 있다. 이후 신자토요시노부, 「'대한승공경신연합회'의 사상과 실천: 민족종교의 지향성을 중심으로」(『종교학연구 』 34, 한국종교학연구회, 2016, pp.91-114)가 가장 주목되는 연구이다. 이 밖에 대한승공경신연합회의 설립에 깊이 관여한 최남억에 대한 자료는 다음을 참조. 장호근, 『한국무교: 최남억 회장과 대한승공경신연합회 30년 발자취 』, 출판시대, 2000.

188) 「단체일등상에 경북/ 민속예술경연대회」, 《경향신문》, 1958. 8. 23.

필요에 의해 구성된 자발적 성격의 단체가 아니라 관 주도적 성격이 강했다. 즉, 대한승공경신연합회는 무속인 혹은 무속과 관계된 사람들에 의해 설립되지 않았다는 말이다. 이 단체를 주도한 최남억에 대해 장호근은 "무속에 대해 아무것도 모르고 있던 인물이었는데 우연한 인연으로 경신회의 설립에 깊이 관여하게 되고, 경신회를 설립하여 선거에 활용하려는 주변 사람들의 의도가 배어 있었다"[189)] 고 밝히고 있다.

5.16 군사정부가 혁명공약으로 내걸었던 6대 공약 가운데 3번째는 '사회의 모든 부패와 구악을 일소하고 퇴폐한 국민도의와 민족정기를 바로 잡기위한 청신한 기풍을 진작시킨다'이다. 혁명정부의 국민재건운동을 통하여 국민의 의식개혁과 사회의 미풍양속을 해진다고 생각되는 모든 행위에 구악으로 단정한 추방운동에 해당되었다. 혁명정부가 처음부터 의도하고 기획된 것이 아니라 우연한 기회에 발생했다.

1960년대에는 '大韓正道會'로 명칭을 변경했다. 1971년 대한승공경신연합회(문화공보부 등록 제273호)가 공식출범하면서 기존의 관 주도 단체에서 자발적 모임으로 자리잡았다. 이 모임에 대해 김홍철은 "1971년 1월 6일 '반송투쟁의 기본 이념 아래 승공태세의 확립과 무속의 전통문화 개발 및 그 보존과 무속인들의 권익옹호는 물론 회원 상호 간의 화친을 목적'으로 창립했다"[190)]

고 대한정도회의 창립 목적으로 밝혔다. 1983년 보고된 현황 자료에서는 당시 서울의 중앙본부를 비롯하여 전국적으로 수많은 지

---

189) 장호근, 앞의 책, p.18.

190) 김홍철 편저, 『한국신종교대사전』, 도서출판 모시는사람들, 2016, p.923.

회와 지부를 두었는데, 지부수가 173개, 회원수가 41,481명[191] 이었다고 한다.

대한승공경신연합회는 명칭에서 알 수 있듯 태생적으로 종교라고 할 수 없는 사회단체적 성격이 강했다. '승공활동'에 참여케 하고 동시에 무속행위가 보장되고 있다. 승공활동으로는 수차에 걸쳐 30여 명의 고정 간첩을 신고하여 체포케 했으며 이러한 공로로 대통령표창 · 국무총리 표창 각 2회, 내무부장관 표창 1회, 도지사감사장 3회, 경찰국장 · 경찰서장 표창 및 감사장 25회[192] 를 받기도 했다.

대한승공경신연합회는 당시 사회 체제에 영합한 단체로 알려져 있다. 유신체제나 전두한 정권에 의한 사회정화 정책을 무조건 긍정적으로 평가하기도 하였다[193] 1970년대부터 시작된 새마을운동은 무속행위는 물론 장승 등 민간신앙적 요소를 미신시하는 경향이 있었다. 무속행위를 재가집(무속 행위 의뢰자)에서 하는 경우, 초· 향을 사르고 경문을 읽는 의례조차 '경범처벌법'에 대상이던 시대에 대한승공경신연합회 회원은 예외적 행위자가 될 수 있었다. 이는 전국조직을 할 수 있는 근거가 되기도 했다. 대한승공경신연합회 회원에게는 지부장의 재량권이 신고와 무마라는 권한으로 활용되었다.

그러나 1994년 3월 8일 대한승공경신연합회 등록(서울특별시 제19호), 1997년 10월 17일 대한승공경신연합회 사단법인설립(공보처 제59호), 2000년도 7월17일 남북화해의 흐름을 타면서 '勝共'을 뺀 대한경신연합회로 법인명칭 변경(행정자치부 및 경찰청 소관 제

---

191) 대한승공경신연합회 편집부, 「연혁 및 현황」, 『경신회보 』, 대한승공경신
　　연합회, 1983, pp.10-11 참조.

192) 김홍철 편저, 앞의 책, p.923 참조.

193) 신자토요시노부, 앞의 논문, p.94 참조.

11호)을 하였다. 설립목적은 통일세대를 맞이하여 민족사관을 고취시키며 상호교류를 통하여 한민족 토속문화를 보존, 육성, 발전시키는데 그 목적이 있다.

주요행사로는 호국영령위령제, 국태민안 기원대제, 국태민안 남산대제, 각 시도 본부 대동제 및 용왕제, 무형문화재(민속, 무속)공연 및 보존활동, 전국회원체육대회(5월), 하계회원수련회(7-8월), 전국무속대제전(9-10월), 국태민안 단군대제(11월), 정기총회(12월)가 있다.

조직으로 서울특별시본부를 비롯 18개 지부와 동아시아 무속신앙 포럼, 전통민속위원회, 도당굿, 무악보존회 언론기관으로 한국민속신문이 있다. 1대 최남억, 2대 최수진, 3대 최용호, 4대 이성재(무업에 종사하는 현업자로 첫 회장에 당선되었다) 회장이 있다. 회원자격으로 협회주최 한국무속강좌에 참여 후 수료한 자, 무속제례의식을 거행할 수 있는 자, 숭신무복자임을 증명할 수 있는 자로 규정하고 있다.

주요사업으로 ①전통문화분야의 상호교류사업 ②한민족 토속문화 보존육성사업 ③통일에 대비한 민족고유문화 보존육성 ④출판물 발행에 의한 제반사업 ⑤전통민속, 무속의 심층연구 및 공연에 관한 사항 ⑥기타 본회 목적달성에 필요한 사항이 있다.

대한승공경신연합회에서 공식적으로 회원들에게 발급해주는 등록증은 1971년부터 2018년까지 약 8만 장에 이르고 매년 발행되는 수첩과 신분증을 받아가는 무속인은 1만 5000명 정도가 된다. 대한승공경신연합회의 출범은 단순히 이익집단의 시작이 아니다. 개별적으로 활동하던 무속인들을 협회라는 단일창구를 통해 하나로 묶는데 큰 힘이 되었다. 그들 스스로 자신들의 목소리를 냄으로 무속인들의 권익보호는 물론 사회적 지위향상에도 큰 역할을 했다. 1976년 《중앙일보》 기사를 보면, "요양소 중 8개 요양소만이 대한승공경신연합회 등 종교 및 사회단체의 후원을 받고 있을 뿐 대부분이 사이비종교 단체가 후원기관으로 운영되고 있다"[194] 는 내용이 나온다. 이는 곧 당시 이 단체를 사이비종교의 범주에서 제외시킨 사회적 인식을 보여주는 것이다. 또한 회원증 발급을 통해 무자격 사이비 무속인들의 난립을 막았다. 이와 같은 순 기능에도 불구하고 대한승공경신연합회는 무속을 대표하는 종교단체로 발전하는데 많은 어려움을 겪고 있다.

또한 "경신회는 무속이 미신으로 천대 받는 이유를 단결하지 못하고 제멋대로 행동하는 무속인들 때문이라고 여겼다. 이를 개선하기 위해서는 단순히 뭉치는 것만으로는 충분치 못하였고, 무속인의 모임이라는 차원을 넘어 보다 강력한 연대 관계를 지녀 사회적으로도 인정받고 있는 기독교나 불교와 같은 교단을 만들 필요가 있었다. 그렇게 해야 무속이 종교로서 정당한 평가를 받을 수 있다고 보았던 것이다."[195] 앞서 살펴본 대한승공경신연합회는 "현재 학계나 종교계에서는 한국문화의 뿌리를 찾자는 운동이 활발히 일어나고 있다. 한국문화의 뿌리나 한국종교의 근원을 찾기 위해서는 5천년간 서민 속에서 서민의 신앙이 되어온 무속신앙을 찾아야만 가능한 일이며 이를 목적으로 하여 대한승공경신연합회가 창립되었다"[196] 라고 하여 자신들을 종교로 승화시키는 것을 최종목표로 두었다.

---

194) 「늘어나는 정신·신경질환자-원시적 치료 받는 사람 많다」, 《중앙일보》, 1976. 4. 28.

195) 신자토요시노부, 앞의 논문, p.105.

196) 대한승공경신연합회 편집부, 「무속은 한국 고유의 신앙/무속 종교화 시급/부회장 이의정」, 『경신회보』 4, 대한승공경신연합회, 1984, p.39.

자신들의 종교화를 위해 설립한 단체가 바로 天宇敎이다.

천우교는 1971년 해방이후 처음 결성된 대한승공경신연합회가 종교단체화를 모색하면서 설립되었다. 1988년 5월 11일 경기도 남이섬에서 대한승공경신연합회와 다른 종교단체로 '救濟衆生, 國泰民安, 地上天國建設'을 목표로 창교[197]했다. 창교배경으로 사단법인 한국민족종교협의회 회원단체 가입요건에 맞추어 진행되었다. "천우교는 그간 무속 위주의 신앙 형태를 탈피하고 조상숭배·경조사상앙양·삼강오륜 실천을 통한 주체적 민족관을 확립한다는 방침 아래 교화활동을 전개키로 결의했다."[198] 여기서 '민족관의 확립'에 방점을 둔 이유는 경신회의 종교화와도 관련되는 것으로 무속을 종교로 강조할 때 기독교나 불교와 차별화하지 못한다는 약점을 극복하기 위한 시도로 보인다. 즉, 기독교나 불교와 무속을 구별하는 요소를 '민족'을 강조하는 길에서 택하였던 것이다.

천우교의 초대회장으로 崔南憶 경신회 이사장이 겸직을 했다. 조직은 경신회 조직을 새로운 단체에 편입시킴으로 독자성이 없는 조직체계로 설립되었다. 천우교 본부는 출범 당시 광명사(일명 전씨당 당주, 대표 전광선 서울시 도봉구 우이동 산 68번지 소재)에 두고 있었다. 광명사가 굿당으로 경신연과 관련없는 단체, 무속인들과 크고 작은 갈등이 있어왔다. 본부를 경신회가 위치한 용산구 소재 대호빌딩 지하 박인호 무속보존위원장 사무실 겸 전통한양굿 학원으로 이전하게 된다. 강의실 한편에 마련된 신단에는 환웅을 중심으로 환인, 단군 그리고 산신과 용신을 신앙대상으로 하고 있다. 박인호 탈퇴이후 본부는 폐쇄되었다.

---

197) 「무속인 모여 '천우교' 창교식 가져 이채」, 《경향신문》, 1988. 5. 27. 참조.
198) 김홍철 편저, 앞의 책, p.922.

천우교의 기반이 되고 있는 무속은 한국의 민간신앙 중에서 무당을 중심으로 하는 토착적 종교현상을 말한다. 종교의 삼대 요소를 흔히 경전과 의례와 조직이라고 분류하고 있다. 한국의 무속은 이 세 가지 모두를 갖추고 있다. 의례를 집전하는 사제집단인 무당과 그를 따르는 신도조직 그리고 구전으로 내려오는 교리가 있다. 문자화되기 이전의 형태를 갖추고 있으면서도 종교외 집단, 무속인들의 이익단체이자 종교적 기능을 하는 순수한 의미의 종교 교단이 아닌 것으로 분류되고 있었다.

최남억 회장의 '천우교' 창종 의지는 '교단이 됨으로써 제 멋대로 행동하는 무속인들을 제지할 수 있게 되었다'는 평을 내놓고 있다. 최남억 회장의 종교화 시도는 이후 서울 새남굿보존회 이사장인 이성재에 의해 좀 더 구체화되었다. 최남억 회장은 무속단체로는 민족종교협의회 가입이 여의치 않자 별도의 종교단체인 '천우교'를 창종하였듯, 이성재 회장 역시 '사단법인 민족종교 경천신명회(천신교)'라는 별도의 종단을 창종했다. 두 단체 모두 내부적으로는 조직, 인적 구성원 모두 대한승공경신연합회를 기반으로 하고 있다.

이성재는 2017년 9월 25일 서울 남산의 팔각정에서 神의 날 제정 선포식을 열고 매년 9월 19일을 '신의 날(巫巫節)'로 선포하고 2019년 9월 19일 '국가와 민족을 위한 구국기원대제(대천제봉행)'를 개최하기도 하였다. 이날 행사를 기점으로 무속인들 중에서 종교화에 찬성하는 그룹과 그렇지 않은 그룹 중 종교화에 찬성하는 사람들 중심으로 천신교라는 민족종교가 합법화되었다고 선포하였다.[199] 경천신명회의 설립목적은 다음과 같다.

---

199) 「신교의 종교화 원년, 꿈을 이루다…경천신명회로 신의 날 맞아 선포」, <서울Biz>, 2019. 9. 25 참조.

민족종교가 활성화되도록 대승적 힘을 모아 본회 발전과 중흥을
위해 매진하며, 미풍양속을 저해하거나 미신 등과 관련된 행위나
의식을 근절하고 새로운 풍토와 방안을 수립하고자 한다. 아울러
천부경(대종교의 기본 경전), 홍익인간, 이화세계, 새신의례, 중
도사상의 진리를 봉체하여 국민의 신뢰를 회복하는데 노력하며,
자선봉사를 통해 희망을 등불을 밝히는 것을 목적으로 한다.[200]

위 설립목적에서 밝히고 있는 바와 같이 경천신명회는 민족종교
의 활성화에 방점을 두고, 미풍양속의 저해와 미신 등으로 잃어버
린 국민의 신뢰를 회복하고자 설립되었다. 이상과 같이 점복 집단
의 조직화가 현대 사회에서 민족종교의 형태로 귀납되고 있음을 알
수 있다.

2) 현대 미아리 점성가촌

일상생활의 심층 형성의 근간에는 그 사회의 문화적 요인이 깊이
관여하고 있다. 운명 예측도 인간사회의 보편적 현상으로 현대에
들어서 더욱 성행하고 있다. 이를 통해 볼 때, 현대인들의 합리적·
과학적 사고와는 또 다른 관점이 작용되고 있다는 사실을 발견하게
된다. 기업화·조직화된 운명 예측 관련 산업은 이미 문화콘텐츠 산
업으로까지 확장되기에 이르렀다.

"현대 사회에서는 역학의 대중화가 진행되어 1970년대 이후 朴
在琓(1903-1992), 李錫映(1920-1983), 朴齊顯(1935-2000)과 같은

---

200) 「종교 비영리법인 설립허가 검토보고(사단법인 경천신명회)」, 서울특별시
문화본부(문화정책과), 2019. 7., p.1.

대가들이 출현하여[201] 정계, 재계의 유명 인사들이 이들에게 운명 예측을 받고 정책 결정을 하기도 하는 등"[202] 사회적으로도 많은 영향을 끼쳐왔다.

위에서 살펴본 점복 집단의 조직화의 현상을 잘 보여주는 곳이 바로 현대의 美阿里 占星家村(Miari Fortuneteller's village)[203] 이다. 그러나 역사 기록에서 미아리는 그리 주목받지 못했던 것 같다. 『正祖實錄』에 단 한차례 등장하고, 『承政院日記』에도 한 차례 등장하는데, 美阿里가 아닌 '渼謁伊'[204] 로 되어 있을 뿐이다. 실록에서는 미아리의 경관에 대해 "동북쪽에 절벽이 서있는 곳이 萬丈峰인데 수려하고 깨끗한 기상과 천지가 개벽하기 전의 형세가 나는 듯 뛰는 듯 하니 매우 볼 만하다. 일찍이 풍수가의 말을 들어보

---

201) 박재완은 사람들을 상대하며 기록한 임상 내용을 토대로 『命理要綱』, 『命理辭典』과 같은 명리서를 저술하였고, 그의 제자들은 이를 기반으로 『命理實觀』을 간행하기도 하였다. 이석영은 한국 명리학계의 『東醫寶鑑』으로 일컫는 『사주첩경』(전6권)을 저술하여 한국적 명리학의 지평을 열었다. 그리고 박제현은 일명 '부산 박도사'로 불리었는데, 육영수 여사가 와서 점을 봐서 유명해 지기도 하였다.

202) 정승안,「일상생활의 위기와 운세 산업의 사회적 의미」, 『문화경제연구』 14, 한국문화경제학회, 2011, p.220.

203) 미아리점성촌에 대해서는 다음을 참조.「동선동 운명철학가」, 《동아일보》, 1978. 4. 6. 5면. ;「미아리 "점마을"」, 《한겨레》, 1988. 9. 28. 5면;「미아리 점성촌: 확실한 대목 맞은 불확실한 비즈니스」, 『주간조선』, 2002. 11. 28., pp.62-65.;「서울의 점술가」, 《동아일보》, 1978. 10. 19. 5면.;「세계 점성가 한자리에」, 《동아일보》, 1996. 06. 14. 35면.;「세기말 집단최면인가 시대가 낳은 정신병인가」, 《경향신문》, 1995. 10. 3. 25면.;「운세 알아보는 성시 점술거리」, 《동아일보》, 1984. 6. 19. 3면. ;「자녀 먼저 남편은 3순위」, 《경향신문》, 1991. 3. 18. 17면. ;「점 성행」, 《동아일보》, 1978. 2. 4. 7면.

204) 『承政院日記』, 英祖 卽位年 甲辰, 12月 16日 乙酉.

니 풍수가 아름다운 곳을 만나면 매양 기뻐서 춤을 추고 싶다고 하였는데 참으로 지나친 말이 아니다."[205] 고 하였다. 여기서 만장봉에 대해 정조는 五言四韻詩 1편을 지었다.

큰 용이 곧은 줄기 뽑으니	大龍抽正榦
그 형세 천리에 뻗쳐 있네	千里勢蜿蜒
칼 차고 달려와 대궐을 에워싼 듯	劍佩趨環闕
홀 잡고 의연히 하늘을 향한 듯	珪璋斂拱天
만대의 굉장한 기업 이룩하고	基宏於萬世
해마다 풍년드니 그 공적 드넓네	功博屢豐年
지나는 길 글 읽는 소리 들리니	過路聞絃誦
이 골짜기 유독 아름다워 보이네	剩敎一壑專[206]

이와 같이 풍수적으로 미아리는 빼어난 곳임을 정조 스스로도 인정한 것이다. 이러한 맥락에서 미아리가 현대 점술가들에게는 聖地와 같은 역할을 하고 있는 것으로 보인다.

현대의 미아리 점성가촌은 서울특별시 성북구 동소문로26가길 일대에 조성된 상업지역으로 1960년대부터 형성된 역술원 특화거리이다. 미아리고개에 위치한 각종 역술원들이 길가에 늘어서 있어 '점성촌'이라는 별칭이 생긴 것이다.

미아리 점성가촌의 경우 1966년 역술가 李濤柄이 이곳에 정착하면서 형성된 것으로 알려져 있다. 이도병은 강원도 철원 출신으로 3

---

205) "壁立東北者 是萬丈峰也 秀麗淸淑之氣 扶輿磅礴之勢 翔翥奔騰 甚可觀也 曾聞堪輿者 遇風水佳處 輒喜而欲舞 良非過語也.", 『正祖實錄』35卷, 正祖 16年, 9月 10日 丙午.

206) <野次題萬丈峰>, 『正祖實錄』35卷, 正祖 16年, 9月 10日 丙午.

살 때 백내장으로 시력을 잃고, 20살 때인 1960년부터 서울 창신동에서 역학을 사사한 뒤, 1966년 첫 개업 장소로 미아리 고개를 선택했다. 현재 '철원역학운명감정소'를 운영하고 있으며, 대한맹인역리학회 서울지회장을 지낸바 있다.[207] 원래 일제강점기 미아리 일대에는 공동묘지가 있어서 가난한 이들이 사대문 바깥인 그곳에 시체를 매장하였다고 한다. 또 이곳은 한국전쟁 당시 아군과 북한군 사이에 치열한 교전이 벌어져 수많은 젊은이들이 전쟁의 와중에서 비극적으로 죽어간 곳이기도 하다. 그 미아리고개에 용한 역술인으로 유명세를 타던 이도병이 자리를 잡으면서 하나둘 역술인들이 모여들어 점성촌을 형성하게 되었다.

초기에는 고가다리 아래에 시각장애인들이 노판을 벌이고 영업하였다. 그들은 살기 위해 역학을 배웠고, 역술원을 개업하여 현재와 같이 성장하게 되었다. 그러나 과거 전성기에는 100여 곳이 넘는 역술원이 성업을 이루었지만, 현재는 약 20여 곳이 남아 있을 뿐이다. 또한 지금은 시각장애인들 외에도 일반인들이 운영하는 역술원이 늘어나는 추세이다. 해당 지자체에서는 이들을 지원하기 위한 여러 프로그램을 마련하고 있다.[208] 미아리 점성촌은 역술원 특화거리로 외국 관광객들에게도 잘 알려져 있어서 앞으로 꾸준한 관리와 지원이 필요한 곳이다. 이러한 관리와 지원을 통해 미래 가치가 인정되어 2014년 서울 미래유산(인증번호 2014-020)으로 선정되었다.

---

207) 조성관, 「[서울 속살 엿보기] (6) 70여집 모인 미아리 점성촌」, <주간조선>, 2002. 11. 28. 1730호(http://weekly1.chosun.com) 참조.

208) <미아리 점성가촌> 안내판 참조.

<그림2> 미아리 점성가촌 안내판

　미아리 점성가촌은 시각의 장애를 극복한 맹인들이 역학으로 인생의 길·흉을 점치는 점성가 밀집지역으로, 외국 관광객들까지 찾아오는 등 널리 알려져 있는 생활명소로 보전가치가 있다는 점을 인정받아 서울 미래유산으로 지정되었다.[209] 1259-1274년 고려 원종조의 기록에 맹인이 점복을 했다는 것이 처음으로 나타난다. 종로3가에 집단 거주하던 맹인 점술가들이 한국 전쟁 이후 남산근처로 생활 터전을 옮겼고, 1960년대 남산주변의 도시정화 명목으로 강제 이주되어 현재의 미아리에 터전을 형성하였다. 1980년대 100여 곳이 밀집된 점성촌으로 호황을 누렸으며 외국인들도 찾는 관광코스였다.

　1998년 대한시각장애인 복지관 역리학회와 대한맹인복지회가 연합하여 건립한 성북시각장애인복지관이 개관하면서 시각장애인들을 대상으로 1년 단위의 역술강의 프로그램을 개설하여 역술인을

---

209) 서울특별시 서울미래유산(http://futureheritage.seoul.go.kr) 참조.

양성하고 있다. 대한맹인복지회 중앙회가 들어 있는 이 복지관에서는 시각장애인들과 관련된 중요한 두 가지 일을 한다. 직업재활교육과 점자도서출판이 그것이다. 직업재활교육팀에서는 맹인들에게 무료로 숙식을 제공하면서 1년간 역학인 양성교육을 실시한다.[210] 이곳의 특징은 여성 역술인이 많다는 점이다. 그래서인지 가게 이름에 꽃이름이 들어간 곳(개나리여성역학사, 천도화여성예언가, 매화부인예언가 등)이 많다. 맹인들은 전통적으로 점괘를 뽑아 점을 치는 六爻가 중심이나, 현대 사람들은 점과 사주를 혼동하는 경우가 많아 사주도 풀어주고 있다. 맹인 역술가는 고객들의 비밀유지에 적합한 성격을 갖는다. 유명 정치인이든 사업가든 점을 봤다는 사실을 비밀에 부치려는 경향이 있는데 직접 유명 정치인이 미아리 점성가촌을 방문하는 경우는 거의 없고 아랫사람을 시켜 점괘를 뽑아 간다. 또한 아무리 오랜 단골이라도 상대방이 먼저 말을 걸어오지 않는 한 알아볼 수 없기 때문에 비밀 보장이 자연스럽게 이뤄진다는 장점이 있다.

미아리 점성가촌 외에도 서울 강남구 압구정동과 대학로, 신촌 대학가 주변에 사주카페, 타로점들이 번성하고 역술학원에 점술을 배우려는 사람들의 발길이 끊이지 않고 있다. 정승안이 "세계 9위의 한국영화산업 규모보다 한해 시장가치가 4조 6천억원에서 최대 6조원으로 평가된다"[211] 는 분석에 의해 운세 산업 규모가 영화산업의 규모보다 더 크다는 점을 어떻게 이해해야 할까. 시각장애인 역술가들이 오늘날의 운명 예측 산업을 대표한다고는 할 수 없다. 그러나 동서를 막론하고 수천 년 동안 시각장애를 갖은 맹인들이 운

---

210) 조성관, 앞의 기사 참조.

211) 정승안, 앞의 논문, p.212.

명 예측의 상징적 존재였다. 미아리 점성가촌에 중국, 일본, 타이완 등 점복 애호가들이 찾아오는 이유는 이들이 맹인이라는 점도 한몫 하는 것 같다.

그러나 명칭에서 '점성가촌'이라고 한 것은 조속히 '점술가촌' 혹은 '점복가촌'으로 바꾸는 것이 좋을 것이다. 점성은 별을 보고 치는 점이고, 이곳에서 점성을 하는 점복자는 없기 때문이다.

3) 근·현대 운명론의 특징

근·현대의 운명론[212]을 다른 말로 '운명의 철학'이라고도 할 수 있다. 이 말은 인간의 운명을 연구하는 학문을 의미한다. 즉, 인간의 운명을 연구하는 것이 철학의 주된 역할이라는 말이다. 따라서 전대에 비해 근·현대의 운명론이 더욱 인간의 이해에 합목적성을 띄고 있다.

운명론은 자연은 물론이고 살아있는 사람의 철학을 다룬다. 철학의 방향은 살아있는 현실 존재로서의 인간에 두어진다. 따라서 이론에 의한 이론에 함몰하는 철학이 아니라 살아있음을 본체로 하는 철학적 방향의 전환이 요구된다. 근·현대의 운명론은 바로 이러한 문제에 초점을 두고 있다고 봐도 과언이 아니다. 살아있는 사람을

---

212) 현대 인간의 운명에 대한 관심은 여러 단행본으로 발간되고 있다. 대표적인 것을 소개하면 다음과 같다. 岩村忍, 『遊牧の運命: 歷史と現代 』, 東京: 人物往來社, 1967; 장기준, 『運命豫報: 現代運命百科 』, 상록문화사, 1979; 이정우, 『삶·죽음·운명: 스토아 철학에서 禪으로 』, 거름, 1999; 多湖輝 지음, 엄기환 엮음, 『자기운명개조법: 성공을 암시하여 운명을 개조시킨다 』, 태을출판사, 2000; Berdiaev, Nikolai 지음, 조호연 옮김, 『현대 세계의 인간 운명: 우리 시대의 이해를 위해 』, 커뮤니케이션북스 지식을만드는지식, 2012.

다룬다는 것은 사람이 생물적·생리적인 존재에만 그치는 것이 아니라 역사적 인간이라는 점에 가치가 있다. 그러나 사람은 자연과 유기적인 관계를 통해 역사적 인간으로서 현시대를 살고 있기 때문에 인간만을 연구의 대상으로 고집하는 것은 올바른 자세가 아니라고 본다. 인간과 자연 양자를 분석적으로 고찰하는 것보다 천인합일, 물아일체 등의 관점에서 인간의 영역에 대한 집중적 고찰을 하면 자연의 문제는 저절로 해결될 수 있을 것이다.

자연과의 관계에서 근대에 들어 민중 사이에 훨씬 더 넓고 깊게 뿌리박고 전승 유포되어 온 것은 고대 이래의 鬼神信仰이었다. 그것은 애니미즘에서 유래되어 산천이나 동식물 등 모든 물체에는 精靈 내지 귀신이 들어 있어, 그것이 조화를 부려서 인간의 길흉화복과 밀접한 교섭을 갖는다는 생각에서 사람들은 그러한 정령이나 귀신에 대한 신앙심을 갖게 되고, 무격의 術이 그러한 厄禍로부터 사람을 防護하여 厄病·凶災를 예방·퇴치할 수 있는 것으로 믿어 온 것이다. 그리하여 귀신신앙은 굿·풀이 등의 神事를 통해서 祈禳하는 토속신앙으로 이때까지도 널리 민간에 유포되어 온 것이다.

그것은 실제로 불교·도교와 더불어 유교적인 지배체제 밑에서도 그 명맥을 이어가고 있었다. 天災地變에 대한 祈祭 등 국가적인 행사에서도 巫가 佛僧·道流와 더불어 召命되곤 했으며, 國巫堂이 엄존해 왔다. 무격은 점복·예언자·제사 및 치병하는 巫醫로서의 기능도 갖고 있어서, 招福·除災를 위한 의식이나 祈禱誦經·供犧·跳舞 등의 무속도 따르는 것이었다. 여기에는 불교·도교의 일면이 습합되어있다. 그리하여 승려가 독송하는 경문 중의 『千手經』·『天地八陽經』 같은 것이 무격 사이에서도 많이 행해졌다.

그러나 유교의 입장에서는 무속은 어디까지나 淫祠邪敎로 배척

되어 온 것이며, 승려와 더불어 도성 밖으로 축출하여 도성내에서 만은 이를 禁制하려던 시도가 거듭되었다. 순조 때는 무격이나 승려의 도성내 출입을 금했지만[213] 巫女의 궐내 출입 소문이 빈번하였고, 사부가에도 무녀 출입은 예사로 있었다. 실제로 19세기말 무녀는 국내에 편만되어 있었다. 특히 女巫가 많이 있었는데, 그 이유는 나라에서 이를 금하지 못했다기보다도 도리어 이를 권장하는 것이나 다름없는 실정이었다. 그것은 다름 아닌 巫稅의 징수 때문이다.[214] 지방에서의 무세징수는 結錢·戶布錢을 제외한 火稅·船稅·匠稅·雜稅 등 다른 어느 세수보다도 컸다. 무세 每名 3냥 5전이라는 巫女稅에 비추어 본다면 嶺南諸邑의 경우 巫稅收 44냥의 河東, 80여 냥의 架原 등지의 무녀의 수는 수십 명의 다수[215]였음을 알 수 있다.

또한 함경도 永興의 경우 巫稅錢 40냥, 参布 11同 5疋, 北青의 경우 巫稅錢 47냥 5전이 징수된 사실은 함경도에서의 무녀수와 그 세수가 적지 않았음을 말해 주는 것이다.[216] 이렇게 징수된 무세는 중앙에서는 禮曹의 員役·下隷의 급료로, 지방에서는 賑資나 軍資錢으로 充補되게 마련이었기 때문에 그 세수가 막중하였다. 따라서 무녀는 국가 공인이었다고도 할 수 있다.

19세기 후반에 들어 동아시아에는 개화의 물결이 일었다. 중국에서부터 시작하여 일본을 거쳐 우리나라에까지 서구의 문명이 밀려왔다. 개화를 주장한 사람들은 서양의 막대한 국력이 그들의 과학

---

213) 『純祖實錄』卷11, 純祖 11年 4月 7日 甲寅; 卷18, 純祖 15年 1月 15日 辛丑 참조.

214) 『星湖僿說類選』卷1下, 天地篇 附鬼神門 巫條 참조.

215) 『嶺南右道新舊納表』(서울대 규장각본) 참조.

216) 『公文編案』(서울대 규장각도서)卷2, 癸巳(高宗30) 巫稅條 참조.

에서 나온다고 보았다. 개화 추종자들은 모든 것을 과학과 비과학으로 구분하였다. 그들에게 비과학적인 것은 모두 시대에 뒤진 것, 쓸모없는 것, 나쁜 것, 심지어 나라를 병들고 망하게 하는 원인으로 비쳤다. 흔히 우리가 미신으로 알고 있는 것들이 그들의 비난 대상이었다.

그러한 시각에서 볼 때, 당시 점술이나 독경 등 무속과 관련된 신앙은 미신에 불과한 것으로 독경에 대한 거부감이 더욱 심했다. 당시 사람들은 병이 나면 의원이 아닌 점술가에게 의지한 경향이 짙었다. 그만큼 의원에 비해 점술가가 많았다는 점을 방증한다. 또한 병의 원인을 나쁜 귀신이 몸에 들어왔다고 생각한 사람들이 많았기 때문에 귀신을 퇴치함으로써 병을 치료할 수 있다고 믿었다. 그래서 점술가(판수)가 환자 옆에서 독경을 하면 귀신이 몸 밖으로 나가 병이 치료된다고 믿었다.

또한 근·현대는 전대인 조선후기에 이어 각종 비결과 예언이 난무한 시대이다. "우리가 예언이라고 할 때 '종말론'이 우선 떠오른다. 그 연장에서 노스트라다무스(Nostradamus, 1503-1566)의 종말론이나 토마스 뮌처(Thomas Müntzer, 1489?-1525)의 千年王國思想 등을 떠올리게 된다."[217] 그러나 이러한 사상은 한국의 입장과는 다르다. 우리는 종말론이나 천년왕국사상 보다는 '開闢'을 논한다. 근대 신종교의 後天開闢說이 핵심을 이룬다. 그 전거는 『周易 』에서 찾을 수 있다.

> 하늘보다 앞서 해도 하늘을 어기지 않으며, 하늘보다 뒤에 해도
> 하늘을 받든다. 하늘도 또한 어기지 아니한다. 하물며 사람에게

---

217) 황선명, 앞의 논문, p.7.

있어서랴. 하물며 귀신에게 있어서랴.[218]

   이는 선천 · 후천 개념이 처음으로 명시된 내용이다. 근대 신종교의 출현 이전에 『鄭鑑錄』류의 비결이 근거하고 있음은 주지의 사실이다. 純祖대의 홍경래난은 운명론에서 영감을 받아 홍경래가 『정감록』의 眞人을 표방하고 조선왕조에 도전한 반란사건이다. 그 이후 각종 민란이 일어나고 동학이 창도되기도 했지만, 반란과 민란, 동학은 그 성격이 전혀 다르다. 반란은 국가를 부정하고 전복시키기 위한 시도였지만, 민란과 동학은 국가 전복이 아닌 '尊王攘夷'를 명분으로 한 상생의 변화를 목적으로 한 것이라는 점에서 비교의 대상이 될 수 없다. 그러나 이들의 공통점은 시대의 변혁을 추구하는 운명론을 근간으로 하고 있다는 점이다.

   조선시대에 이어 맹인 점복가는 근 · 현대에도 중요한 운명 예측의 담당자였다. 앞서 살펴본 서울 미아리 고개의 점성촌의 형성이 이를 대변해 준다. 물론 이는 6.25전쟁 이후의 현상이지만 이들은 算筒이나 擲錢과 같은 방식으로 육효점을 치는 전통적 방식을 고수하고 있다. 따라서 근대 산업화 과정에서 보이는 역동적인 사회 변동의 물결에 편승하지 못하고 과거의 전통에만 머물고 있어 퇴행적이라는 비판에서 자유롭지 못하다. 반면 인터넷 사주, 관상 혹은 타로점 등 새로운 방식의 운명 예측업이 당당한 직업영역으로 자리잡고 있는 현상은 현대 운명론의 발전적인 산업화에 기여하고 있다고 평가할 수 있을 것이다.

   점복업 서비스의 수요가 폭발적으로 증가하는 것은 해방을 거쳐

---

218) "先天而天弗違 後天而奉天時 天且弗違 而況於人乎 況於鬼神乎.", 『周易』 乾卦 文言傳.

서 6.25전쟁을 겪은 후 부터이다. 1960년대 이후 급속한 산업화는 농촌에서 도시로 인구가 유입되고 그에 따라 사회변동의 격랑에 처하게 되었다. 이는 농촌 공동체 생활에 익숙했던 사람들이 공동체 생활의 상실감을 겪게 하는 요인이 되었다. 그것이 곧 불안감을 조장하게 하였을 것이고 미래의 불확실성과 방향 감각을 상실케 하여 심리적 공황 상태까지 야기하였고 경제적 성장과 더불어 풍부해진 물질의 소유는 사행 심리를 조장하기도 하였다. 그리하여 白雲鶴과 같은 유명한 거물급의 역술가가 등장하게 되고 수많은 운명 예측가들이 제자를 양성하여 그들이 새로운 현대 역술문화를 이끌고 있다. 이들은 새로운 마케팅 전략이나 정보통신기술을 구축하여 능숙한 서비스를 보여주기도 한다.

서구 대중문화의 유입은 운명 예측에도 영향을 미쳤다. 운명론의 근간이 바뀐 것이 아니라 방식이 바뀌었다는 말이다. 즉, 운명 예측의 방식에서 대중 매체를 통한 대중화가 이뤄지고 있다. 1970년대 이후 대중잡지와 서적의 대량 보급을 통해 운명 예측의 대중화가 진행되었고 朴在琓(1903-1992), 李錫暎(1920-1983), 朴齋顯(1935-2000) 등과 같은 유명한 명리학 대가들이 정계나 재계의 의사 결정에 영향을 주기도 하였다. 1980년대 들어 스포츠산업의 활성화로 인해 스포츠신문들은 탈정치화와 선정적인 성의 상품화에 기여했다. 여기에 명리의 운세 코너가 등장하여 대중의 탈정치화에도 운명 예측학이 기여하기 시작했다. 이후 '700명리운세서비스'와 같은 전화사서함을 통해 운세를 판매하기도 하였다. 1985년 발간된 정다운 스님의 『인생십이진법 』은 당시 120만부가 판매될 정도의 베스트셀러였다. 이 책은 대중들이 알기 쉽게 운세를 풀 수 있도록 도와주었다. 2000년대에 들어서는 운명 예측학이 제도권으로 들어와

대학내 강의 개설이 시작되었고, 이것이 현대의 한국 운명론을 특징할 수 있는 기반이 되었다.

이상에서 한국 운명론의 전개 과정을 고대, 중세, 근현대로 나누어 살펴보았다. 고대의 운명 이해는 동서가 큰 차이를 보이지 않지만, 철학과 사상이 발전 되면서 운명에 대한 이해는 신의 존재와 맞물려 차이가 난다. 서양의 그리스도교에서 보는 인간의 운명은 신의 명령에 달린 것으로 이해되지만, 동양의 경우 주재적 신의 명령에 의한 인간의 운명 결정은 크게 강조되지 않는다. 고대에서 天命이라 할지라도 이는 君主의 정치적 입장에서 강조되는 것으로 백성은 그 천명이 곧 군주의 명이었다. 시대가 변하면서 이러한 시각도 변화되면서 운명은 스스로 개척할 수 있는 것으로 이해되어 운명을 예측하고자 하는 수많은 방법이 고안되어졌다. 특히 농사가 중시되어온 시대에는 정확한 日氣를 예측하는 것이 곧 운명 예측의 기초가 되어 여러 일기 예측법이 등장한다. 대표적으로 占卜을 통한 예측은 왕과 국가의 발전을 위해 항상 중요한 위치를 차지하고 있었고, 점복자는 주로 맹인들이 담당하였다. 근현대에 들어 맹인들은 집단화를 이루어 자신들의 권리를 사회적으로 보장받기 위해 노력하였으나 아직까지도 양지가 아닌 음지에서 활동하고 있는 것이 현실이다.

특히 산업의 발전으로 인해 온라인상에서 자신의 운명을 예측하고자 하는 사람들이 많아짐으로써 그에 부응한 미래 예측 산업의 발전은 현대 운명론의 큰 특징을 이루고 있다. 결국 운명 예측을 위한 사람들의 시도는 예나 지금이나 큰 차이가 없다고 하겠다.

IV.
유불도의
운명론

.
.
.

Ⅳ. 유불도의 운명론

1. 유교사상의 운명론

1) 공자의 천명론

유교 운명론의 핵심은 공자로부터 출발한다. 합리적인 유교의 낙천적 세계상과 그로부터 연유된 규범적 질서의 강조는 그 이면에 도사린 사회의 어둡고 고통스런 부분과 운명의 가혹성을 드러내지 않는다. 이를 '유교의 劣性'[219] 으로 보기도 한다. 특히 유교에서 운명의 문제는 하늘(天)의 문제와 깊은 연관을 갖는다.

유가철학에서 天의 의미는 인격적 신과 내면화된 도덕적 양심으로 나누어 볼 수 있다. 전자는 인격적이며, 운명적 특성을 가지는 天으로서 자연 현상의 징조로 자신의 의지를 드러내는 天이다. 조금 더 구체적으로 살펴보면, 처음 자연천의 개념이 은나라의 종교적 上帝 개념에 흡수되어 주재천의 뜻을 지니다가, 주나라에 오면서 그것이 다시 도덕천 개념으로 발전하게 됨으로써 그 함의가 가장 많은 개념 명사 가운데 하나가 되었다. 김충열은 그것은 "자연천과 주재천, 의리천, 운명천 등 여러 개념을 포함하게 된 것이다"[220] 라고 요약하였다. 최문형은 이를 정리하여 天의 의미를 "인격적 최고신으로서 의미와 運命으로서 의미 및 自然으로서 의미라는 절충적 형태로서 天"[221] 으로 파악하였다. 어쨌든 천의 의미를 규정하는

---

219) 황선명, 『조선조 종교사회사 연구』, 일지사, 1985, p.201.

220) 김충열, 『노장철학강의』, 예문서원, 1995, p.270.

221) 최문형, 「공자의 天命論과 鬼神觀」, 『東洋哲學硏究』 18, 동양철학연구회, 1998. p.346.

것이 쉽지 않다는 점을 알 수 있다.

다른 한편 天을 내면적 당위로 이해하려는 경향이 있다. 예를 들면 "天을 도덕적 양심의 문제 또는 사회적 예의의 형태 및 당위를 중시하는 자유의지의 실현"[222] 또는 "天을 事鬼보다는 事人하는 것으로 이해"[223] 하려는 경향 및 "인간에게 내재된 것으로서 天의 내면적 도덕성"[224] 이다. 즉, 天은 神, 자연법칙, 양심, 도덕성 등의 의미로 해석되고 있다.

'天'과 더불어 '命'의 본격적 언급은 『書經』에서 비롯된다. 즉, 『서경』으로부터 '천'과 '명'이 철학의 주요한 주제가 되었다. 『서경』의 '천'은 '도덕적 주재자'로 등장하는데, 이는 殷周 교체기의 정치적 상황과 관련되어 있다. 엘리아데가, "마지막 商王(殷王)이 周君에게 정복당했다. 주군은 가렴주구를 끝장내기 위해 天帝로부터 천명을 부여받아 상왕에 대적했다는 그 유명한 선언문을 통해 자신이 일으킨 반란을 정당화했다. 그것이 그 유명한 '天命'의 교리에 의한 최초의 진술이다"[225] 라고 한 견해가 좋은 지침을 준다.

『書經』의 天은 다음과 같은 도덕적 원칙성에 의하여 명을 주거나 거둔다.

> 하나라 임금이 덕을 없애고 위엄을 지어서 너희 만방의 백성들에
> 게 사나움을 펴니, 너희 만방의 백성들이 그 흉한 해침에 걸려 쓰

---

222) 임헌규, 「天命과 倫理」, 『溫知叢論』 30, 온지학회, 2012, p.418.

223) 최문형, 앞의 논문, p.360,

224) 劉勝鍾, 「孟子 天觀의 宗敎性 硏究」, 『孔子學』 8, 한국공자학회, 2001, pp.74-75.

225) 미르치아 엘리아데 지음, 최종성 · 김재현 옮김, 『세계종교사상사』 2, 이학사, 2005, p.21.

디쓴 독을 참지 못하여 '무고함을 상하의 신에게 다 고하니, 천도
는 선함에 복주시고 어지럽힘에 화를 내리시는지라 재앙을 하나
라에 내리시어 그 죄를 밝히셨느니라.'[226]

상제는 항상하지 않아서 선을 행하면 온갖 상서를 내려주고, 불
선하면 온갖 재앙을 내려준다.[227]

이상과 같이 『서경』에서는 선에는 복을 주고 불선에는 재앙
을 내린다는 도덕적 인과율을 말하고 있다. 그러나 『서경』에서
말하는 명을 받는 대상은 백성이 아니라 왕이다. 天이 命의 주체로,
王이 命의 대상으로 나타나고 있을 뿐이다. 『서경』의 '命'은 도
덕적 기준에 의해 왕을 판단한 후 복을 내리거나 화를 내리는 원칙
성이 있다. 이에 傅斯年은 『서경』의 명론을 '正命論'이라 부르
기도 한다.[228] 하늘이 명을 내린 후에는 거역할 수 없지만, 명을 내
리기 이전에 도덕성이 갖춰졌는지 확인 하는 여부는 인간이 결정할
수 있다. 바로 이 점이 후대의 명과는 다르다. 이는 인간의 자유의
지를 전제로 하고 있다는 점에서 긍정적으로 인식된다.
　『서경』이 통치계급의 세계관만을 반영하는데 비해 『시경』
은 통치·피통치 양자의 세계관을 모두 드러낸다. 따라서 『시

---

226) "夏王 滅德作威 以敷虐于爾萬方百姓 爾萬方百姓 罹其凶害 弗忍荼毒
　　竝告無辜于上下神祇 天道 福善禍淫 降災于夏 以彰厥罪.", 『書經』「
　　商書·湯誥」

227) "惟上帝不常 作善 降之百祥 作不善 降之百殃.", 『書經』「商書·伊訓」

228) 傅斯年, 『性命古訓辨證』, 桂林: 廣西師範大學出版社, 2006, pp.103-
　　104 참조.

경 』의 天은 두 가지로 나타난다.[229] 『시경 』의 「大雅」, 「頌」 부분의 天은 『 서경 』의 天과 같이 도덕천으로 나타나고 있다.

> 너는 조상을 생각하지 않느냐. 드디어 그 덕을 닦아야 한다.
>
> 영원히 명에 부합하는 것이 스스로 많은 복을 구하는 것이다.
>
> … 마땅히 성한 것을 거울로 삼아라. 큰 명은 쉽지 않으니라.[230]

이는 文王의 덕을 본받아 계속 덕을 닦아야 나라를 보전할 수 있다는 점을 후대 왕들에게 경계하는 대목이다. 천명에 부합하여 복을 구하는 것은 덕을 쌓는 것이 천명에 부합하는 방법이라는 말이다. 반면, 『詩經 』「小雅」의 하늘은 피 통치계급의 원망의 대상이다. 그 기반에는 통치자의 학정이 자리 잡고 있다.

> 호천의 위엄이 너무 심하나 내 살펴보건대 죄가 없으며
>
> 昊天已威 予愼無罪
>
> 호천의 위엄이 심히 크나 내 살펴보건대 잘못이 없도다.
>
> 昊天泰憮 予愼無辜[231]

위 시에서는 아무런 죄가 없는 자신이 학정 때문에 괴로움을 겪고 있음을 天에게 원망하고 있다. 天이 부모와 같음을 인정하면서도 덕과 복이 일치하지 않은 상황을 초래한 근원자라고 보고 天을 원

---

229) 赤塚忠 외 13인 공저, 조성을 옮김, 『중국사상개론 』, 이론과실천, 1994, pp.52-57 참조.

230) "無念爾祖 聿修厥德 永言配命 自求多福. … 宜鑑于殷 駿命不易.", 『詩經 』「大雅 · 文王」

231) 『詩經 』 『小雅 · 巧言 』

망하고 있는 것이다.

백성들이 이제 막 위태롭거늘   民今方殆

하늘을 보건대 흐리멍텅 하도다.   視天夢夢[232]

　여기서는 학정으로 인한 백성의 어려움에 반응하지 않는 하늘을 비난하고 있다.

넓고 넓은 하늘, 너의 덕이 크지 않구나.   浩浩昊天 不駿其德

흉년 내려 사방 백성 다 죽이려는가.   降喪饑饉 斬伐四國

하늘이 포악한지라, 사려하지도 생각하지도 않는구나.

旻天疾威 弗慮弗圖

너는 저 죄 있는 이에겐 관대하여 그의 죄 다 덮어주고

舍彼有罪 旣伏其辜

여기 이 죄 없는 이에겐 벌 내려 고통 주는가.

若此無罪 淪胥以鋪[233]

　흉년의 원인자로서 天에 대한 원망과 함께 학정을 저지르는 위정자들을 단죄하지 않는 天에 대해 포악하다고 까지 하였다. 역설적으로 이러한 원망을 한 것은 아직은 天에 대한 도덕적 원칙성을 기대하고 있다는 점을 의미한다. 이러한 天은 운명천의 성격을 띠고는 있지만 본격적인 운명천이라고는 보기 어렵다. 따라서 天은 命으로 대치되지 않았다.

---

232) 『詩經』「小雅·正月」

233) 『詩經』『小雅·雨無正』

『시경 』에는 '命'자가 단 2회에 나타난다. 주희는 『詩經集傳 』에서 「鄘風ㆍ蝃蝀」의 命은 "올바른 도리"[234] 로, 「國風, 小星」의 命은 "명은 하늘이 부여한 바의 분수를 이름이라."[235] 로 풀고 있다. 이와 같이 이때는 운명으로서의 '命'이 아직 개념화되지 않았거나 미약한 의미에서 개념화된 것이다.

고대인들은 항상 자연과 밀접한 관계를 맺으며 살았다. 그들에게 天은 생존과 관련된 것이었다. 현대인들은 고도로 발달된 과학 문명 속에서 살다보니 자연에 대한 경외심이 절대적으로 부족하다. 특히 황하문명의 은 왕조 유적지 출토 甲骨卜辭와 彝器의 명문에는 '명은 하늘로부터 받는 것(受命于天)'이라는 글[236] 이 여러 번 발견되었다. 이는 일찍이 은나라 주나라 시대부터 인간의 운명이 하늘에 의해 결정된다는 定命意識이 당시 사람의 머릿속에 깊이 내재하고 있었음을 증명해 준다. 동시에 이러한 정명론적 천명관은 주나라의 문화법통을 추구했던 공자를 위시한 유가로 이어져 시대의 흐름과 함께 전개되었다. 따라서 유가 운명론의 대표적 선두주자는 단연 유가의 창시자인 공자라 하겠다. 사실 공자는 명에 대한 직접 언급이 적었지만, 『논어 』에 나타난 명에 대한 공자의 언표를 정리해 보면 그의 뚜렷하고도 철자한 운명관을 읽을 수 있다.

공자는 '喪家之狗'라는 조롱을 들으면서도 13년간 周遊天下 하며 세상을 교화하였다. 그는 "봉황새가 오지 않고 하수에서 그림도 나오지 않으니 나는 끝났는가 보다"[237] 라고 함으로써 운명의식이 공

---

234) "命 正理也.", 『詩經集傳 』

235) "命 謂天所賦之分也.", 『詩經集傳 』

236) 洪丕謨ㆍ姜玉珍 著, 『中國古代算命術 』, 上海: 上海人民出版社, 1992, p.1 참조.

237) "子曰 鳳鳥不至 河不出圖 吾已矣夫.", 『論語 』 「子罕」

자의 사유 근저에 자리 잡고 있었다. 이는 공자 나이 50세를 기점으로 확실한 운명론으로 전이된다. 즉, 공자는 "50세에 하늘이 부여한 천명을 알았다"[238] 고 함으로써 주재자로서 천명의 존재를 인정하였다. 또한 "소인은 천명을 알지 못하여 두려워하지 않는다"[239] 고 함으로써 군자는 천명을 알아야 되고, 천명에 대한 당위적 태도는 '畏敬' 그 자체임을 제시하였다.

그 밖에도 공자는 "하늘에 죄를 지으면 빌 곳이 없다"[240] , "도가 행해지는 것도 명이요, 도가 폐해지는 것도 명이다"[241] , "살고 죽음은 명에 달려 있고 부귀는 하늘에 달려있다"[242] 라고 함으로서 결국 인간의 사생과 부귀가 운명과 그 운명을 주재하는 하늘에 달려 있다고 보았다. 그리하여 공자는 결론을 내리기를 "명을 모르면 군자가 될 수 없다"[243] 라 하여 도덕적 지성인인 군자가 되는데 '知命'이 필수조건임을 강조하였다.

이상, 공자의 이러한 언급들을 종합해 보면, 공자가 보는 인간과 세상은 결국 하늘에 의해 주재되는 피조물에 지나지 않는다고 본 것 같다. 특히 하늘에 죄를 지으면 빌 곳이 없다고 한 것은 천명의 주체로서의 천이 福善禍惡하는 주재자로서의 인격신적 天 개념이라는 종교적 차원에까지 도달하였음을 알 수 있다.

---

238) "五十而知天命.", 『論語 』「爲政」

239) "小人不知天命而不畏.", 『論語 』「季氏」

240) "獲罪於天 無所禱也.", 『論語 』「八佾」

241) "道之將行也與 命也 道之將廢也與 命也.", 『論語 』「憲問」

242) "死生有命 富貴在天.", 『論語 』「顔淵」

243) "不知命 無以爲君子也.", 『論語 』「堯曰」

2) 묵자의 비명론

공자의 뒤에 출현한 墨子는 유가의 운명론을 비판하면서 '非命論'을 제기하였다. 유가 즉 자사는 '天命之謂性'이라 했고, 맹자는 '性也有命焉'이라 했는데, 묵자는 전통 유가의 명론을 거부한다. 이에 대해 묵자는 다음과 같이 명에 대해 말하였다.

> 명이 있다고 주장하는 자들은 말하기를, 명이 부하게 되어 있으면 부하게 되고, 명이 가난하게 되어 있으면 가난하며, 명이 많아지게 되어 있으면 많아지고 명이 적어지게 되어 있으면 적어지며, 명이 다스려지게 되어 있으면 다스려지고, 명이 어지러워지게 되어 있으면 어지러워지며, 명이 오래 살게 되어 있으면 오래 살고, 명이 일찍 죽게 되어 있으면 일찍 죽는다.[244]

이와 같이 명에 구애되어 산다면 무슨 도움이 되겠는가라는 것이 묵자의 견해이다. 이처럼 그는 운명을 주장하는 이들의 허구성을 비난한다.

나아가 묵자는 명을 주장하는 사람이란 어질지 못하다는 입장에서 그들을 혹독하게 비판한다. 터무니없는 논리로 명을 주장하는 자들이야말로 분별없는 행동이라는 그의 사유 때문이다. 또한 묵자는 다음과 같이 말하였다.

> 그런 말(命論)로써 위로는 임금과 대신들을 설복시키고 아래로는 백성들이 일에 종사하는 것을 방해한다. 그러므로 명이 있다

---

244) "執有命者之言曰 命富則富 命貧則貧 命衆則衆 命寡則寡 命治則治 命亂則亂 命壽則壽 命夭則夭.", 『墨子 』「明鬼篇 下」

고 주장하는 자들은 어질지 못한 자들이다. 따라서 명이 있다고

하는 자들의 말에 대하여 분명히 분별을 짓지 않으면 안된다.[245]

명을 주장할 경우에는 임금과 백성들의 올바른 판단을 흐리게 하
고 방해하니, 이야말로 불인한 사람들이 아닐 수 없다고 하였다. 이
로써 仁의 회복을 위해서라도 명을 거부해야 한다고 한 묵자의 입
장을 볼 수 있다.

명을 거부하는 非命의 입장에서 묵자는 더욱 심각하게 그의 견해
를 이어간다. 국민을 통솔할 수 없는 지경이 되는 상황, 즉 국가 패
망의 원인으로는 명에 지나치게 의존하기 때문이라는 것이다. 그래
서 류성태는 "명에 집착할 경우 나라를 지킬 수 없는 상황이 되어
결국 하은주 3대의 폭군인 걸왕, 주왕, 유왕, 여왕이 그들의 국가를
잃고 사직을 멸망시켰던 이유가 된다"[246]고 했다. 이렇듯 묵자는 위
정자들이 운명에 집착하여 정치를 펼치는 것을 경계하고 있다.

묵자는 『서경』에서처럼 하늘과 교통하는 인간을 군주 1인으
로 축소하였다. 따라서 묵자에서의 '天·德'은 『서경』과 유사한
내용을 보인다. 다만 그는 命과 天命을 부정하였다. 그러나 맥락상
으로 그 주장의 내용은 『서경』과 비슷하다.

묵자는 '尙同'을 주장하여 천하의 질서를 확립하려고 하였다. 그
에 따라 하늘과 사람의 관계에서 오직 군주만이 하늘과 교통하는
사람으로 여겼다. '상동'은 아랫사람이 윗사람의 의견을 숭상하고
따른다는 의미이다. 그 전제는 "아랫사람들이 가장 현명한 사람을

---

245) "以上說王公大人 下以駆百姓之從事 故執有命者不仁 故當執有命者之
言 不可不明辯.", 『墨子』「明鬼篇 下」

246) 류성태, 앞의 책, p.130.

윗사람으로 뽑아서 우두머리로 삼는다"[247] 는 것이다. 그래서 勞思光은 "총괄컨대 혼란을 평정하고 안정을 추구하려면 반드시 사상을 통일해야 한다. 사상을 통일하는 방법은, 즉 아랫사람으로 하여금 윗사람과 같게 만드는 것이다. 이것이 '상동사상'의 主旨이다"[248] 고 하였다.

묵자의 사상은 개인의 修德 보다는 집단을 다스리는데 초점이 맞춰져 있다.[249] 그래서 『묵자』에는 '內聖'이 아니라 '外王'과 관련된 내용이 주를 이룬다. 묵자의 하늘은 군주 1인에 초점을 두면서 운명성을 배제한다. 『묵자』에 나타난 天은 도덕원칙에 의거 인간사를 주재하는 인격신이다. 이것이 곧 묵자가 주장하는 '兼愛'나 '義'의 원천이 된다. 묵자는 다음과 같이 말하였다.

근본적으로 仁義의 근본을 살펴야 한다. 하늘의 뜻을 따르지 않을 수 없다. 하늘의 뜻을 따르는 것이 의로움의 법도이다.[250]

이와 같이 하늘의 뜻[天意]은 仁義의 근본을 이루고 있다. 또한 묵자의 天은 의지를 가진 존재이기 때문에 인격신의 요소를 가지고 있음을 알 수 있게 해 주는 구절이다. 이를 두고 勞思光은 "天志는 최고의 권위척도이고 가치규범이다"[251] 고 하였던 것이다. 따라서 묵자가 인식한 天은 그 지위 보다 작용에 초점을 둔 것으로 볼 수

---

247) 김교빈·이현구, 『동양철학에세이』, 동녘, 2007, p.105.

248) 勞思光 저, 정인재 역, 『중국철학사(고대편)』, 탐구당, 1997, p.289.

249) 위의 책, p.279 참조.

250) "本察仁義之本. 天之意, 不可不順也. 順天之意者, 義之法也.", 『墨子』「天志 中」

251) 勞思光 저, 정인재 역, 앞의 책, p.285.

있다.

묵자의 '天意' 혹은 '天志'는 『서경』의 '天命'과 유사한 개념이다. 단지, 命이나 天命이 운명의 의미로 쓰였기 때문에 묵자는 새로운 용어를 사용한 것이다. 묵자의 天은 철저하게 도덕 원칙성에 의하여 인간에게 응보를 하는 실체이다. 이를 『묵자』에서 조금 더 자세히 살펴보면 다음과 같은 대목에서 그 내용을 확인할 수 있다.

> 하늘이 하고자 하는 바를 내가 하면 하늘 또한 내가 하고자 하는
> 바를 해준다. 그러면 나는 무엇을 바라고 무엇을 싫어하는가? 나
> 는 祿과 福을 바라고 재난과 천벌을 싫어한다. … 하늘의 뜻을 따
> 르는 사람은 모두 서로 사랑하고 서로 이롭게 하여 반드시 상을
> 받게 된다. 하늘의 뜻에 반하는 사람은 차별하고 서로 미워하고
> 서로 해칠 것이니 반드시 벌을 받게 될 것이다.[252]

묵자는 '命'을 새로운 시각으로 보아, '命'을 '爲'로 표현하고 있다. 이는 앞서 말한바와 같이 '命'이 운명의 의미로 쓰이고 있기 때문에 이를 피하기 위한 이유도 있지만, 하늘이 미치는 작용이 일방적인 명령이 아니라 인간 행위에 대한 상벌의 의미로 행위 하는 것이라는 의미가 있다.

또한 묵자는 유가의 운명론을 비판하면서 유가의 운명론이 사람들을 나태하게 하여 결국 재난을 초래하게 한다고 하였다.

> 召公이 운명에 대하여 주장한 것이 이와 같다. '공경하라! 천명이

---

252) "我爲天之所欲 天亦爲我所欲 然則我何欲何惡 我欲福祿而惡禍祟 …
順天意者 兼相愛 交相利 必得賞 反天意者 別相惡交相賊必得罰.",
『墨子』「天志 上」

란 없는 것이다.' … 하늘로부터 운명이 내려지는 것이 아니라 자

신이 만드는 거라는 뜻이다. … 운명이 있다고 주장하는 것은 바

로 천하의 큰 해이다.[253]

이와 같이 인간사 모두가 운명에 달린 것이 아니라 자신이 짓는 것임을 주장하고 있다. 그러면서 운명이 있다고 주장하는 유가를 비난하고 있다. 운명을 따를 것이라 아니라 자신의 노력을 더 강조하였다.

3) 양주의 숙명론

숙명론은 흔히 決定論(Determinism)과 혼동되어 사용된다. 그렇지만 결정론이란 모든 일은 각각의 원인에 따라 일정한 조건 아래서는 반드시 일정한 결과를 가져오도록 결정되어 있다고 하는 설이다. 따라서 때로는 예측이 가능하며, 예외적 현상이 발생하는 것은 인정되지 않는다. 결정론이나 그 반대인 비결정론은 운명론의 발전 과정에서 나타나는 것이다.

양주의 숙명론에 의하면 命에 안분할 뿐 사람은 다툴 필요가 없다고 하였으며, 그것은 그의 염세적 인생관에 기초한다. 곧 그는 인간의 夭壽, 시비, 순역, 안위란 하늘이 부여하였으므로 사람의 힘으로는 어찌할 수 없다는 입장에서 숙명론을 제창하였다.

숙명론적 발단에서 양주의 수명에 대한 입장은, "백년을 얻는 사람은 千의 하나도 없다. 설혹 한 사람쯤 있다고 하더라도 아동에서

---

253) "召公之執令於然 且敬哉無天命 … 不自降天之哉 得之. … 執有命者 此
天下之厚害也.", 『墨子』「非命 中」

노인에 이르기까지 거의 그 반을 차지한다. 밤에 수면할 적에 쉬는 것과 낮에 각성하였을 적에 잃어버리는 것이 또 거의 그 반을 차지한다. 희로애락이 또 거의 그 반을 차지한다"[254] 와 같다. 그의 견해를 보아도 이해되듯이 인생의 수명은 백년을 넘기지 못하므로 운명에 편안히 하자는 입장이다. 우리가 억지로 수명을 연장할 수 없고, 단축할 수도 없기 때문이다.

따라서 양주의 생사관은 숙명론적 입장이다. 그는 생명론을 중심으로 그의 사유를 다채롭게 전개하였다. "만물이 다른 것은 생이고 같은 것은 사이다. 생에는 賢愚 귀천의 차이가 있으나, 사에는 臭腐 소멸의 동일성만 있을 뿐이다."[255] 이러한 언급을 통해서 그는 10년도 일생, 100년도 일생으로 형체가 있는 것은 한 번은 죽고야 만다는 숙명론을 주장한다. 물론 여기에는 仁者를 포함하여 성인, 용사, 악인도 다 죽어야 하는 운명을 가졌다는 주장이 깔려 있다. 묵자의 非命의 사상을 양주는 옳지 않다고 여겼다.

다음으로 양주는 쾌락주의를 주장한다. 그의 쾌락주의는 절대적 향락설과 개인적 절대 자유주의를 주창하는데서 발견된다. 쾌락을 언급함에 있어 그는 인간에게 네 가지 욕심이 있음을 밝히며, 이러한 욕구 때문에 쾌락을 추구함과 동시에 삶의 고통이 뒤따른다고 말한다. 네가지 욕심의 "첫째는 장수하고자 하는 욕구요, 둘은 명예의 욕구요, 셋은 지위의 욕망이요, 넷은 물질의 욕망이다."[256] 이러

---

254) "得百年者 千無一焉 設有一者 孩抱以逮昏老 幾居其半矣 夜眠之所弭 晝覺之所遺又同居其半矣 痛疾哀苦 亡失憂懼 又幾居其半矣.", 『列子 』 「楊朱」

255) "萬物所異者生也 所同者死也 生則有賢愚貴賤 是所異也 死則有臭腐消滅 是所同也.", 『列子 』 「楊朱」

256) "一爲壽 二爲命 三爲位 四爲貨.", 『列子 』 「楊朱」

한 욕구는 인생을 즐겁게도 하고 고통으로 나가게도 한다. 이의 적절한 수용은 즐거움이요, 지나친 수용이나 미치지 못함은 고통일 따름이다. 그러나 양주는 세속적 욕구를 초월하고 全性保眞의 참 즐거움을 찾아 나선다.

그렇다면 양주가 밝힌 쾌락주의의 정체는 무엇인가. 그것은 우리가 감관작용을 통해 느끼는 육체적 기쁨일 것이다. 그는 "사람의 생이란 무엇을 하며, 무엇을 즐거워 할 것인가. 미와 부를 위한 것일 뿐이요, 성과 색을 위할 뿐이다. 그리고 미와 부는 항상 지나치게 만족하여서는 안 되고, 성과 색은 항상 구경하려 들어서는 안된다"[257]고 하였다.

위에 열거한 대상들에 대해 어느 정도는 만족감을 느낄 수도 있으나 싫어할 정도로 만족감을 누려서는 안된다는 것이 양주의 기본 입장이다. 그가 말하는 참 만족은 聲色과 부귀를 누리되 적절히 조절하는 본연의 의지 속에 담겨 있다. 세간의 속박인 명예나 부귀 때문에 심신을 괴롭히거나 법률 형벌 때문에 심신을 노고케 하지 말고, 오직 天賦의 생명을 쾌락으로 즐겨야 함을 참 쾌락으로 여기고 있다.

이에 양주의 쾌락주의에 나타난 본질은 우리의 이목구비를 자연 그대로 방임하는데 있다. 그는 자연에 순응하며 이목구비의 방임적 관점을 거부하지 말라고 한다.

> 귀가 듣고 싶은 데로 할 것이요, 눈이 보고 싶은 데로 할 것이요,
> 코가 맡고 싶은 데로 할 것이요, 입이 말하고 싶은 데로 할 것이
> 요, 몸이 편안히 있고 싶은 데로 할 것이요, 의지가 행하고 싶은

---

257) "人之生也奚爲哉 奚樂哉 爲美厚爾 爲聲色爾 而美厚復不可常厭足 聲色不可常玩聞.",『列子』「楊朱」

데로 할 것이다.[258]

자연에 순응하며 하고자 하는데로 하는 것이 바로 그의 쾌락주의가 추구하는 본연 실체이다. 그러면서도 그가 말하는 절대 자유의 확보는 "自行自止가 아니라 全性保眞을 하는 것에 한정"[259]하고 있다.

막스 베버(Max Weber, 1864-1920)에 의하면, "유교적인 고귀한 인간 君子는 숙명이라는 것을 알면서 그 숙명에 대해 내면적으로 견딜 줄 알면서, 의연한 침착함 속에서 자기의 인격과 그 함양에 몰두하는 것을 배웠다. … 이 비합리적인 숙명예정설에 대한 신앙은 유교적 합리주의 속에 들어있는, 우리에게 이미 알려져 있는, 그 밖의 비합리적 요소에 덧붙여지는데, 여하튼 그 신앙이 중국에서는 고귀함을 뒤받쳐 주는데 기여하였다는 것이다"[260]고 하여 합리주의와 비교 설명하고 있다.

이상 공자는 기본적으로 天과 命을 구분하지 않고 부귀와 생사로 표현하였으나,[261] 이러한 정황은 묵자에게서 현격한 변화가 일어났다. 묵자는 天과 命을 명확히 구분하여 의도적으로 '天志'를 사용하고, '命'은 없다고 하였다. 이것은 곧 '天'과 '命'을 완전히 다르게 본 것이다. 이밖에도 묵자의 비명론에 대한 부정의식인 맹자의 '立命論'[262]이 있으나 이에 대해서는 추후 다루도록 하겠다.

---

258) "恣耳之所欲聽 恣目之所欲視 恣鼻之所欲向 恣口之所欲言 恣體之所欲安 恣意之所欲行.", 『列子』「楊朱」

259) 류성태, 『중국철학사의 이해』, 학고방, 2016, p.120.

260) 막스 베버 著, 이상률 譯, 『儒敎와 道敎』, 文藝出版社, 1993, p.293.

261) "死生有命 富貴在天.", 『論語』「顔淵」참조.

262) 이택용, 『중국 고대의 운명론』, 문사철, 2014, pp.208-248 참조.

2. 불교사상의 운명론

1) 연기설의 운명론

佛敎는 일체가 내 마음의 소산이라 규정하고, 주체적인 見性大悟를 주장한다. 그래서 운명을 적극적으로 다루지 않는다. 붓다의 깨달은 바를 압축적으로 이야기 한 것이 다름 아닌 '緣起論'이다. 흔히 말하듯, 불교는 연기론을 빼놓고는 설명할 수 없는 논리이다. 즉, 연기에서 시작하여 연기로 끝난다고 해도 과언이 아니다. 이와 같이 불교의 철학은 원인과 조건에 의해 결과가 나오게 되는 이치를 이해하는 것으로부터 출발하고 있다. 따라서 연기론의 이해는 불교 운명론 이해의 필수 조건이 된다.

불교에서 연기론은 여러 방법으로 설명되는데[263] 그 대표적인 것이 바로 十二緣起說이다. 그리고 이 십이연기설을 이해하려면 業論과 輪廻論을 이해해야만 한다.

붓다 시대 당시 철학·종교가는 브라마나(바라문)와 쉬라마나(沙門)의 두 종류로 구성되었다. 이는 불교나 자이나교의 성전, 그리고 아쇼카왕의 비문이나 그리스 계통의 자료에도 공통적으로 나타나고 있다. 브라마나는 『베다』를 신봉하고 제사를 지내며 '梵我一如' 철학에 바탕하여 不死의 진리를 추구하였다. 이들은 스승의 문하에 들어가 베다를 학습하는 기간(梵行期), 결혼하여 가장의 의무를 다하는 기간(家住期), 집을 버리고 숲에서 생활하는 기간(林棲期), 일정한 주처가 없이 떠돌다 일생을 마치는 기간(遊行期)의 인생 4주기를 거쳤다. 그러나 점차 국가 경제의 발전으로 왕족과 자산가가 대두되었고, 브라마나는 종전과 같이 대우 받지 못하였다. 또

---

263) 김동화, 『원시불교사상』, 보련각, 1992, pp.73-79 참조.

한 인도에서는 새로운 시대에 부응한 여러 철학유파가 쏟아져 나왔는데, 대표적으로 유물론자 · 회의론자 · 쾌락론자 · 운명론자 등의 사상가들이 서로 격렬한 토의를 거쳐 철학의 발전을 이루었다.

이들 자유사상가들을 통틀어 '쉬라마나'라고 하였다. 이는 '노력하는 사람'이라는 의미인데, 그들은 자유로운 사상에 심취하였고, 한편으로 현실생활에 권태를 느껴 출가하여 선정에 전념하기도 하였다. 이들은 집을 버리고 걸식생활을 하며 직접 유행기의 생활로 들어갔다. 그리고 청년기부터 숲으로 들어가 명상 혹은 고행에 몸을 바쳤다.[264]

붓다 당시는 바라문교의 四姓 계급제도[265]에 대한 비판적 움직임이 있던 때이다. 붓다도 제사를 善業으로 하는 바라문교의 가르침을 부인하는 사조에 입각하여 스스로의 수행을 통한 깨달음만이 열반에 이를 수 있는 바른 길이라 주장하였다. 주지하는 바와 같이 붓다의 근본 교설은 四聖諦(Arya-satya)와 八正道(Ashtangika-mārga)로 요약된다.[266]

연기설에서는 A에서 B가 나타나는 과정은 서로 '~이 있으면 ~이 있다(此有故彼有)'는 관계성을 파악하고자 하는 입장이다. 이러한 연기관계는 A가 있을 때 B가 나타난다는 사실을 달리 변경할 수 없음을 의미하는 운명론과 결과적으로 같은 의미를 갖는 것이다.

---

264) 정순일, 『인도불교사상사』, 운주사, 2005, p.70 참조.

265) 일반적으로 푸르투칼어를 써서 카스트(Caste)제도라고 하며, 인도어로는 자티(jati, 출생)라 한다. 司祭계급의 바라문, 왕족 무사계급의 크샤트리아, 평민의 바이샤, 隸民의 수드라가 그것인데, 숙명적 因果說을 주장하며 祭祀至上의 형식주의가 바라문계급의 주도아래 행해져 왔다.

266) 사성제 · 팔정도외에도 삼법인 · 십이연기설 등이 있으나 그 종합 교설로서의 사성제와 실천중도로서의 팔정도로 집약하는 방법이 요약적이다. 사성제는 『雜阿含經』15, 팔정도는 『中阿含經』7에 자세하다.

그러나 연기관계는 A와 B의 관계성을 인정하지만 그 A안에 생명체 현상의 변경에 대한 개입 행위(業)를 포함한다. 따라서 A와 B의 관계성이 곧 변경불가능을 곧바로 인정하는 입장으로 귀결되지는 않는다. 따라서 이런 점에서 연기론이 곧 운명론에 귀결되는 것은 아니다.

불교에서 인간의 운명은 업과 고락의 현실과의 연계선상에서 존재한다. 업은 행위의 결과로서 인연 따라 발생한다. 십이연기설은 그 발생과정을 설명하는 이론이다. 붓다는 "이것이 있으므로 저것이 있고, 이것이 生함으로 저것이 생하며 … 이것이 없으므로 저것도 없고, 이것이 滅하므로 저것도 멸한다"[267]는 연기의 도리[緣起法]를 깨닫고 이를 12支로 파악하였다.

12支란 無明(無知)·行(무명을 인연하여 짓는 善惡業)·識(인식작용)·名色(식의 대상인 境界·六入(지각능력, 眼耳鼻舌身意 六根)·觸(인식작용의 성립, 根·境·識의 화합)·受(苦樂등의 感受)·愛(욕구)·取(取捨의 실체운동)·有(존재)·生老死(일체의 고뇌)를 말한다. 다카쿠스 준지로(高楠順次郎, 1866-1945)는 "그러나 이 원리는 이론적 틀 속에서의 출발이다. 실제 삶과 관련하여서는 12지가 삶의 수레바퀴라고 일컬어지듯이 계속 순환하기 때문에 12지의 인연 중 어느 하나를 제일원인이라고 지적할 수 없을 정도로 혼재하여 연기의 사슬을 형성한다"[268]고 하였다. 이는 십이연기의 처음이 무명으로부터 시작하지만, 무명이 제일원인은 아니라는 말이다. 이론적인 시작을 무명으로부터 잡았을 뿐이다.

---

267) "此有故彼有 此生故彼生 … 此無故彼無 此滅故彼滅.", 『雜阿含經』(『大正藏』2, p.67a)

268) 다카쿠스 준지로 지음, 정승석 옮김, 『불교철학의 정수』, 대원정사, 1989, p.42.

불교에서는 이러한 생사의 과정을 통해 어떤 불변의 자아가 그 과정을 통과하고 있는 것이 아니라고 본다. 다만 조건적으로 生起하는 현상이 있을 뿐이다. 그리고 과거, 현재, 미래의 生으로 다시 태어남에 있어서 전후의 관계는 같지도 다르지도 않다. 예를 들어 불이 五蘊이라는 연료를 다 태우면 다른 연료로 옮겨가지만, 그 옮겨진 불은 그 전의 불과 같지도 않고 다르지도 않다는 것이다. 같다고 생각하면 無我說에 배반되는 常住論에 빠지고, 다르다고 하면 인격의 연속성을 무시하기 때문에 도덕적 인과율과 책임을 부정하는 斷滅論에 빠지게 된다. 따라서 붓다는 이 두 견해를 배척하고 자기의 입장을 中道로 규정한 것이다.

당시의 우파니샤드적인 인간관이나 유물론적인 인간관, 또는 운명에 의한 결정론이나 우연에 의한 무결정론을 모두 배척하고 붓다는 연기론에 입각한 인간관을 설한 것이다.[269] 그렇기 때문에 붓다는 연기론을 중시하여 '연기를 본 자는 법을 보고, 법을 본 자는 연기를 본다'고 까지 말한 것이다.

이상 12연기의 과정으로서의 12지에 의한 연기는 이론적으로 무명으로부터 행이 나오고 행으로부터 식, 식으로부터 명색, 명색으로부터 육입, 육입으로부터 촉, 촉으로부터 수, 수로부터 애, 애로부터 취, 취로부터 유, 유로부터 생, 생으로부터 노사가 나온다는 구조이다. 그리고 사로 인해 인간은 憂悲苦惱하게 된다. 따라서 이와 같은 우비고뇌를 끊는 방법은 무명을 제거하는데 있고, 그 무명의 제거방법은 팔정도와 같은 수행법에 의한다.

---

269) 길희성, 『인도철학사』, 민음사, 2007, pp.56-57 참조.

2) 업론과 윤회론의 운명론

불교는 깨달음을 통해 열반에 이르기까지의 삶을 '苦'로 보고 있다. 그리고 그 고의 원인이 삼세를 輪廻하며 스스로 지은 業 (Karma)의 과보로부터 발생한다고 보는 것이 윤회론적 운명관이다. 그리고 이 업은 善業·惡業·無記業의 3업으로 나뉜다.

선악의 업에 의해 미래의 운명이 결정된다는 생각은 이미 『우파니샤드』에서 나타나서 이후 불교에서 발전적으로 계승하였다. 붓다 당시의 육사외도 중에는 업의 인과를 부정한 사람이 많다. 그러나 붓다는 업설을 일반적으로 수용하고 있다. 『阿含經』에는 업에 관한 교설이 적지 않은데, 이는 붓다가 적극적으로 업설을 인정한 증거이다.[270] 고대 인도인들은 인간의 운명은 업의 법칙에 의해 윤회를 되풀이하는 것이라고 믿었다. 사람은 한 생이 끝나면 다른 모습으로 다시 태어나야만 한다는 것이다.[271] 따라서 우파니샤드 철인들의 되풀이에서부터 해방되어 절대적인 삶을 얻을 수 있는가에 초점을 모으게 되었다.

먼저, 업론은 불교에 대한 이해가 문화적 기저를 이루는 우리문화에서는 하나의 상식이다. 업은 '착한 일을 하면 복을 받고, 악한 일을 하면 벌을 받는다'는 맥락에서 파악된다. 그런데 본래 업이라는 의미는 '무언가 일을 하다', '일'과 '행위'라는 의미로 功業(『周易』「文言傳」), 事業(『周易』「坤卦」), 創業(『孟子』「梁惠王」), 學業(『禮記』「曲禮」) 등에서 확인할 수 있다.

『설문해자』에서는 업을 다음과 같이 말하고 있다.

---

270) 정순일, 앞의 책, p.287 참조.

271) 길희성, 앞의 책, p.31 참조.

업이란 큰 널빤지를 말한다. 여기에 종이나 북 등 악기를 매단다. 널빤지를 톱니처럼 깎아서 그것에 흰 칠을 해서 사용했는데, 톱니 모양이 서로 이어져 있는 것을 본뜬 것이다. 丵과 巾은 모두 의미부분이다. 巾은 널판지를 그린 것이다.[272]

이는 현행 업의 의미와는 차이가 크다. 따라서 업은 불교에서 특징적으로 전유된 말임을 알 수 있다. 산스크리트어에서 업은 '행위하다'는 동사 어근 'kri'에서 파생된 것으로 행위의 반복을 통해 형성된 성격 개념과 유사하다. 또한 업이론은 윤회(Samsara)와 깊은 상관성이 있다.

윤회는 '함께 흘러감', '방황', '이동', '생의 변환' 등을 의미한다. 불교권 문화에서는 사람이 죽은 이후 육체가 다른 형태로 다시 태어날 수 있다고 본다. 여기서 업이 윤회를 움직이는 원인이 된다. 즉, 三世 윤회는 業力이 원인이며, 업력이 남아 있는 한 삼계 육도를 윤회하게 된다고 믿는다.

어떤 행위의 원인은 반드시 그에 따른 결과를 발생시킨다. 비록 한 개인의 죽음 이후에도 이러한 원인에 대한 결과는 언제인가 나타나게 된다. 전생에 쌓은 업이 후생에 언젠가는 어떠한 형태로든 결과로서 나타나는 것이다.

나의 생은 이미 끝났다. 범행도 이미 완성되었고 할 일을 이미 이루었으니 다시 태어나지 않을 것을 나 스스로 아노라.[273]

---

272) "大版也 所以飾縣鍾鼓 捷業如鋸齒 以白畫之 象其鉏鋙相承也 从丵从巾 巾象版.", 『說文解字』卷三, 丵部.

273) "我生已盡 梵行已立 所作已作 自知不受後有.", 『雜阿含經』(『大正藏』2, p.1a.)

위와 같은 붓다의 인식은 해탈, 즉 연기와 윤회에 대한 특별한 관점에서 본 세계관이다. 이는 붓다의 成道가 윤회를 깨달은 것으로부터 시작된다는 것임을 의미한다. 즉, 윤회를 하지 않게 되는 것이 해탈이라는 말이다.

전술한 바와 같이 연기설은 현상의 발생과정에서 현상들간에 서로 '〜이 있으면 〜이 있다'와 같은 일정한 관계성을 파악할 수 있는가의 문제로서 논의되는 것이다. 『중아함경』에서 붓다는 '사람의 하는 바는 일체가 다 숙명으로 인해 지어졌다', '사람의 하는 바는 일체가 다 尊佑의 지음에 원인 한다', '사람의 하는 바는 일체가 다 因도 없고 緣도 없다'는 등의 견해[274]를 부정하는 한편 연기법칙을 바탕으로 참된 길로서 사제법을 제시하였다.

업의 상속에 의해 과거의 업이 현재를 규정한다면 업은 숙명적인 것이 된다. 그러면 우리는 정해진 업[定業]을 벗어날 수 없을 것이라는 생각을 할 수도 있다. 그러나 업이 숙명적인 것이라면 현세의 존재는 과거세의 선업과 악업에 의해 결정될 것이라는 단견에 빠지게 된다. 즉, 현세에서 자신의 행위가 어떠했든간에 과거세에 이미 현세의 존재가 결정되어 있다는 것이 된다. 그렇다면 최초의 악업에 의해 그 악업의 굴레에서 벗어날 수 없다는 숙명론에 빠질 수 있다. 그러나 붓다는 이를 해결하기 위해 자유의지를 인정하여 자신이 어떠한 노력을 했는지에 따라 운명이 개선될 수 있다고 본 것이다.

조수동은 "석존은 자신을 행위론자·정진론자라고 함으로써 인간적 행위의 노력을 더 중시하고, 인간의 의지와 노력을 강조했

---

274) 『中阿含經』(『大正藏』1, p.435a) 참조.

다"[275) 고 하였다. 즉, 붓다는 숙명론에 대한 부정을 강조하였고, 인간 존재에 대한 강한 긍정을 주장한 것이다. 과거의 지은 업에 의해 현재의 존재양상이 정해지지만 그것이 선천적인 태생에 의한 숙명적인 것은 아니라는 것이다. 따라서 업의 문제는 사회윤리적 면에서 중요한 요소로 작용되고 있다.

불교의 운명론은 이러한 연기론에 의해 업이 생기고, 그 업의 결과로 인간 삶의 실상이 결정된다는 논리이다. 그러나 현생에서의 선업을 쌓는 수행을 통해 자신의 운명을 개선할 수 있다는 긍정적 운명론을 제시하였다. 즉 십이연기로 업이 발생하여 운명이 형성되지만, 이는 결국 우리 스스로가 만들어 내는 것이라는 것이 불교 운명론의 특징이라 하겠다.

---

275) 조수동, 「地藏信仰에 나타난 定業소멸 사상」, 『철학논총 』 52-2, 새한철학회, 2008, p.51.

3. 도교사상의 운명론

1) 도가적 운명론

道家는 일반적으로 老子 · 莊子 · 列子 · 關尹子 · 黃帝 등의 사상을 의미한다. 『漢書 · 藝文志』에서는 인간사의 성패와 존망 · 화복 · 고금의 道를 기록해 오면서 파악한 인간사의 본질에 따라 욕심을 비우고, 청허함을 지키며, 겸손함을 중시하는 군주의 '통치술'[276]이라 설명하였다.

특히 도가는 유가나 묵가에 대해 비판적이었고, 司馬談의 경우는 제가의 사상 중 도가를 가장 높이 평가[277]하기도 하였다. 특히 "노자와 황제의 사상을 '黃老學'이라고도 한다. 노자와 황제가 신격화되어 後漢(25-220)대에 이르러 太平道, 天師道 등의 교단도교가 형성되고 이것이 후에 조직화된 도교의 전신이 된다. 王充(27-97경)은 도가를 노자와 황제의 사상에 신선과 술수를 포괄한 개념으로 이해하기도 한다."[278] 즉, 도가를 황노학에 신선학이 부가된 개념으로 이해할 수 있다. 이는 도가의 외연이 확장된 것이다.

본 연구에서는 운명론의 경우에 한정하여 노자와 장자의 도가적 운명론을 살펴보도록 하겠다.

---

276) "道家者流 蓋出於史官 歷記成敗存亡禍福古今之道 然後知秉要執本 清虛以自守 卑弱以自持 此君人南面之術也.", 『漢書·藝文志』 참조.

277) "虛者道之常也 因者君之綱也. … 由是觀之 神者生之本也 形者生之具也 不先定其神形 而曰我有以治天下何由哉.", 『史記·太史公自序』「論六家要旨」 참조.

278) 김성환, 「秦漢의 方士와 方術」, 『도교문화연구』14, 한국도교문화학회, 2000, p.293.

(1) 노자의 復命論

老子는 道의 無爲性을 '無爲之治'라는 통치방식에 적용하였다. 그러다 보니 노자는 운명을 '歸根復命'이란 논리로 풀어낸다. 여기서 '귀근'이란 근본에 복귀한다는 뜻으로 원래의 모습으로 되돌아감을 의미한다. 류성태는 이를 다음과 같이 말하였다.

> 노자가 말하는 귀근은 곧 歸元하는 것이므로 '元'의 모습을 아는 것이 중요하다. '元'이란 만물의 所從來로써 道 자체의 모습을 말하며 外方이 아닌 內方의 실체를 말한다. 노자가 귀근하고자 한 의도는 근본이 아닌 것은 만물의 허상이 되기 쉽기 때문이다. 허상인 경우 실상인 귀근과는 멀어 진체인 무극으로 돌아가지 못한다.[279]

이와 같이 노자는 근본을 의미하는 '元'을 중시하여 이를 道로 이해하고 있다. 이 도는 바깥에서 구해지는 것이 아니라 자신의 내면에 깃들어 있는 것으로써 그 내면으로의 복귀가 중시된다.

다음으로 王弼(226-249)은 '복명'을 "운명으로 되돌아가는 것"[280]이라고 주해한다. 이는 운명을 글자 그대로 푼 결과이다. 의미를 확해하면, 운명의 주재자인 天과 함께하는 것이 곧 복명이라는 말이다. 이에 대해 黃公偉는 복명을 설명하면서 『노자』68장의 대의를 '配天'이라 했다.[281] 이는 하늘에 짝한다는 뜻으로 '운명은 在天'

---

279) 류성태, 「老莊의 修練法 硏究」, 『논문집』1, 원광대학교 대학원, 1987, p.37.

280) D.C.Lau, *Tao Te Ching*, Hong Kong: The Chinese University Press, 1963, p.23.

281) 黃公偉, 『道家哲學系統探微』, 臺灣: 新文豊出版公司, 1989, p.135 참조.

이라는 말처럼 인간의 명은 하늘에 있으므로 하늘이 내려준 명을 불역하고 짝하는 배천의 의지가 곧 복명의 의지이다. 복명을 하여 도의 본래 모습과 같은 영원한 常에 住하려는 것이 노자의 본지이다. 그래서 '復命曰常'이라고 했던 노자의 말은 靜속에서 常을 지키는 상태에 머물도록 하는 것이 복명의 역할이기 때문이다. 다시 말해서 常을 지킴은 命을 회복하여 불생불사를 누리고자 하는 노자의 주장으로써 생사초탈이 되도록 함이다. 또한 『노자』에는 命이 다음과 같이 나타난다.

> 텅 빈 상태를 유지해야 오래 가고, 중을 지켜야 돈독해진다. 만물
> 이 다 함께 번성하는데, 나는 그것을 통해 되돌아가는 이치를 본
> 다. 만물은 무성하지만, 제각각 자신의 뿌리로 돌아간다. 뿌리로
> 돌아가는 것을 일러 정이라 하는데, 명을 회복한다는 말이다. 명
> 을 회복하는 것을 늘 그러한 이치라 한다.[282]

'虛'는 노자철학에서 핵심 범주 가운데 하나이다. 허는 '冲'과 같은 의미에서 도가 존재하는 모습이고, 도를 모델로 하는 행위자의 모범적 행위 형태이기도 하다. 노자는 우리의 행위 모델이나 원칙은 전통이 아니라 도를 본떠서 하는 것이기 때문에 허는 우리가 지향해야 할 행위와 인식의 이상적 상태이다. 노자는 고요한 상태로 돌아가는 현상은 또 命 즉 이 세계의 운행 원칙을 회복하는 과정이다. 끝이나 단절이 아니다. 운행 원칙이란 반대편을 향해 부단히 움직이는 과정이며, 그것은 다름 아닌 항상성, 즉 언제나 그러한 원칙

---

282) "致虛恒也 守中篤也 萬物竝作 吾以觀復 夫物芸芸 各復歸其根 歸根曰
靜 是謂復命 復命曰常 知常曰明.", 『老子』 제16장.

인 것이다. 노자는 우리에게 이 항상성, 즉 자연의 존재 형식과 운행 원칙을 체득하라고 요구한다. 이것을 '明'이라고 하는데 '知'와는 반대되는 인식 방식이다. 지는 이것과 저것을 구분하는 앎이다. 즉, 이것을 알기 위해서 저것을 구별해 내고 저것을 알기 위해서 저것만을 발라내는 작업이다.

위 인용문에 대해 "釋德淸(1546-1623)은 '命'을 '본성'으로, 嚴靈峯은 '性命의 본 참됨'으로, 蘇轍(1039-1112)은 '性의 오묘함'으로, 盧育三은 '生生의 근원으로서의 道'로, 福永光司는 '본체인 도'로 풀이하였다."[283] 반면 조민환은 이를 생명의 '命'으로 풀고 있다.[284] '명'에 대한 풀이에서 다소의 출입은 있지만, 대체로 '性' 내지는 '道'로 풀고 있다. 드물게는 '생명'이라고는 해석도 나타나지만, '운명'으로 풀이한 해석은 보이지 않는다. 이상과 같이 노자에서는 군주의 정치론을 주 관심 대상으로 보았기 때문에 개인의 운명은 중시되지 않았던 것이다.

(2) 장자의 安命論 ────────────────

자연의 변화는 곧 생사의 命에 연결된다는 것으로 도가철학에서는 생사에 대하여 달관적 입장을 표명한다. 그리고 이러한 생사의 운명은 자연의 변화와 직결되어 있다고 본다. 자연의 변화에 의한 생사변화가 모든 생명체의 운명이라는 것이다. 이는 자연과 운명을 동일체로는 보는 관점이다. 그래서 莊子는 "죽음과 삶은 운명이다.

---

283) 陣鼓應 지음, 최재목 · 박종연 옮김, 『진고응이 풀이한 노자 』, 영남대학교출판부, 2008, pp.179-180.

284) 조민환, 『노장철학으로 동아시아 문화를 읽는다 』, 한길사, 2003, p.147 참조.

저 밤과 아침의 일정한 과정이 있음은 자연의 모습이다"[285] 고 하였
다. 이는 "인간의 힘으로 어쩔 수 없는 운명적 생사의 변화는 자연
의 변화로서 주야 조석의 변화와 큰 차이가 없다"[286] 고 본 것이다.

따라서 운명으로서의 죽음은 피할 수가 없다. 이를 피하려 하는
것은 자연의 변화를 거스르는 행위이다. 인위적으로 시간을 멈출
수 없는 한 불가능한 일이므로 장자는 "목숨이 찾아오는 것을 물리
칠 수 없고 또 목숨이 가버리는 것을 막을 수도 없다"[287] 고 하여 죽
음에 대해 운명적으로 달관하라는 입장을 보인다.

장자가 살았던 시대는 인간세상의 질서를 보장할 天이 사라져 버
린 상황에서 인간은 어떻게 살아야 하는지 묻는 실존적인 문제가
제기되었다. 장자는 전통적 천관을 철저하게 부정하고 대신 '無爲
의 道'를 그 자리에 위치시켰다. 그리하여 인간사는 어떤 원칙에 의
해 주재되는 것이 아니라, 인과관계를 알 수 없는 운명에 의해 결정
된다고 보았다. 그 결과 운명에 따라 결정된 불합리한 현실을 우리
가 어떻게 받아들여야 하는가라는 문제가 떠오르게 된다. 이러한
문제의식에서 장자의 운명론이 나타난 것이다.

또한 난세의 상황은 전통적 천관의 붕괴와 관계가 있다. 난세의
진행으로 인하여 전통적 천관이 붕괴되었고 또한 전통적 천관의 붕
괴는 난세를 더욱 촉진하는 결과를 초래하였다. 난세의 인간은 '불
안과 공포'의 마음을 가질 수 밖에 없다. 사회가 혼란하면 인간 스스
로도 혼란할 수 밖에 없기 때문이다. 또한 사회의 혼란이 자신의 잘
못이 아니더라도 언제 어디서 어떤 사유로 禍를 입을지 알 수 없는

---

285) "死生命也 其有夜旦之常.", 『莊子』 「德充符」

286) 류성태, 『장자철학의 이해』, 앞의 책, pp.290-291.

287) "生之來不能却 其去不能止.", 『莊子』 「至樂」

상황이기 때문이다. 난세에 이러한 운명적인 사태로 인한 불안과 공포로부터 자유롭고 싶은 것은 모든 인간의 공통 희망다. 이러한 보편적 사고 속에서 장자의 운명론이 대두되었다.

무엇보다도 근원적 불행의 최고봉은 죽음의 문제이다. 또 불구나 추한 용모를 가지고 태어난 사람이 있고, 지력이 낮고 평생 세상에서 쓰이지 못하는 운명을 가지고 태어난 사람도 있다. 『장자』「내편」의 죽음, 불구자, 추남 및 무용한 존재 등의 이야기는 장자가 인간의 근원적인 비극을 보고 느낀 결과이다. 자신이 결정할 수 없는 원인에 의하여 인간에게 주어진 이러한 불행한 사태들로 인해 장자는 운명론에 주목할 수밖에 없었다.

장자는 공자의 知命論을 변용·확대하여 '安命論'을 주장한다. 공자는 운명의 존재를 인정하지만 자신의 소임을 수행해 나갈 것을 知命으로 이해시킨 반면, 장자의 안명론은 운명의 존재를 인정하고 그것을 그대로 따라야 한다는 자세를 보여준다. 양자가 모두 운명의 존재를 인정하고 있지만, 운명에 따른 사태 처리에서는 차이가 있다. 이 안명론은 장자학 자체라 해도 과언이 아닐 것이다.

장자 철학에서는 眞人의 개념이 중시되는데, 장자는 命의 필연성을 깨닫고 운명에 순응하여 정신적 자유를 얻은 사람을 진인이라고 한다.[288] 장자가 생각한 '命'은 다음과 같다.

> 태초에 無가 있었다. 존재하는 것이란 아무것도 없고 이름도 없었다. 여기서 一이 생겼는데, 一은 있어도 아직 형체가 없었다. 만물은 이 一을 얻음으로써 생겨나는데 그것을 德이라 한다. 아직 형체는 없지만 구분이 생겨 차례로 만물에 깃들면서 조금도

---

288) 조민환, 『유학자들이 보는 노장철학』, 예문서원, 1996, p.179 참조.

틈이 없다. 이것을 운명(命)이라 한다. 一은 流動하여 사물을 낳는데 사물이 이루어져 事理가 생긴다. 이를 형체라 한다. 형체는 정신을 지키고 각기 고유한 법칙이 있다. 이것을 性이라 한다.[289]

이와 같이 장자는 '無' → '一' → '萬物'의 변화과정 속에서 명을 인식하고 있다. 생/사, 부귀/빈천, 궁핍/영달, 장수/요절과 같은 것들은 인생의 고뇌에서 중요한 개념이다. 이러한 개념들을 모두 운명에 돌리고 편안히 생활할 수 있는 것은 德을 닦아 달관된 자만이 가능하다는 말이다.[290] 바로 이러한 달관이 장자가 말하는 수행 공부의 관문이다.

장자는 蒙지역의 '漆園吏'라는 천직을 지녔다. 이는 장자가 평생 하층계급으로 살았다는 것을 의미하며 그의 삶은 명론과도 깊은 관계가 있다. 장자가 "대저 物이란 天을 이길 수 없는 것이 오래되었다"[291]고 한 것처럼 인간사 모든 것이 운명에 달려있다는 唯命論的 입장을 취한 것은 그의 사회적 위치가 매우 낮았다는 사실과 밀접한 관계가 있다. 여기서 物은 인간을 포함하는 개념으로, 인간 역시 하늘을 거역할 수 없음을 말한 것이다. 따라서 장자는 모든 인간사가 하늘이 정한 운명에 달려 있을 뿐이라고 보았다. 이러한 유명론적 입장이 안명론으로 연결된다. 잘 알려진 바와 같이 장자가 형이상학적 근원으로 삼았던 道의 특성은 無爲이다. 이를 운명론에 적용한다면 운명에 대하여 편안히 받아들여야 한다는 논리가 성립된다.

---

289) "泰初有无无有无名 一之所起 有一而未形 物得以生 謂之德 未形者有分 且然无間 謂之命 留動而生物 物成生理 謂之形 形體保神 各有儀則 謂之性.", 『莊子』「天地」

290) 김충열, 앞의 책, p.276 참조.

291) "且夫物不勝天久矣.", 『莊子』「大宗師」

안명론의 형성배경에 대해 劉笑敢은 다음과 같이 말하였다.

> 장자의 안명론 형성은 어떠한 것인가? 사상적으로 보면 안명론은
> 은나라와 주나라 이래 운명론과 도가의 무위론이 결합된 산물이
> 다. … 일반적으로 유가는 명이 정해져 있음을 많이 말하면서도
> 분발하여 유위하라고 주장하고, 도가는 모두 무위를 주장하지만
> 장자파를 제외하고는 命이 정해져 있다는 것을 말한 사람이 매우
> 드물다. 이 점에서 볼 때 장자의 안명론은 또 유가의 운명론과 도
> 가의 무위론이 결합된 산물이라고 말할 수 있다.… 운명론과 무
> 위론은 장자 안에서 유기적으로 융합되었는데, 그 융합의 결과로
> 장자의 독특한 안명론인 객관적 의지의 주재가 없는 운명론이 만
> 들어졌다.[292]

이와 같이 劉笑敢은 장자 안명론의 형성 배경을 유가 운명론과
도가 무위론의 결합으로 보았다. 그러나 정작 『장자』「내편」에
는 '무위'에 대한 언급이 거의 없다.[293] 그러면 장자는 왜 '무위'를
강조하지 않았을까 라는 의문이 제기된다. 이에 대해 劉笑敢는 "장
자가 이미 무위를 끝까지 밀고나가서 무위의 내용이 벌써 변하였기
때문이다. … 장자의 무위론은 사실 안명론이며 이것은 도가의 다
른 파들과 크게 다르다"[294] 라고 답하였다. 이상과 같이 장자는 도덕
적 원칙성을 가진 전통적인 天을 부인하고 無爲의 道를 그 자리에
위치시켰다.

---

292) 劉笑敢 지음, 최진석 옮김, 앞의 책, pp.152-153.

293) 『莊子』「大宗師」편에 단 2회 나온다."夫道有情有信 無爲無形 芒然彷
徨乎塵垢之外 夫若然者 … 逍遙乎無爲之業."

294) 劉笑敢 지음, 최진석 옮김, 앞의 책, p.153.

다음으로 『장자』에서 命이 운명의 의미로 쓰이고 있는 경우를 살펴보면 다음과 같다. 먼저 장자는 운명의 범주를 "仲尼가 말하길, 死生과 存亡, 窮達과 貧富, 賢과 不肖, 毁譽와 飢渴 寒暑는 모두 일의 변화이며 命이 행해지는 것입니다. 낮과 밤이 서로 앞에서 교대하지만 知로써 능히 그 시작을 헤아리지 못합니다"[295] 라 하여 '사생과 존망, 궁달과 빈부, 현과 불초, 훼예와 기갈 한서'를 운명의 작용으로 규정하고 있다. 여기서 '사생'이 인간의 생명과 관련된 것이라면 '존망'은 국가 등 단체의 흥망과 관련된다. 이와 같이 장자는 개인적 사태뿐이 아니라 국가의 흥망 및 자연 현상까지 매우 포괄적인 영역을 운명의 작용 하에 두고 있다.

나아가 장자는 "태어나고 죽는 것은 命이다. 낮과 밤의 일정함은 자연[天]이다. 사람이 어찌할 수 없는 바가 있으니 모두 物의 실정이다"[296] 라 하여 사생을 포함하여 사람이 어찌할 수 없는 것들[物]을 운명으로 규정하였다. 그리고 인간을 둘러싼 사태가 인간의 마음대로 할 수 없다는 것을 말하고 있다. 이와 같이 장자는 운명은 바꿀 수가 없다는 입장을 보인다. 그래서 "운명은 바꿀 수가 없으며, 시간은 멈출 수가 없고, 도란 막을 수 없다"[297] 고 한다. 이러한 시각에 의해 장자는 운명을 거역하지 말고 누구에게나 정해진 각자의 명이 있음을 인식하여 자신의 운명에 안주하는 것을 말하였다.

---

295) "仲尼曰 死生存亡 窮達貧富 賢與不肖毁譽 飢渴寒暑 是事之變 命之行也 日夜相代乎前 而知不能規乎其始者也.", 『莊子』「德充符」

296) "死生命也 其有夜旦之常天也 人之有所不得與 皆物之情也.", 『莊子』「大宗師」

297) "命不可變 時不可止 道不可壅.", 『莊子』「天運」

2) 도교적 운명론

흔히 도교는 현실적이지만 낯설고 비합리적인 것으로 인식되는 경향이 있다. 이는 도교에서 延命長壽와 道通神仙을 강조하기 때문이다. 또한 도교는 도가와 구분되어 논해지기도 한다. 이해하기 쉽게 말하면 도교는 종교적인 것이고, 도가는 철학적 개념에 속한다. 전자는 도교의 이상향인 신선을 신의 개념으로 이해한 결과이며, 후자는 道라든가 無爲自然 등 우주론적 설명을 뒷받침한다.

우리가 '도사'라고 부르는 대상은 공동체에 닥칠 미래에 대한 예언자의 성격을 갖고 있다. 예언을 하기 위해서는 일반인과 다른 수행 과정을 거쳐야 하며 수행을 통해 일정한 깨침을 얻어야 한다. 그것이 자연의 도를 깨친 것이던지, 문리를 터득한 것이든지 '도사'는 어떤 운명 예언의 특성을 갖춘 이라고 보는 것이다. 특히 점술에 능한 도사는 중국 도교문화의 한 특징을 이루었다. 사카데 요시노부(坂出祥伸)와 같이 점술을 도교의 중요한 요소로 주장하는 학자도 있다. 그는 "점술의 주요한 실천자는 아니었지만 도사들은 점술에 적극적으로 관련되어 있었고, 점술이 도교 실천 그 자체는 아니며 특별히 도교적인 것은 아니었을지라도 중요했다"[298] 고 한다. 그러나 이것이 도교의 핵심이라고 보기는 어렵다.

인간의 삶은 불확정한 時空 중 어떤 한 지점을 선택하여 그 속에서 살아가는 과정이다. 도교의 운명론에서 볼 때, 일상에서 일어나는 고통·질병·불행은 음양오행의 성질과 시공간과 사물의 성질이 상충하여 빚어낸 결과이다. 운명 예측이 불행의 원인을 찾아내고 길흉을 파악하려 한다면, 도교는 음양오행의 상충을 제어하는 符籍을 쓰거나 명상을 통해 기를 다스린다.

---

298) Sakade Yoshinobu, "Divination as Daoist Practice," in Livia Kohn ed., *Daoist Handbook,* Leiden: Brill, 2000, p.562.

도교가 종교로 성립될 수 있는 이유는 노자라는 교조와 道經이라고 하는 수많은 경전을 갖추고 있고, 의례와 공동체의 체계화를 추진하여 神觀과 도교적 세계관을 갖추고 있기 때문이다. 특히 天界에 대한 상상력은 도교의 신선론을 통해 이루어졌고 신선을 이루기 위한 각종 수련법이 창안되었다.

특히 신선과 더불어 귀신에 대한 이해도 心身論과 함께 논의되어 왔다. 陸修靜(406-477)은 도교쇄신론을 주장하여, "귀신에게 제사 하고 기도하여 복을 구하는 것을 삿된 것이라 보고, 귀신의 말이라 하여 길흉을 점찰하는 것을 요망한 것"[299] 이라 보았다. 또한 귀신에 대한 제사나 기도는 물론 침구 및 약초에 의존하는 의술 역시 부정했으며, 오로지 죄의 고백과 符水, 즉 부적을 태운 재를 넣은 물의 사용과 '上章,' 즉 '신들에게 호소장을 올리는 것'을 통한 치료만을 인정했다.[300]

또한 赤松子는 "맑은 마음의 신앙을 가진 도사가 도법을 숭상하며 장문과 부적을 구하여 신들에게 상주하면 죄가 사라지고 복이 생기며 복록과 수명을 늘리고 조상의 영혼이 천계로 이동할 수 있으며 바라는 것이 마음대로 이루어진다"[301] 라 하여 인간의 운명은 도사가 도법을 부려 신에게 상주하면 조절이 가능한 것으로 보았다.

심신론은 정신과 물질의 문제로 확대되어 고금을 막론하고 중요한 철학적 주제이다. 즉, 의식주로부터의 고민에서 자유로워진 인간은 몸과 마음의 궁극적 관계에 대한 성찰에 관심을 두는 경향이 있다.

---

299) "祭祀鬼神 祈求福祚 謂之邪 稱鬼神語 占察吉凶 謂之祅.", 『陸先生道門科略』卷上.

300) "盟威法師不受錢 神不飮食 謂之淸約 治病 不針灸湯藥 唯服符飮水 首罪改行 章奏而已.", 『陸先生道門科略』卷上 참조.

301) "若淸心信向之士 崇尙道法 求乞章符 奏卽罪滅福生 增添祿壽 先靈遷達 願念從心.", 『赤松子章曆』卷1.

도교에서는 이 심신 수련을 통해 신선을 이루는데 궁극 목표를 둔다.

도교의 시간관은 天地 · 陰陽 · 災異 등을 바탕으로 天界에 대한 상상이 도교 운명론의 정점을 이루었다. 成仙을 위한 각종 수련법이 고안되고 이를 통해 심신의 단련을 추구해 오고 있다. 그것이 한국에 서는 고려시대와 조선시대를 거치면서 養生法으로 발전해 왔다.

이 성선론의 핵심은 『抱朴子』에 잘 담겨 전한다. 『포박자』의 저자 葛洪(283-343)은 "무릇 有는 無로 말미암아서 생기고, 形體는 精神을 기다려서 세워진다. 유는 무의 집이고, 형체는 정신의 집이다. 그러므로 이것을 제방에 비유하자면 제방이 무너지면 물을 가두지 못하는 것과 같고, 촛불에 비유하자면 초가 다 타면 촛불이 꺼지는 것과 같다. 형체가 피곤하면 정신이 흩어지고, 기가 고갈되면 생명이 끝난다"[302] 고 하여 形과 神에 대해서 고대 의학의 관점에 입각하여 말한다. 그는 의학과 약학의 이치에 밝아서, 진한시대 이래 각 사상가와 학파들의 양생 내련술을 연구하였다.

일반적으로 도교에는 丹鼎派와 符籙派가 있다. 이들은 모두 노자의 학설을 채용하고 있으나, 단정파는 양생법이나 호흡법, 연단술 등을 이용하고 자력으로 신선이 되는 것을 주로 추구하였고, 그 대표적 인물이 東晉의 갈홍과 漢代의 魏伯陽이라고 할 수 있다. 부록파는 後漢의 張道陵(34-156)에 의하여 교단이 창시되어 南北朝 시대의 도사 陶弘景(456-536)과 寇謙之(365-448)에 의하여 완성되었는데 符籙과 기도를 중심으로 발전하였다. [303] 이중 갈홍은 신선은

---

302) "夫有因無而生焉 形須神而立焉 有者 無之宮也 形者神之宅也 故譬之於堤 堤壞則水不留矣 方之於燭 燭糜則火不居矣 身勞則神散 氣竭則命終.", 『抱朴子 · 內篇』「至理」

303) 王治心, 전명용 역, 『中國宗敎思想史』, 도서출판 이론과 실천, 1988, 87-93쪽 참조.

배워서 이룰 수 있다고 하는 '神仙可學論'을 주장한다. 그러나 갈홍의 신선가학은 다음과 같은 二重的인 성격을 띠고 있다.

> 생명의 길고 짧음은 이미 나면서부터 정해지는 것이다. 사람이 모태에 있으면서 자연의 기를 받고 생명을 부여받을 때에 그에 해당하는 별자리가 결정된다. 하늘의 도는 무위로서 사물의 저절로 그러함에 맡겨져 있기 때문에 친하고 소원함, 이것과 저것의 차이가 있을 수 없다. 운명이 생명의 별에 속하면 그 사람은 반드시 선도를 좋아하게 될 것이고, 선도를 좋아하는 사람은 신선되기를 구하여 반드시 성공할 수 있다. 운명이 죽음의 별에 속하면 그 사람은 선도를 믿지 아니할 것이므로 신선이 되기 위한 수련에도 힘을 쏟지 않을 것이다.[304]

이와 같이 갈홍은 星命說(宿命說)이라는 조건 위에서 생명의 장단이 결정된다고 하였다. 갈홍이 생각한 인간의 운명은 신선이 될 수 있는지 여부에 달려 있다. 즉, 신선을 이룰 수 있는지의 문제뿐만 아니라, 신선을 이루려는 노력 여하도 운명이 결정한다. 그러한 모든 것이 운명이며, 자연이다. 이러한 점을 본다면 갈홍이 제시한 신선가학론은 다시 숙명론으로 돌아가 버리는 모순이 발생한다.

이용주는 이에 대해 "신선이 되기 위해서는 인간의 능동적인 의지와 노력이 필수적이라고 주장하면서도 그의 시대를 사로잡고 있

---

304) "命之修短 實由所值 受氣結胎 各有星宿 天道無爲 任物自然 無親無疏 無彼此也 命屬生星 則其人必好仙道 好仙道者 求之亦必得也 命屬死星 則其人亦不信仙道.", 『抱朴子 · 內篇』 「塞難」

던 숙명론적 인간관을 완전히 탈피할 수 없었던 것이다"[305]고 평가하였다. 그러나 『포박자』는 '元氣說'을 분명히 밝혀 내련학설의 기초로 삼았으며, 우주만물은 '氣'에 의해서 생성된다고 주장하였다. 또한『포박자』에서 말하는 "나의 운명은 나에게 있는 것이지 하늘에 있는 것이 아니다"[306] 라고 하여 도교 운명론의 특성이 어디에 있는지를 분명히 밝혀주고 있다. 이것이 후대 도교 양생 발전의 근간을 이루기도 한다.

앞에서 살펴본 대로 운명의 정점에 있는 天命은 『서경』에서 비로소 철학적으로 주제화 되어 『시경』에서 변화를 보이며 유교 운명론의 기초를 이루었다. 특히 공자는 천명에 대한 인간의 畏敬을 강조하여 인간의 운명과 그 운명을 천명에서 찾았다. 그에 비해 묵자는 유가의 운명론을 비판하면서 비명론을 제기하여 명에 구애되는 삶을 살지 않기를 강조하였다. 반면 양주는 명에 안분할 뿐 사람은 다툴 필요가 없다는 숙명론을 보인다. 그 이면에는 자연에 순응하며 하고자 하는데로 사는 쾌락주의가 작용하고 있다.

이와 같이 유교의 다양한 운명론에 비해 불교에서는 운명에 대해 自業自得의 논리로 일관하고 있다. 즉 연기론에 의해 원인과 과정 그리고 결과로 이루어진 중생이 업과 윤회의 운명의 굴레에서 벗어날 것을 강조한다. 이는 업과 윤회를 부정하기 위한 논리이다. 업의 주체는 업력으로서 無明한 존재의 본질을 제대로 파악하면 업이나 윤회 또한 멸하게 됨을 강조한다. 이로써 운명 자체도 자신이 짓고 자신이 받는 것으로 선업은 선과를 낳게 되고, 악업은 악과를 낳게 되지만 결국 이러한 업은 무명의 연장선에서 발현되는 것이므로 선

---

305) 이용주, 「神仙可學: 갈홍 신선론의 논리와 한계」, 『종교와 문화』 6, 서울대 종교문제연구소, 2001, p.207.

306) "我命在我不在天.", 『抱朴子 · 內篇』「黃白」

업이든 악업이든 부정의 대상이 된다. 이는 불교는 궁극적으로 열반적정을 추구하기 때문에 업이나 윤회 또한 열반적정을 방해하는 요소일 뿐이라는 논리에 기인한다. 즉, 불교의 운명론은 존재의 본질이 諸法無我이기 때문에 운명이란 것조차도 空한 것임을 알아야 함을 강조한다.

반면 도교는 생사의 운명을 자연의 '변화'와 직결시켜 이해한다. 노자는 '歸根復命'이란 논리로 운명을 풀어낸다. 근본이 아닌 것은 만물의 허상이 되기 쉽기 때문에 복명을 함으로써 도의 본래 모습과 같은 영원한 常에 거주할 것을 강조한다. 장자는 공자의 知命을 통한 운명의 존재를 인정하면서도 운명의 존재를 그대로 따라야 할 것(安命)을 주장한다. 이는 인간사 모든 것이 운명에 달려 있는 唯命論的 입장으로 유가의 유명론과 도가의 안명론의 결합이 장자 운명론의 특징이라 하겠다. 장자는 만물의 주재자로서의 天을 부인하고 無爲의 道를 그 자리에 위치시켰다. 특히 도교의 핵심인 '장생불사 도통신선'에서 궁극 목적인 신선을 이루기 위해 『포박자』에서는 신선가학론을 강조하여 '나의 운명은 나에게 있는 것이지 하늘에 있는 것이 아니라'고 하면서 신선은 배워서 도달할 수 있다고 보았다. 이는 '운명의 주체화'로 이야기 할 수 있을 것이다.

이상으로 유불도 삼교 사상의 운명론은 각자 조금씩 차이가 보이지만, 운명의 주체를 하늘과 인간의 관계에서 구하고 있는 점은 공통된다. 하늘에 대한 표현 방식이라든지, 시대적·환경적으로 운명을 이해하는 방식이라든지는 차이가 있을 수 밖에 없겠지만 동양의 삼교사상에서는 운명을 개척할 수 있는 것으로 보고 있다는 점이 특징이라 하겠다.

V.
유불도 운명론의 특성과 현대적 과제

:

V. 유불도 운명론의 특성과 현대적 과제

1. 유불도 운명론의 특성

1) 유교 운명론의 특성

우리는 운명이 어디에서부터 비롯된 것인지에 대해 명쾌한 해답을 듣기 원한다. 즉, "운명은 하늘에 달려 있는가? 아니면 사람에게 달려 있는가?"[307] 라는 질문은 오래된 운명론의 핵심이다. 유교에서 이해하는 바와 같이 사람이 태어난 근원이 하늘이란 점에서 그 길흉화복은 하늘이 명한 것이므로 운명이 하늘에 달려 있다고 말할 수 있다. 그러나 사람이 하늘을 섬기는 것이므로 하늘의 길흉화복은 사람으로부터 이루어지는 것이라는 관점으로 보면 운명은 사람에게 달려 있다고도 볼 수 있다.

明代의 학자 袁了凡(1533-1606)이 남긴 『了凡思訓』은 수백 년 동안 改運書로서 널리 알려진 명저로 사람이 생각을 바르게 하고 꾸준히 德을 쌓으면 운명이 조금씩 바뀌기 시작한다고 보았다.

유교에서는 인간은 수양과 교육을 통해 敎化가 가능한 존재이며, 주동적이고 능동적으로 자신의 고난을 극복할 수 있는 가능성을 지녔다고 보았다. 예컨대 『論語』에서는 "본성은 서로 가까우나 익히는 데 따라 서로 멀어지게 된다"[308]고 한다. 이는 사람의 본성은 서로 간 큰 차이는 없지만, 후천적 습관은 달라질 수 있기 때문에 습관이 큰 차이를 만든다는 뜻이다. 타고난 본성, 천성인 性이 큰

---

307) "命在於天耶 命在於人耶.", 『無名子集』「命」

308) "子曰, 性相近也, 習相遠也.", 『論語』「陽貨」

차이가 없더라도, 습관이 사람들 간에 차이를 만든다. 이와 같이 유교에서는 선천적인 환경과 고난의 극복 또한 수양과 교육으로 관리할 수 있다고 보는 것이다.

흔히 운명을 인간에게 이미 정해져 있는 피해갈 수 없는 일종의 숙명처럼 인식하지만, 그 속에는 運轉하고 사용할 수 있다는 의미를 포함하고 있다. 여기서 선택과 결정이라는 문제가 나오게 된다. 숙명이 인간이 태어나서 겪을 수 밖에 없는 생로병사의 과정처럼 피할 수 없는 길이라면, 운명은 삶의 숙명성에 근거하여 살아갈 수 밖에 없는 원리를 보여주는 학문으로 오해받기 쉽다.

우리는 흔히 '사주팔자가 사납다'거나 '사주팔자를 잘 타고 났다'는 말을 한다. 이는 우리가 태어날 때 이미 운명이 정해져 있다는 뜻으로 읽힌다. 사람이 태어나는 시기에 따라 자신의 의지와는 상관없이 운명에 속박되어 있어서, 건강하거나 병약하고 행복한 삶을 누리거나 불행한 삶을 살게 된다는 말이다. 종국에는 만물은 우주 일체를 지배하는 필연적이고 초자연적인 힘과 뜻에 따라서 살아가게 된다는 말로 이해된다.

앞에서 살펴본 유학의 철학적 주제는 天道에 근거하고 있다. 그에 따라 유학의 학문적 논점도 천도와 人事의 관계 규명에 집중되어 있다. 유학의 경전 중 『주역』은 이 구조를 밝히는데 가장 주요한 문헌이었음을 살펴보았다. 易의 의미가 '變化'에 있다면 그 변화의 본질은 '時間의 변화'에 근거한다. 그리고 이 시간의 변화를 '天行'이라 하고 천행을 통해 천도와 인사의 관계를 규명하는데 초점이 맞춰져 있다.

공자가 말한 運命은 일반에서 생각하는 의미와 크게 다르지 않다. 운명은 일종의 객관필연성으로 이해할 수 있다. 사람들의 주관적 희망으로 결정할 수 있는 것이 아니다. 물론 孟子, 張載, 朱熹 등과 같은 이들의 이론을 통해서 命이 개념화 된다. 첫째는 인간의 육체와 그에 따른 욕망이고, 둘째는 사람의 도덕이성이나 실천이성이다. 특히 도덕이성은 '천도'와 연계된 것이고, 실천이성은 道와 연계된 것이다. 따라서 전자의 命은 인간의 자유에 제한을 두고 있다. 이는 北宋의 도가 철학자인 장재가 '氣命'과 '天命'으로 나누어 설명하여 분명하게 하였다. 즉, 기질의 세계와 天地의 性을 실현해야 한다고 생각하였다.

理氣論을 강조한 성리학적 사유에서 인간은 부여받은 氣의 후박과 성쇠에 따라 복록과 부귀 빈천이 결정된다고 본다. 또한 기의 長短에 의해 수명이 달라진다고 한다.[309] 그 이유는 기는 유동적이고 방향성이 없기 때문에 만물의 다양한 형태를 빚어내기 때문이다. 이러한 기의 불규칙한 유동성은 만물의 형태뿐만 아니라 제한된 조건을 운명으로 타고나도록 결정하기도 한다. 이는 개인은 물론이고 국가의 운명에도 동일하게 적용된다.

따라서 유교의 지식인들은 길흉화복을 천명으로 알고 편안히 수용하여 자신에게 주어진 존재론적 의무를 다하거나, 극복하고 변화시킬 수 있는 외부 조건들을 철저히 개선해 나가는 방식으로 운명을 대하였다.

---

309) "敬子問自然之數 曰有人稟得氣厚者 則福厚 氣薄者 則福薄 稟得氣之華美者 則富盛 衰颯者 則卑賤 氣長者 則壽 氣短者 則夭折 此必然之理.", 『朱子語類』 卷4 참조.

2) 불교 운명론의 특성

고대 사람들은 하루하루를 사는데 충실하였다. 그들에게 미래에 대한 고민은 사치였을지도 모른다. 자신의 운명은 이미 하늘이 정해 놓았다고 생각했기 때문에 답답하면 하늘만 쳐다보았을 것이다. 나아가 理法에 대한 분석적 사고나 인간의 자유의지와 같은 것은 생각할 수도 없었을 지도 모른다.

과거 사람들이 하늘이나 生時를 살펴서 집단이나 개인의 운명을 예측하려고 했다면, 현대인들은 유전자과학이나 뇌과학 등을 통해 반드시 일어날 일들에 대해 언급한다. 이러한 때 자유의지는 중요성을 잃고 있다.

동양 특히 인도에서의 자유의지는 운명을 헤쳐 나가는 것이 아니라 의지를 운명에 복종하도록 함으로써 운명과 자유의지간의 갈등을 극복해 나간다. 인도의 六師外道 중 한 사람인 마칼리 고살라(Makkhali Gosala)는 인간의 도덕적이고 인격적인 상태에는 어떤 원인이나 이유가 없으며 모든 중생은 단지 운명과 그들의 천성에 의하여 결정되기 때문에 자신의 행위나 노력은 아무런 소용이 없다는 결정론을 주장했다. 이와 같이 그는 본성론적인 결정론자로 잘 알려져 있다. 인간은 자신의 현재와 미래에 대하여 아무런 책임을 질 필요가 없다는 것이다. 이는 근세의 觀念論理學, 특히 스피노자의 합리적 결정론, 라이프니치의 예정조화설, 칸트 및 신칸트파의 목적론적 결정론, 또 과학적 결정론 등에 대해서도 적용할 수 있다. 그러나 우리는 자신의 운명에 대해 책임을 져야 한다. "자신의 운명에 책임을 진다는 것은 우리의 경제적·사회적·개인적 삶에 귀속되는 기술적이고 규범적인 의무"[310] 이기 때문이다.

안성두는 "業 개념이 인도 문화를 관통하는 키워드라는 사실에 대해서는 누구도 이의를 제기하지 않을 것이다. 이 개념은 제의서에서 처음으로 등장한 이후 초기 우파니샤드인 바가바드기타-우파니샤드(4.4.6)에서 윤회의 원인을 가리키는 것으로 사용된 이래 인도철학의 핵심 개념으로 등장했다고 보인다"[311] 는 견해를 냈다. 붓다는 업을 정확히 이해해야 할 것으로 보고, 그 존재성을 증명하거나 사실관계를 밝히고자 하지 않았다. 붓다는 세상은 영원한가 그렇지 않은가, 영혼은 있는가 없는가 등에 대한 질문에 대해서는 대답하지 않았다. 여기에 대해 붓다는 다음과 같이 답한다.

> 이런 것들은 義에 상응하지 않고, 法에 상응하지 않으며, 梵行의 근본이 되지도 않으며, 智로 나아가게도, 覺으로 나아가게도, 涅槃으로 나아가게도 하지 않기 때문이다. 그래서 나는 이런 것들에 대해서 말하지 않는다.[312]

이를 불교에서는 '無記'라 하는데, 무기는 알지 못한다거나 말할 수 없다라는 것이 아니라 말할 필요가 없다는 의미로 이해된다. 대답될 수 없기 때문에 질문을 할 필요가 없고, 필요하지 않기 때문에 질문을 할 필요가 없다는 것이다. 이는 운명에 대한 실제적이고 실

---

310) 제임스 p.윈드 外 共著, 김성민·정지련 共譯, 『現代 聖職者 倫理』, 정암문화사, 1992, p.157.

311) 안성두, 「불교에서 업의 결정성과 지각작용: 결정론을 둘러싼 논의에서 불교의 관점은 무엇인가?」, 『인도철학』 32, 2011, pp.142-143.

312) "此非義相應 非法相應 非梵行本 不趣智 不趣覺 不趣涅槃 是故我不一向說此.", 『中阿含經』(『大正藏』 1, p.805b-c)

용적인 태도라 하겠다.

　불교에서는 운명의 실체에 대해 유교나 도교에 비해 적극적인 설명을 하지 않는다는 특성이 있다. 불교에서 궁극적으로 추구하고자 하는 이상향은 해탈이며, 해탈의 궁극목적을 해결해줄 방법을 계율과 수행에서 구하고 있기 때문이다. 불교에서는 열반에 이르기까지의 과정을 苦로 보고 그 고의 원인을 바로 보고, 業의 果報로부터 벗어날 것을 촉구한다. 앞에서는 이러한 과정을 설명하는 것이 십이연기설이고, 윤회와 업론이었음을 살펴보았다. 즉, 십이연기에 의해 업이 생기고, 그 업의 결과로 인간의 운명이 결정된다는 것이다. 따라서 운명은 하늘에서 주어지는 것이 아니라 인간 스스로가 짓고 받는다는 自業自得의 원리가 바로 불교 운명론의 특징이라 하겠다.

　이와 같이 불교에서는 숙명론을 부정하고, 운명은 바꾸어 나갈 수 있는 것으로 말하고 있다. "여기서의 운명이란, 업을 말하는 것으로 전적으로 전생에 의해서 현재의 삶이 정해진다는 숙명론적 입장은 힌두철학의 관점이지 불교사상이라고는 할 수 없다."[313] 불교에서는 과거의 宿業이 현재의 나와 미래에까지 영향을 준다고 가르친다. 그러나 비록 과거의 업이 현재와 미래를 규정하는 것이 사실이지만, 그 영향은 절대적이지 않다. 바로 인간의 노력 여하에 따라 현재와 미래를 바꿀 수 있다고 보는 것이다. 따라서 불교의 업은 힌두교에서 말하는 업과는 다른 것이다. 붓다는 諸行無常을 강조하여 업에 의한 운명도 변화하는 것으로 보았던 것이다. 이 점이 바로 불교 운명론의 특성을 한 마디로 요약할 수 있는 내용이다.

---

313) 김태훈,「地藏信仰의 韓國的 變容에 관한 연구」, 원광대 박사논문, 2010, pp.69-70.

3) 도교 운명론의 특성

엄격한 구분이 필요할지는 모르지만, 도교 운명론은 도가와 도교의 구분이 필요하다. 도가는 기본적으로 노자와 장자 등 사상적 입장에서 논해지는 것이고 도교는 의례나 수행 등 종교적 입장에서 다뤄지는 것이기 때문이다. 그러나 도가와 도교를 아울러 말할 때는 '도교'로 이해하는 경우가 많다. 여기서는 합칭의 개념으로 도교의 운명론의 특성을 정리해 보고자 한다.

먼저 氣의 차원에서 운명론을 거론한 董仲舒의 경우를 살펴보도록 하자. "동중서는 온 세계가 기로 가득 차 있고 그 속에 살고 있는 인간 역시 기로 이루어진 상태에서 기 속에 잠겨 살고 있다는 것을 전제로 天人感應을 말한 학자이다. 여기서 기는 陰陽의 기를 말하며, 인간의 심성 역시 이 음양의 기로 이루어지게 된다. 그리고 天에 음양 두 기가 있듯이 性과 情 두 가지로 나누어진다고 하여 '성정이원론'을 제기하였다."[314] 성은 양의 기운과 함께 움직여서 인, 즉 선을 행하고, 정은 음의 기운과 함께 움직여서 탐, 즉 악을 행하게 된다는 것이다. 동중서가 말하는 "인간은 천에서 명을 받았다"[315] 고 한 구절이 의미하는 것은 바로 양의 기운과 함께 움직여서 선을 행하는 성이 인간에게 주어져 있다는 것이다. 따라서 동중서에게는 인간의 명과 성이 일치하게 되는데, 이때 명이라는 것은 바로 천의 원기, 즉 양기를 의미하는 것이다. 그러므로 "인간은 천에서 명을 받아서 선을 좋아하고 악을 싫어하는 본성이 있다"[316] 고 하였다.

王充 역시 인간을 포함한 이 세상은 기로 이루어져 있다고 보았다. 인간은 하늘과 땅으로부터 기를 받은 존재이며 다른 모든 존재

---

314) 중국철학연구회, 『논쟁으로 보는 중국철학』, 예문서원, 1994, p.135.

315) "人受命于天.", 『漢書』「本傳」

316) "人受命于天 有善善惡惡之性.", 『春秋繁露』「玉杯」

들과 동일한 존재이고 단지 기의 厚薄과 다소에 의해서만 차이가 있을 뿐이라는 것이다. 즉 인간은 기를 품부받을 때 성과 명을 동시에 품부받게 된다.[317] 다시 말하면 왕충은 인간의 도덕적 품성이나 개인의 부귀와 빈천, 국가의 안정과 혼란 등을 모두 부모로부터 태어나면서 받은 기에 의해 타고난다고 보는 운명론적인 입장을 취하고 있다. 운명이 결정되는 순간은 사실 태어나는 순간보다는 부모의 기가 서로 결합하고 있는 그 시점이라고 할 수 있다. 왜냐하면 최초에 인간이 천으로부터 받은 元氣가 부모를 통해 바로 그 순간 그에게 전해지기 때문이다.

조셉 니담은 "이때 받은 기가 인간의 형체를 형성하므로 명은 인간의 신체에서는 骨相으로 표현된다"[318]고 보았다. 그는 왕충의 운명론을 유전 결정론적 요소로 파악하고 있는 것이다. 그리하여 운명론은 인간의 골상학으로 발전해 나가게 되며 이와 같은 경향은 왕충에게서 잘 드러난다. 왕충의 인성론에서 중요한 것은 동중서가 성과 명을 궁극적으로는 일치하는 것으로 보는 반면에 왕충은 명과 성을 분명히 구분한다는 점에 있다. 따라서 인간의 선한 행위가 반드시 복을 가져다주는 것도 아니고 악한 행위가 반드시 화를 가져다주는 것이 아니며, 오히려 인간의 도덕적 행위와는 관련 없이 운명적으로 타고나는 것이라는 독특한 운명론을 견지하였다.

앞서 장자의 경우와 같이 회남자도 생사를 운명으로 받아들이라고 하였다. 억지로 삶을 구하거나 죽음을 피하려 하지 말고 운명으로 받아들일 것을 촉구한다.

---

317) "人生性命當富貴者 初稟自然之氣 人生受性 則受命矣 性命俱稟 同時幷得.", 『論衡』「初稟」참조.

318) 조셉 니담 지음, 이석호 외 옮김, 『중국의 과학과 문명』2, 을유문화사, 1988, p.51.

내가 태어났다고 해서 만물의 수가 증가하는 것도 아니고, 죽는다

고 해서 흙이 더 많아지는 것도 아니다. 그러니 죽음과 삶, 기쁘거

나 싫다던가, 이롭거나 해로운가를 어떻게 알 수 있겠는가.[319]

이와 같이 회남자는 생사에 대한 자신의 좋고 싫은 감정을 극복하여 생사는 자연의 운명과 같으므로 생과 사를 기꺼이 달관하고자 하였다.

전반적으로 도가에서는 생사를 운명론적으로 바라보아 초연한 입장을 견지하였다. 삶에서 죽음으로 바뀌는 것을 자연의 변화인 운명으로 이해할 때 비로소 인간은 삶을 좋아하지도 않고 죽음을 싫어하지도 않게 될 것이라고 본 것이다.

다음으로 도교 수련 원리에서 중시하는 이론 중 '性命雙修論'이 있다. 여기서 도교에서 말하는 '성명'이란 개념은 『中庸』과 『周易』에 바탕한 성명 개념과는 그 성격이 다르다. 『중용』의 '天命之謂性'이나 『주역』의 '窮理盡性以至於命'에서 보듯, 하늘에서는 명으로, 인간에 내재한 경우는 성으로 부른다. 그런데 '命'에는 인간에 내재하여 '性'으로 파악된 경우 외에도 인간외부에서 길흉화복을 좌우하는 초월적 주재자로서의 의미, 즉 운명론적 의미가 포함되어 있다.

포괄적 운명이라는 넓은 의미에서 육체적 수명이라는 좁은 의미로 좁혀진 현저한 예는 葛洪의 『抱朴子』에서 발견된다. 『포박자』에서는 명을 주로 壽命으로 간주하고, 인간이 어떻게 장생불사에 이를 것인지에 관심을 둔다. 이때 명은 객관적 조건일 뿐이다.

---

319) "然則吾生也 物不以益衆 吾死也 土不以加厚. 吾又安知所喜憎利害其
間者乎.", 『淮南子』「精神訓」

즉, 불가피한 운명은 아니라고 보는 것이다. 여기에 바로 『포박자』의 특징이 나타난다. 또한 명의 장단은 氣에 관련된 문제로 귀착된다.[320] 도교 내단사상에서는 性命雙修를 강조하는데, 性을 닦는 것은 마음을 닦는 것이고, 命을 닦는 것은 몸을 닦는 것이다.

심규철은 "도교에서는 列子처럼 命은 인간의 의지나 선악 혹은 재능을 초월한 선천적인 존재이고 인간이 거역할 수 없는 불가항력적인 존재로 보는 측면도 있다."[321]고 하여 명을 선천적인 것으로 보고 이것을 인간이 거역할 수 없는 숙명적인 것으로 이해하기도 하였다. 분명한 것은 노자나 장자가 인간의 한계 상황을 인정하고 거기에서부터 道로 합일되기 위해 무위자연의 삶을 추구하는 것을 중시한다는 점이다. 즉, 인간의 운명을 인식하는 목적 자체가 천인합일에 있다고 보는 것이다. 이는 특히 장자의 운명론에서 강조된다.

한편, 인간과 하늘의 관계에 대한 『회남자』의 견해는 도교 운명론을 이해하는데 많은 도움을 준다.

> 머리의 둥근 것은 하늘을 상징하고, 발의 네모난 것은 땅을 상징한다. 하늘에는 사시 오행 九解 및 366일이 있으며, 사람 역시 사지 오장 九竅 및 365마디의 뼈가 있다. 하늘에는 바람 비 추위 더위가 있으며, 사람에게도 역시 갖는 것, 주는 것, 기쁨, 노함을 가지고 있다.[322]

---

320) 김낙필, 『조선시대의 내단사상』, 대원출판사, 2005, pp.178-179.

321) 심규철, 앞의 논문, pp.473-474.

322) "頭之圓也 象天 足之方也 象地 天有四時五行九解 三百六十六日 人亦有四支五臟九竅 三百六十節 天有風雨寒暑 人亦有取與喜怒", 『淮南子』「精神訓」

이와 같이 『회남자』에서는 인간의 문제를 천지와 연결시키고 있어 漢代의 天人 관계를 잘 妙合하고 있다. 이를 류성태는 "회남자는 인간을 하늘과 밀접하게 관련짓고 있어 중국의 고대 사상에서 새롭게 천·인 관계를 설정한 인물이다. 그가 인생을 말할 때 하늘을 멀리할 수 없다고 보았기 때문이다"[323] 라고 보았다. 또 회남자는 인생관에서 생사 문제에 관심을 기울이고 있다. 그는 다음과 같이 말한다.

> 나무의 죽음이란 푸르고 푸름이 없어지는 것이다. 대체로 나무를 살게 하는 것이 어찌 나무이겠는가. 마찬가지로 형체를 채워주는 자는 형체가 아닌 것이다. 그러므로 생명을 살게 하는 자는 죽은 적이 없다. 거기서 태어난 것이 죽은 것이다. 사물을 변화시키는 자는 변화된 적이 없다. 거기서 변화된 것이 변화하는 것이다.[324]

이처럼 생사에 대한 그의 입장은 조화의 消長 변화에 불과한 것으로 비춰진다. 당연히 그는 생을 좋아할 것도, 사를 싫어할 것도 없다고 한다.

이상 유불도 사상에 담겨있는 운명론의 공통된 특성은 그 정도에서 약간씩 차이는 있지만, 인간이 태어남과 동시에 이미 하늘이나 일정한 인과율에 의해 운명이 정해져 있음을 인정하고 운명을 노력 여하에 의해 개척할 수 있다고 보는 점에 있다. 반면, 王充과 같이 명을 숙명의 개념으로 이해하는 측면도 간과할 수 없다. 그는 명과 함께 形과 性을 자연의 氣에 의해 파악하고 있기 때문에 운명론

---

323) 류성태, 『중국철학사의 이해』, 앞의 책, p.217.

324) "夫木之死也 靑靑去之也 夫使木生者 豈木也 猶充形者之非形也 故生生者未嘗死也 其所生則死矣 化物者未嘗化也 其所化則化矣.", 『淮南子』「精神訓」

이해를 더욱 난해하게 한다. 그러나 왕충 또한 "수명의 길고 짧음도 모두 하늘에서 받아"[325] 라고 하여 天氣에 의해 인간의 부귀빈천의 命이 결정된다고 보는 점에서는 공통점을 보인다.

누군가가 '운명이 사주팔자에 의해 결정되어 있어서 도저히 바꿀 수 없는 것인가'라고 묻는다면 '꼭 그렇지는 않다'고 대답해야 할 것이다. 왜냐하면 근본적으로 '운명'이라는 단어는 命이 '돌아간다'는 의미이기 때문이다. 한 개인의 생애에서 길흉화복이 반복되는 순환론은 인생의 요수장단이 이미 운명속에 들어 있으므로 이를 宿命이라고 말할 수도 있으나, 유불도 사상의 운명론은 숙명론이 되기를 거부한다. 운명이란 가변성이 있는 것이므로 그 자체가 숙명은 될 수 없다는 말이다. 유불도 사상은 운명론의 관점에서 서양과 같은 결정론적인 사고를 거부한다.

---

325) "故壽命脩短 皆稟於天.", 『論衡』「命義篇」

2. 운명론의 현대적 과제

1) 자유의지 회복의 문제

(1) 현세주의의 극복 ─────────────────────

앞서 살펴보았지만, 儒敎에서는 神의 존재에 대한 긍정과 부정이라든가 내세에 대한 인식이라든가에 대해서는 큰 비중을 두지 않는다. 즉, 유교에서는 현세주의적이며 실천 지향적인 가치에 더 큰 비중을 두고 있는 점이 특징이다.

또한 유교는 불교나 기독교와는 달리 聖과 俗을 철저하게 나누지 않는다. 오히려 지극히 현세적인 방법으로 성의 세계를 속의 세계에서 구현하기를 힘쓴다. 이에 대해 류승국은 "유교에 있어서는 지극히 높고 밝은 天道와 일상생활을 하는 人道와의 이원성을 어떻게 조화하며 지극히 높은 이상을 현실화 할 것이냐 하는 문제가 가장 중요하다"[326] 고 지적한바 있다.

줄리아 칭(J. Ching)에 따르면 유교는 '하나의 세속적 종교(A secular religion)'이다. 이 단어를 통해 그는 먼저 유교를 '하나의 종교전통(A religious tradition)'으로 보는 것을 분명히 했고, 그 유교 종교전통의 특징은 "이 세속과 인간세계에서 道를 실현하려는 내면화의 길을 간다는 것"[327] 을 표현해 주었다.

공자는 전통의 上帝라든가 주술적인 鬼(神)의 개념을 '天'이나 '天命' 등의 개념으로 이해하였고, '德'이나 '仁'의 개념으로 인간화·내면화 했다. 초월자에 대한 직접적인 설명을 거부한 공자는, "命을

---

326) 柳承國,「主體性과 宗敎」,『韓國思想과 現代 』, 東方學術研究院, 1988, p.149.

327) Julia Ching, *Confucianism and Christianity-A comparative Study*, Kodansha International, Tokyo, NY and San Francisco, 1977, p.9.

모르면 군자가 될 수 없다"[328] 고 했고, 50세에 '知天命'이라고 하여 덕을 밝히려는 자체가 天을 밝혀가는 일임을 시사하였다.

특히 '仁'은 공자 사상의 핵심이다. 즉, 공자는 "인을 통해서만 천을 이해할 수 있다"[329] 고 본 것이다. 仁에 대해 공자는 "仁은 사람이다"[330] 라고 하여 인은 한마디로 인간을 지칭하는 것이고 유교의 문제는 바로 인간의 문제라는 것을 분명히 하였다. 과거 殷나라 때에 성행하던 殉葬의 풍습이 朱나라 때에 없어졌지만 공자는 무덤에 산 사람 대신에 나무로 사람 모양을 깎아서 넣는 것도 정죄하였고 맹자는 그 정신을 잘 이어받았다. 공자는 제자 仲弓이 인에 대해서 물었을 때 "문밖에 나설 때는 큰 손님을 맞이하듯 하고 백성들을 부릴 때는 큰 제사를 받들 듯이 하고 자기가 원하지 않는 것을 남에게 하지 말라"[331] 라고 하면서 인의 핵심적인 사상을 잘 드러내주었다.

공자의 이러한 현세주의는 그가 당시 재래 종교의식에도 얼마나 깊은 恭敬心을 가지고 대했는지를 통해서도 잘 나타난다. 공자는 '禘' 제사를 매우 공경하여 만약 사람이 체 제사의 의미를 진정으로 알면 모든 일은 손바닥을 들여다보듯 쉽다고[332] 하였다. 공자는 조상제사를 지낼 때 "조상이 거기 계신 듯 하고 신령이 거기 계신듯 하게 지내야 한다고 가르치며 자신이 직접 제사에 참여하지 않으면

---

328) "不知命 無以爲君子也.", 『論語 』「堯曰」

329) 柳承國, 「先秦哲學의 根本問題」, 『東洋哲學硏究 』, 東洋學術硏究院 出版部 槿域書齋, 1983, p.108.

330) "仁者人也.", 『中庸 』 20장.

331) "仲弓問仁 子曰 出門如見大賓 使民如承大祭 己所不欲 勿施於人.", 『論語 』「顔淵」

332) "或問禘之說 子曰 不知也 知其說者之於天下也 其如示諸斯乎 指其 掌.", 『論語 』「八佾」참조.

제사를 지낸 것 같지 않다"[333]고 하였다. 그 밖에 告朔의 희생양을 아까워하는 제자 자공과 더불어 나눈 이야기, 喪을 당한 사람 앞에서 식사를 할 때는 배부르게 먹은 적이 없었고, 낚시로 물고기를 잡았으나 그물은 쓰지 않았고, 자는 새는 쏘지 않았다는 이야기도 모두 그러한 모습을 드러낸다.

공자는 禹임금에 대해서는 비판하지 않았다. 왜냐하면 우임금은 자신의 음식을 박하게 하더라도 조상에게 제사지낼 때는 극진한 孝를 다하였고, 자신은 거칠은 의복을 입었지만, 제사 때는 제복과 제관을 아름다움게 갖췄기 때문[334]이라고 밝혔다. 공자가 강조하는 군자의 삶이란 바로 오직 德과 仁에 의지해서 세상을 변화시키려는 모험을 감수하는 신앙인의 모습이었고, 맹자는 다시 義와 利 가운데에서 義를 선택하는 것이 종교인의 모습이라는 것이다.

이상에서 살펴 본 것과 같은 유교의 현세주의적 특징인 '초월의 내면화'를 탁월하게 수행한 것이 바로 新儒敎(Neo-confucianism) 즉 '性理學'이다. 여기서 주자의 운명에 관한 다음의 대화를 살펴보자.

> 묻기를 운명이 똑같지 않은데, 아마도 누군가가 그렇게 되도록 부여하는 이가 있는 것은 아닌 것 같습니다. 단지 두 기운이 착종되는 와중에 자신이 만난 것을 따르기 때문에 각각이 똑같지 않습니다. 모두 사람의 힘으로 어쩔 수 없기 때문에 그것을 하늘이 命이라고 말하지 않습니까? 답하기를, 단지 大原으로부터 흘러 나오는 모습이 그와 비슷할 뿐이지, 그렇게 되도록 부여하는 누군가가 진짜로 있는 것은 아니다. 누군가가 위에 있어서 그렇게

---

333) "祭如在 祭神如神在 子曰 吾不與祭 如不祭.", 『論語』「八佾」

334) 『論語』「泰伯」참조.

부여하는 것은 아니다. 『시경』과 『서경』에서는 마치 누군가가 위에 있는 것처럼 말했다. 예컨대 상제가 진노했다고 말하는 류이다. 그러나 이것도 역시 이치가 그러할 뿐이다. 천하에는 이치보다 높은 것이 없어서 상제라고 이름한 까닭이다. 상제가 아래 백성에게 떳떳함을 내리셨다는 말 중에는 곧 주재한다의 의미가 있다.[335]

이상과 같이 주자는 운명의 주재자가 있는 것이 아니라 단지 이치가 그런 것임을 말하였다. 이것은 유교 修養論이 본격적으로 등장한 것이며 특히 조선에서 '理氣'와 '四端七情'의 논쟁으로 심도 있게 논의되었다. 하늘에게 부여받은 인간 본성이 선하고 누구나가 성인이 될 수 있다고 하는데 그렇다면 왜 성인과 愚者의 차이가 있는가 하는 질문이 등장한 것이다. 이것은 인간의 가능성을 타진하여 어떤 인간이 성인이 될 수 있는지 밝혀보려는 인간론에 대한 질문이라 하겠다.

이러한 현세주의는 비단 유교만의 것은 아니다. 한국 무교에서도 "인간을 위한 신이 아니라 인간 위주의 신앙이 지배하는 현세적 휴머니즘"[336] 이 드러난다. 이처럼 궁극적인 근원에 대한 관심보다 현실적인 기능을 우선으로 하는 현세주의는 이후 어떤 외래종교가 들

---

335) "問 命之不齊 恐不是眞有爲之賦予如此 只是二氣錯綜參差 隨其所値 因各不齊 皆非人力所與 故謂之天所命否 曰 只是從大原中流出來 模樣似恁地 不是眞有爲之賦予者 那得箇人在上面分付這箇 詩書所說 偏似有箇人在上恁地 如帝內震怒之類 然這箇亦只是理如此 天下莫尊於理 故以帝名之 惟皇上帝降衷於下民 降便有主宰意.", 『朱子語類』 卷4, 「性理一」

336) 김성례, 「한국 무교 연구의 역사적 고찰」, 정진홍 저, 『한국 종교문화의 전개』, 집문당, 1985, p.167.

어오더라도 한국 종교인의 보편적인 성향으로 자리 잡게 되었다.

그러나 유교의 현세주의는 현대의 글로벌시장에서는 각광 받기 어렵게 되었다. 지구화는 사람들의 교류를 확대하였고, 인터넷이나 온라인 매체의 발전은 사람들을 하나의 세계로 규합하는데 중요한 역할을 하고 있다. 즉, 실천지향적인 현세주의는 사회의 발전을 견인하는데는 도움이 되지만 그 이면의 인간 실존을 이해하는데는 큰 도움이 되지 않는다. 신과 인간의 관계에 대한 논의는 오래전부터 종교학의 발전을 이뤄왔고, 현세주의는 이러한 발전에 큰 영향을 미치지 못해온 것이 사실이다. 차라리 도교의 多神論的 思惟가 더 큰 영향을 미쳤다고 보는 것이 타당하다.

또한 聖의 세계를 俗의 세계에서 구현하려는 시도는 현실에 대한 적극적 삶의 방향을 제시하는데는 큰 도움을 주었지만, 반면 현실 이면의 세계에 대한 논의의 발전을 이끄는데는 소극적이었다. 이 세상에 오직 인간만이 가장 귀하다는 사고는 자연을 인간 삶의 도구로 전락시켜 버린 결과 '자연 파괴'라는 비극적 현상을 야기하였다. 이는 이상기후 현상을 초래하여 전 지구적 재앙이 예견되고 있다. 따라서 논리적 비약이라고도 할 수 있으나, 결국 현세주의적 사고는 인간의 운명뿐만 아니라 인류의 운명에도 관여하게 되었다고 본다. 추후 이에 대한 전문적 연구와 대응 방안이 요구된다.

(2) 인간소외의 극복 ──────────────

근대인들은 과학주의 덕분에 '초감각적인 것'들의 지배에서 어느 정도 해방되었지만, 자신들이 지향해야 할 삶의 방향과 의미를 상실하고 있다. "삶의 방향을 상실하고 '어디로 가야할지 모르는' 문화를 '유럽의 허무주의'"337)라고 한다.

허무주의의 대표자 니체(Friedrich Nietzsche, 1844-1900)는 19세기 유럽의 성격을 '생리적인 자기모순'338)이라고 진단한다. 유럽에서 전시대인 18세기는 '계몽의 시대'로 불렸다. 이 시대를 거치면서 여러가지 사회적 틀의 변화가 일어났다. 당시 유럽은 王政이 몰락하면서 새로운 정치이념인 민주주의와 사회주의간의 논란이 야기되고 있었다. 학문에서는 자연과학이 발전하여 기존의 형이상학적 진리들을 과학적으로 검증하려는 시도가 들끓었다. 특히 지구중심설의 전복으로 인해 우주관의 변화가 일어났다. 즉, 인간의 우주관이 기계론적 우주관으로 전환되었다.

이러한 시대적 변화는 더 이상 인간을 철학의 형이상학적 사유나 종교의 신비주의적 체험 등에 예속되지 않도록 했다. 그러나 오랫동안 확실하다고 여겨져온 철학과 종교의 붕괴는 우리 인간의 삶에서 실존의 토대가 무너져 내리고 있다는 느낌을 주게 했다.

니체는 인간이 가진 생리적 특성이 억압된 상태를 타락이나 퇴폐를 뜻하는 '데카당스(Decadence)'라고 한다. 그는 당시 유럽사회가 성장 보다는 쇠퇴나 허무적 가치들에 지배받고 있었다고 하였다.339) 그는 기존의 절대 가치들의 붕괴 속에서 인간이 삶에 의미를 부여하기 위해 스스로에게 물음을 제기할 수 없게 된 實存의 위기를 '허무주의'로 보았다. 따라서 니체의 허무주의는 최고 가치들의

---

337) Lampert, *Nietzsche and Modern Times: A Study of Bacon, Descartes and Nietzsche*. NewHaven: Yale University Press, 1993, p.70.

338) 프리드리히 니체, 백승영 옮김, 『우상의 황혼』, 책세상, 2002, p.182.

339) 김응종, 『서양사 개념어 사전』, 살림, 2008, p.219 참조.

탈 가치화[340] 이다. 그리고 허무주의는 이러한 현상에 의해 초래되는 의미상실의 경험상황, 절대적 무의미함을 나타낸다.

현대사회는 외면적으로는 풍요와 안정을 추구하는 시대로 비쳐지지만, 내면적으로는 정신적인 빈곤과 공허의 시대이다. 또한 평화와 人類愛를 중시하지만, 전쟁을 위한 대량살상용 무기가 계속 생산되고 있다. 나아가 수없이 많은 소비물자들이 사용되지도 못한 채 버려지고 이것들이 생태계를 파괴하면서까지 양산되고 있다. 이러한 시대를 예견한 니체는 니힐리즘의 지배라는 운명이 사람들을 파국으로 몰아넣을 것이라고 생각하였다.

그리하여 "사람들은 '目的', '統一', '眞理'라는 개념으로도 현실의 총체적 성격을 해석할 수 없으며",[341] 그러한 사실을 깨닫게 되면서 가치상실감을 느끼게 된다. 사람들은 참된 세계를 신봉할 어떠한 근거도 갖지 못한 채 세계를 무가치한 것으로 받아들이게 된다. 따라서 허무주의 현상이란 인간이 자신이 헌신할 수 있는 가치 또는 존재의 이유와 의미를 찾지 못하게 됨에 따라 공허감과 권태감에 시달리게 되고 스스로 믿어온 최고가치들의 붕괴로 더 이상 삶의 의미에 대한 답을 갖지 못하는 상황에 처하게 된 것 또는 그러한 현상을 말한다.

허무주의를 극복하려는 인간의 노력도 불완전할 수밖에 없다. 사람들이 믿는 종교와 神, 진리, 도덕 등은 이미 탈 가치화 되었다. 사람들은 대안을 모색하여 또 다른 신이나 彼岸의 세계, 미래의 이상사회 등의 허구를 만들어 거기에 의지하고 고통스러운 현실에서 살

---

340) 프리드리히 니체, 백승영 옮김, 『니체전집(KGW VIII-2)-유고(1887년가을-1888년3월)』 9, 책세상, 2000, p.22.

341) 박찬국, 『해체와 창조의 철학자 니체: 니체의 잠언과 해설』, 동녘, 2001, p.30.

아갈 힘을 얻기도 한다.

일반적으로 이론적 허무주의는 진리의 인식 가능성에 대한 부정을, 윤리적 허무주의는 행위의 가치와 규범에 대한 부정을 의미한다. "니체는 프랑스 문화비판으로부터 허무주의 개념을 전수받아, '최고 가치의 탈가치'에 의해 초래되는 의미상실의 경험 상황, 의미에 대한 물음이 아무런 답변을 얻지 못하는 상황을 허무주의 상황으로 규정"[342] 한다.

현대에서 허무주의적 특징을 갖는 대중은 "교양 있는 속물들, 무기력한 천민 근성의 소유자에 불과하고, 가치의 전도를 감행할 동기도 능력도 갖고 있지 않으며, 가치의 전도를 감행할 강자나 예외자의 발생을 오히려 방해한다. 니체가 보기에 이들은 인류의 미래에 대한 가장 큰 위험이다. 인간의 퇴화가 발생하고, 이런 상황은 가치를 전도하는 시도를 불가능"[343] 하게 한다.

이렇듯, 현대인들의 삶은 그 외면적인 풍요에도 불구하고 공허와 권태가 근저에 도사리고 있다. 이렇듯 허무주의적인 허무감은 '중심의 상실'에서 오는 것이다.

그러나 이를 운명론적으로 볼 때 허무주의에 부정적인 것만 있는 것은 아니다. 사람들은 역설적으로 허무주의 때문에 삶의 긍정을 되찾고자 노력할 수도 있고, 현상극복을 위해 능동적·적극적인 힘을 발현하여 강해질 수도 있다. 또한 극도로 스스로를 치닫게 되면 최후에 實存的으로 결단 내릴 수밖에 없으므로 절대긍정, 실존의 의지를 얻을 수도 있기 때문이다.

허무주의에 접한 인간은 정신력이 상승되고 옛 믿음을 버려 새로

---

342) 백승영 저, 『니체, 디오니소스적 긍정의 철학 』, 책세상, 2005, p.195.

343) 프리드리히 니체, 백승영 옮김, 앞의 책, pp.21-22.

운 가치설정과 의미창조에 힘쓰므로 이는 능동적이며 삶을 긍정하려 노력한다. 그러나 미약한 인간의 힘으로 극복하려 하므로 과정과 결과가 불완전함을 인정해야 한다. 허무주의로부터 도피보다는 그 반대의 것을 산출하고 문제를 첨예화하는 방법을 사용해야 삶은 죽음에서 생존으로 역전될 수 있다. 극단적이고 극도로 절박한 상황으로 치닫게 된 인간은 허무주의적 상황에 어떻게 대처할 것인지 실존적 결단을 요구하게 된다. 이런 의지는 인간으로 하여금 몰락하지 않고 견뎌낼 수 있도록 하여 스스로를 절대적 긍정의 상태로 만든다.

또한 인간 소외 현상은 근본적으로 사회계급 차이에서 기인한다. 이는 계급이 잘 구분되지 않는 현대 사회구조에서 더욱 심각하게 나타나고 있다. 헤겔(Georg Wilhelm Friedrich Hegel, 1770-1831)은 이러한 현상을 나타내는 소외, 또는 자기소외라는 말을 근대문명의 비판적인 의미에서 처음으로 사용하였다. 헤겔은 개인이 품고 있는 뿌리가 없는 듯한 감각이나 무목적성, 상실의 감각 등이 소외의 관념의 기초를 이루는 것이라 하였고 그것은 개인과 사회와의 관계의 상실이고 자기 자신의 向上心이나 자신의 규범 또는 야심을 살릴 희망이 상실되는 감각[344] 이라고 규정하였다.

한편, 오늘날의 사회적 성격을 분류하는데 있어서 가장 중심적으로 사용하는 '소외' 개념은 에리히 프롬(Erich Fromm, 1900-1980)이 말한 개념이다. 그는 헤겔과 마르크스에 의해 형성되고 기초되어진 소외개념을 현대사회의 맥락에서 좀 더 광범위하게 사용하고 있다. 프롬은 "소외된 인간이 그가 다른 사람으로부터 떨어져 있듯이 그 자신으로부터도 떨어져 있다. 그는 다른 사람과 마찬가지로

---

344) 아놀드 하우저 저, 김진욱 역, 『예술과 소외』, 종로서적, 1981, p.129 참조.

사물이 경험되듯이 그 또한 경험된다. 그는 지각과 상식을 가지고 있으나 그것을 그 자신이나 외부세계에 대하여 생산적으로 관계시키지 못하고 있다"[345) 고 했다.

현대사회에서는 사람들이 자신이 만들어 낸 사회기구나 기계 등에 의해서 거꾸로 지배되고 있기 때문에 인간이 주체성을 상실하고 있을 뿐만 아니라, 인간들 사이의 연대감도 상실되고 있다. 또한 "이러한 사회에서는 인간이 서로 고립되고 그 결과 일반 대중과 동조하는 것에서 안정감을 찾으려 하기 때문에 인간의 가치가 마치 시장의 상품처럼 다른 사람들의 평가나 인기에 의해서 좌우되게 되고, 인간은 점차 자기 자신으로부터 소외"[346) 되어 지고 있다.

이상과 같이 현대의 허무주의는 인간의 자기 상실을 의미하는데, 이것은 인간들의 삶이 사회에 내던져진 채로 사회가 요구하는 삶을 살아갈 뿐, 진정 추구해야 할 자신의 삶을 추구하지 않는 것을 말한다. 현대의 허무주의가 자기의 상실이라면, 그러한 허무주의를 극복하는 길은 자기상실의 극복이다. 그리고 그 방법은 주체의 확립과 자아의 고찰에서 찾아야 할 것이다. 이것이 곧 올바른 운명관 정립이 필요한 이유이다. 즉, 인간소외를 극복하기 위해서는 자신의 운명에 대한 충분한 이해를 바탕으로 왜 인간이 소외되고 있는지 그 이유를 찾는 연구가 봇물을 이뤄야 한다. 최근 들어 인문학의 부흥을 강조하고 있는 것도 이와 밀접한 관련이 있다. 자아를 잃어버리게 되면 결국 사회적으로도 소외될 수 밖에 없고 이는 자신은 물론이고 가정·국가·세계의 발전에도 아무런 도움이 될 수 없다.

---

345) E. Fromm, *The Sane Society*, New York: Holt, Rinehart&Winsten, 1995, pp.120-121.

346) 캘빈 홀 저, 편집부 역, 『프로이드 심리학 입문 』, 두로출판사, 1994, p.118.

따라서 개아의 정체성을 확보하려는 노력이 절실하다. 이를 위해서 최소한 자신이 누구인지를 묻고 답하는 철학적 성찰을 할 수 있는 교육과 학습이 뒷받침 되어야 할 것이다. 그 첫걸음이 바로 자신 운명을 타자에게 의뢰하기 보다는 스스로 자문자답할 수 있는 능력을 갖추는데 있다고 본다.

2) 술수적 성향 극복

앞서 살펴본 유불도 사상의 운명론과 달리 그리스 사람들은 자신의 운명은 피할 수 없는 것이라 生老病死를 숙명으로 여기고 그것을 그대로 수용하고자 했다. 운명이 인간의 노력으로 피할 수 없는 것이라면, 비록 나쁜 운명이라 하더라도 그것을 부정하지 않고 그대로 받아들이고자 했다. 물론 그들도 냉혹한 자신의 운명에 대해서 한탄하기도 했을 것이다. 그러나 그들은 현실을 부정하지 않고 직시하여 자신에게 부과된 운명을 기꺼이 수용하고자 했다.

반면, 운명을 뛰어넘을 수 있는 '헤페르모이라(Hypermoira)'도 있었다. 이것의 힘에 의해서 사람은 자신의 의지대로 자신의 삶을 결정해 갈 수도 있다고 믿었다. 그래서 모든 것이 운명적으로만 결정되는 것이 아니라, 불굴의 의지와 부단한 노력을 한다면 그 결과로 운명을 바꿀 수도 있다고 본 것이다.

동양과 달리 서양에서는 술수와 같은 운명 예측이 큰 의미를 지니지 않는다. 왜냐하면 절대적인 창조주가 주재하는 이 세상에서 개인의 운명을 예측하는 것은 무의미하기 때문이다. 이미 창조주가 인간의 운명을 정해 놓았다고 믿는 사고에서는 개인의 운명을 점칠 이유가 없다. 그래서 그리스도교에서는 점치는 행위를 미신행위로 보고 탄압을 강행하기도 했다. 별을 보고 점치는 점성술 정도가 명맥을 유지했을 따름이다.

그러나 "동양에서는 신분고하를 막론하고 운명을 예측하려는 술수적 점복이 성행하였고 明哲保身을 위한 처세의 방법으로 사용되어 왔다. '명철보신'이라는 말이 소극적으로 비쳐지지만 이미 정해진 체념적인 운명에의 암묵적 복종이 아니라 그것이 숙명으로 고착하는 것을 거부하고 스스로가 '立命' 한다는 적극적 의미가 담겨 있다."[347] 따라서 동양에서도 특히 유교는 운명이 숙명이기를 거부한다.

『漢書 · 藝文志 』에 수록된 「七略」에는 漢王朝의 왕실 도서에 대한 분류를 六藝 · 諸子 · 詩賦 · 兵書 · 術數 · 方技의 여섯 가지로 정리해 놓았다. 이는 劉向(B.C.77-B.C.6)이 시작하여 劉歆(?-23)에 의해 완성된 것이다. 그 중 술수는 天文 · 曆譜 · 五行 · 蓍龜 · 雜占 · 刑法을 포함한다. 이 중에서 형법을 제외한 나머지 다섯 가지가 술수적 운명론에 해당하는 개념으로 특히 천문과 역보, 오행은 동양사상의 핵심을 이룬다.

"고대 중국철학에서는 처음부터 時空을 서로 분리될 수 없는 것으로 인식했으며, 여기에서 시공 미분의 우주론은 철학이론의 주된 출발로서 언급된다."[348] 현재 널리 사용되고 있는 '宇宙'라는 말 자체가 이미 시공의 의미를 함축하고 있다. 생명의 이치를 추론하고 해석하는 여러 학문 중에서 인간이 태어나고 죽기까지의 시간과 공간 중에서 태어난 시간을 기준으로 판단하는 학문이 술수학 중 '명리학'이다. 다시 말하면, 명리학은 현실적으로 일어나는 물리적인 현상인 길흉화복의 체계를 해독하는 것이다.

이러한 명리학의 기본적인 이론체계는 근본적으로 천문학

---

347) 安岡正篤, 『易과 人生哲學 』, 지성출판사, 1988, p.11.

348) 류성태, 『중국철학사의 이해 』, 앞의 책, p.14.

(Astronomy)과 점성술(Horoscope)에서 기원한다. 즉, 초인적인 氣로 조화를 이루어내는 우주의 질서와 자연현상들을 인간의 삶과 구체적으로 연결하여 우주와 자연과 인간의 상호관계를 보다 실질적으로 추론해 보는 과정에서 명리학이 출발한 것이다. 여기에서 지구와 인간의 운명이 天體의 운행에 의해 크게 영향을 받고 좌우되고 있음을 이해하고, 우주와 인간의 유기적인 연결고리를 명리로써 논증하여 길흉화복을 유추하는 것이다.

현재 중국에서는 術數와 관련한 제반 학문을 대부분 星命學(또는 命運學)이라고 칭한다. 命과 관련한 학문은 紫微斗數, 子平命理, 星平會海 등으로 분류되어 발전하고 占卜과 관련한 분야로는 주역을 바탕으로 하는 六壬神課, 奇門遁甲, 太乙神數 등의 분야로 발전한다. 또 다른 분야로는 인물이나 사물의 관찰과 밀접한 관상학과 풍수지리와 관련한 양택음택론 등이 있다. 그 중에서 사주와 관련한 오행의 格局理論인 生剋制化와 刑沖破害, 神殺 등의 전문분야로 발전한 학문이 子平術인데 오늘날 우리가 명리학으로 호칭하는 학문이 바로 자평술이다.

徐樂吾는 『子平眞詮補註』에서 인간의 命과 運에 관하여 다음과 같이 말하고 있다.

> 부귀는 명에 정해져 있고 窮通은 운에 달려있으니 명이란 식물의 씨앗과 같고 운은 씨 뿌리는 계절과 같다. 비록 좋은 씨앗이 있어도 계절을 못 만나면 쓸모가 없으니 영웅이 때를 만나지 못함이고 이와 반대로 평범한 팔자라도 운에서 그 결함을 제거하면 돌

연 발달하니 이른바 '命好不如運好'가 이것이다. [349]

또한 萬育吾는 『三命通會』에서 大運과 사주팔자의 관계에 대하여 다음과 같이 말하였다.

運이란 인생의 傳舍로써 命을 살필 때에 먼저 三元과 四柱· 五行· 生死格局을 가지고서 根基를 定하여 合致시킨 후 運氣를 찾아 고려한 후에 이것을 따라서 평생의 길흉을 정하는 것이다. [350]

이 두 사람은 명과 운의 관계에 대하여 그 看法을 달리하고 있는 셈이다. 즉 서락오가 '命好不如運好'처럼 명보다 운의 흐름을 중요한 것으로 보았던 것이다. 특히 곽신환은 "時는 인간에게 있어 하나의 과제, 혹은 예정된 命과도 같다. 어떤 구체적 상황에서의 時에 대한 태도에서 그 옳고 그름을 판단할 수가 있다. 易은 時에 대하여 지닐 태도 중 가장 바람직한 것은 조화 즉 時中의 관계라고 한다. 時와 조화를 이룬다면 성공은 보장된 것이나 다름없다. 어떤 상황에서도 時와 함께 한다면 그 일의 성취는 결코 어렵지 않다는 것이다. 그 전형적인 예를 坤卦에서 본다"[351] 라고 하여 『주역』의 곤괘를 예로 들어 시간과 운명의 관계를 그려내고 있다. 그가 제시

---

349) "富貴定於命窮通乎運 命與植物之種子 而運則開落之時節也 雖有佳命 而不逢時 則英雄無用武地 反之八字而運能補其缺陷 亦乘時堀起此 所以有命好不如運好之說也.", 徐樂吾, 『子平眞詮補註』, 北京: 武陵出版有限公司, 2009, p.188.

350) "夫運者人生之傳舍 探命之說先以三元 四柱 五行 生死 格局致合以定根基 然後考究運氣 協而從之以定平生之吉凶也.", 萬民英, 『三命通會』, 北京: 武陵出版有限公司, 1996, p.127.

351) 곽신환, 앞의 논문, p.149.

한 곤괘 내용은 "坤道는 순탄하구나. 天을 이어 때를 따라 행하는구나"[352] 이다.

운명론에서의 시간은 직선적으로만 흘러가는 것이 아니라 오히려 일정한 방향으로 흘러가면서도 일정한 주기를 갖고 각각의 궤도를 끊임없이 순환하는 것이다. 이 각각의 시간이 지니는 의미는 결코 동질적인 것이 아니라 그것이 순환하는 궤도 또는 주기상의 위치에 따라 서로 다른 의미를 지니고 있다. 그래서 "모든 시간은 각각 일정한 주기를 가지고 순환하며 모든 일은 때가 있고 인간의 운명은 시간의 지배를 받는다는 가정이 사주명리에 내재되어 있다. … 그의 운명 또한 그가 태어난 시간의 기운에 지배를 받는다고 볼 수 있다."[353] 따라서 사주명리는 "시간관념을 전제로 성립된 추론체계"[354]로 볼 수 있다. 이와 같이 명리학은 한 개인이 출생한 연월일시 즉 사주팔자를 기반으로 하여 개인의 자질과 인생의 역정을 추론하는 체계이다.

우리는 주어진 명으로 살아가다 어려움에 처했을 때 명을 개선시키려고 하는 것은 부여받은 기질을 변화시키는 것보다 더 어려울 수 있다. 주어진 기질을 변화시키는 것보다 더 혹독한 어려움을 극복했을 때만이 좋지 못한 운을 뛰어넘을 수 있게 된다. 술수학에서는 그것은 인간이 자신을 스스로 개척해 나아갈 수 있는 의지의 자유를 갖고 있기 때문에 가능한 것이라고 본다. 그러나 인간이 끊임

---

352) "坤道其順乎 承天而時行.", 『周易』 坤卦 文言.

353) 김만태, 「한국 사주명리의 활용양상과 인식체계」, 안동대 박사논문, 2010, pp.285-286.

354) 김만태 · 신동현, 「명리학에서 시간에 관한 논점 고찰: 子時를 중심으로」, 『원불교사상과 종교문화』 59, 원광대학교 원불교사상연구원, 2014, p.436.

없이 무엇을 추구하지만, 그것이 반드시 이루어지는 것은 아니다. 다만 자신을 수양하여 운명을 기다리고 행동을 조심하여 운명을 길이 보존할 때, 비로소 자신의 할 바를 이룰 수 있다.

사람은 자유의지를 갖고 자신의 일을 선택할 수 있지만, 분수를 모르고 탐욕을 내면 반드시 흉한 일을 맞게 된다. 운이 좋지 않아 어려울 때는 세상에 맞춰서 자기를 낮춰야 한다. 인간의 가장 이상적인 상태는 바로 명이 中和를 이루는 것이다.

『命理約言』에서는 인간의 노력이나 의지, 수양 등으로 타고난 자신의 운명을 개선할 수 있다는 운명관을 보여준다. 명리 이론의 이치를 통달하여 간명하더라도 인간의 命을 추론할 때 맞지 않는 경우가 있는데 그 이유는 당사자의 善惡에 기인한다[355] 고 보았다. 그래서 이를 다음과 같이 밝히고 있다.

> 일찍이 人命의 부귀빈천을 살펴보니 징험하는 경우가 제법 많았으나 오직 장수와 요절은 징험하는 경우가 비교적 적었으니, 그것은 생각의 선함이 수명을 연장할 수도 있고, 한 가지 일의 악함이 수명을 빼앗을 수도 있기 때문이다. 만일 命의 生氣와 영원함을 믿고 악한 일을 많이 행하거나, 命의 死氣와 촉박함을 알아서 널리 음공을 쌓는다면, 이것은 善해도 살게 할 수 없고 惡해도 죽게 할 수 없는 것이니, 八字干支의 문제로만 구애되어 어찌 근본

---

355) "富貴吉壽貧賤凶夭要諸局 相準之故旣徹 有定之理旣得矣 然以推人命 不盡驗 是有己身之善惡焉 有家世之善惡焉.", 『命理約言』, 「看富貴 吉壽貧賤凶夭要法」 참조.

을 말할 수 있겠는가?[356]

  이처럼 『명리약언』에서는 인간의 명이라는 것이 태어날 때 주
어진 사주에 의해 정해진 것이 아니라, 자신의 선하려는 의지와 행
동, 인격수양 등에 의해 얼마든지 개선될 수 있고 복을 불러올 수 있
다고 본 것이다. 나아가 사주에 나타난 禍福만으로 한 사람의 명을
다 추단할 수 없고, 당사자가 쌓은 善과 惡에 따라 禍와 福이 달라지
게 되는 것까지 추단해야 한다고 보았다. 그래서 『명리약언』에서
는 "禍와 福을 아는 것이 命을 아는 것이 아니라, 善과 惡이 禍와 福
이 됨을 알아야만 곧 진실로 命을 아는 것이다"[357]고 한다.
  이와 같이 『명리약언』에서는 "인간에게 주어지는 명이라는
것이 바꿀 수 없는 불변의 것이 아니라 인간 스스로 개척할 수 있는
것이며, 그것은 곧 인간의 의지와 행동에 달려있다고 봄으로써 운
명에 대한 숙명론적 관점에서 벗어난 인간 의지의 중요성"[358]을 강
조하였다.
  술수학의 핵심인 오행사상에서는 인간이 수태되는 순간부터 오
행의 구성 상태가 각기 다르게 결정되며, 수태 후 출산 직전까지 변
화작용을 계속하면서 철저히 외부의 기와 차단된 자궁 속에서 자라
나 출산의 순간을 맞게 되는데 출생하는 그 날의 일진에 따라서 우

---

356) "嘗考人命富貴貧賤 驗者頗多 惟壽夭驗者較少 蓋一念之善 可以延年
    一事之惡 足以奪算 苟恃命之生與永 而多行惡事 知命之死與促 而廣積
    陰功 此則愛之不能使生 惡之不能使死 區區八字干支 何足道乎.", 『命
    理約言』,「看富貴吉壽貧賤凶夭要法」

357) "知禍福者 非知命也 知善惡之爲禍福者 則誠知命耳.", 『命理約言』,
    「看富貴吉壽貧賤凶夭要法」.

358) 서소옥,「陳素庵 『命理約言』의 命理 理論 研究」, 원광대 박사논문,
    2018, p.107.

주 오행이라는 천기를 부여받는다고 한다. 그 오행의 상태와 불급의 차이에서 성별이 결정되고 체질과 용모와 성격이 형성되고 질병에 걸리고 직업과 빈부귀천이 이루어진다고 한다. 다음으로 일생동안 살아가며 대운과 세운에서 어떠한 오행의 영향을 받느냐에 따라서 제각기 흥망성쇠와 길흉화복이 일어나게 된다고 한다. 그래서 선천적인 명과 후천적인 운을 총칭하여 운명이라고 하는 것이다.

　운명론에 몰입되면 모든 것이 운명으로 결정되는 것이므로 체념하고, 운명에 순응하는 것으로 받아들이기도 한다. 그래서 무슨 큰 일을 결정 할 때는 점이나 역학에 기대어 그것이 내 운명과 어떻게 될 것인가를 물어보고 결정하기도 한다. 만일, 재미로 본 '오늘의 운세'가 좋아 은근한 기대를 품게 될 때는 이미 운명론의 사슬에 자신을 어느 정도 맡기고 있다는 것을 의미한다. 그러나 이러한 인생을 사는 사람들은 의지적 삶을 살다보니 주체적인 운명 결정에서 항상 주저 할 수밖에 없다. 따라서 자아에 대해 소극적이게 된다. 현실에 대한 보다 올바른 인식을 통해 자기정체성을 찾고 그것을 주동적인 자세로 운용할 수 있는 지혜가 필요하다. 인간은 태어나는 시점부터 품수 받은 음양오행의 기운에 의해 개인 인생의 行路가 예정되는 것이며, 이것이 60갑자 역법으로 표시되는 운명의 기호로 상징화 된다.

　이상에서 살펴본 대로 인간의 운명이 태어나면서부터 이미 결정되고, 인생행로의 길과 흉이 정해져 있다는 측면에서 술수학의 운명론은 현대의 적극적인 사고방식과도 어느 정도 부합되는 이론이라고도 할 수 있다. 즉, 현대적인 의미에서는 인생은 자기 노력에 의해 인생을 개척하여 행복을 추구하는 것을 이상적인 인간의 모습으로 교육하고 있고, 대다수의 사람들이 그렇게 생각하고 있다.

그러나 인간의 운명을 술수에만 의존하는 경향은 피해야 할 과제이다. 술수는 운명 예측의 방법론적 사고이지 그것이 결과론적 사고는 아니기 때문이다. 즉 과정이 결과를 대신할 수 없다. 그리고 그 과정도 과학적이고 논리적인 틀을 벗어나서는 결코 객관적 가치를 입증할 수 없기 때문에 술수를 중요시하되 그것을 결과로 받아드리려는 태도는 결코 바람직하지 않다.

3) 운명론의 학문적 정립

(1) 과학적 탐색의 대상 ————————————

현대사회는 정보화나 과학화의 가속으로 각종 다양한 정보와 지식이 넘쳐 난다. 그러나 오히려 현대인들은 유일무이한 자아의 정체성을 확인할 수 있는 정보 부재 현상에 직면하고 있다. 이를 해결하는 데에는 서양의 과학 보다 동양의 운명론에 더욱 적합한 요소가 많다.

우리의 인간사는 복합·다단하여 운명에 순응하며 살지 자유 의지대로 살지의 이분법적 논리로 해답을 찾을 수 없다. 그래서 윤채근은 "삶이 진정으로 의미 있을 때는 그것이 未知數였을 때이다. 완결되지 않아서 미래로 열려 있을 때 인생은 무엇으로든 변화할 수 있는 어떤 것으로 절실히 다가온다"[359] 라고 한다.

현대 과학에서 물질에 대한 새로운 이해는 더 이상 과학 진리를 필연적·절대적 위치에 두지 않는다. 따라서 "우연·모호·개연 등의 요소도 과학의 영역 안으로 수용된다."[360] 최근에는 '미신'의 영역을 '非科學(unscience), 擬似科學(pseudoscience)'으로 구분한다. 여기서 침술이나 한의학은 의사과학에 속하고, 점성술이나 사주명리학은 비과학적 요소에 속한다.[361] 특히 개기일식과 같이 앞으로 예정된 일을 미리 알려 주는 기능이 과학적 본질이다. 그러나 이는 확률적 가능성을 산출한 결과로 세상에는 아무리 정확한 장비를 사용하더라도 미리 예측할 수 없는 일들이 더 많다. 더욱이 유기적으

---

359) 윤채근, 『논어감각 』, 휴머니스트, 2008, p.221.

360) 김만태,「사주와 운명론, 그리고 과학의 관계」, 『원불교사상과 종교문화 』55, 원광대학교 원불교사상연구원, 2013, p.362.

361) Charles M. Wynn·Arthur W. Wiggins 지음, 김용완 옮김, 『사이비사이언스 』, 이제이북스, 2003, pp.19-33, pp.78-79, pp.141-142 참조.

로 연결되어 있는 인간의 일은 과학적 장비로는 예측할 수 없다.

그러나 현대 과학은 카오스(chaos) 이론과 같이 정확한 예측이 가능한 규칙적 현상뿐 아니라, 기후의 잦은 변화와 같은 확률적 예측만 가능한 현상까지도 모두 다루고 있다. 카오스 이론은 흔히 오늘 아침 서울에서 한 마리의 나비가 날갯짓을 하면 그것이 며칠 후에는 뉴욕에서 폭풍을 일으킬 수 있다는 '나비효과(butterfly effect)'로 표현된다. 나비효과의 창시자 로렌츠(Edward N. Lorenz, 1917-2008)는 "카오스적이라 생각되는 현상에는 인생행로의 다양한 부침과 같은 현상도 포함된다"[362] 고 하였다. 초기조건의 민감성 때문에 점차 확률론적으로 변해가다가 어느 시점에 이르면 누구도 예측하기 어려운 무질서한 불규칙성이 나타나지만 그 불규칙성의 근저에는 확률적인 질서가 담겨져 있다. 즉, 무작위하거나 무질서한 혼돈의 현상속에도 하나의 패턴과 법칙성(혼돈 속의 질서)이 들어 있다는 것이다.

또한 현대물리학에서는 '초끈이론(superstring theory)'을 이야기 한다. 이 이론에서는 모든 물질의 근본 구성 단위를 가느다란 '끈(string)'[363] 으로 가정한다. "이는 우주론에 등장하는 인간 원리의 문제와 관련이 있다. 끈은 매우 다양한 방식으로 움직인다. 끈 자체가 움직이는 것 뿐 아니라 스스로 많은 형태의 진동을 할 수 있다. 한 개의 끈에서 무한히 많은 소립자가 만들어지며 한 개의 끈이 어

---

362) Russell Stannard 지음, 이창희 옮김, 『21세기 신과 과학 그리고 인간 』, 두레, 2002, p.232.

363) 사주명리에서는 이 '끈'을 생년월일시의 根苗花實論과 我比食財官印의 六神論으로 설명한다. 이에 대해서는 김만태, 「한국 사주명리의 활용 양상과 인식체계」, 앞의 논문, p.258; 김만태, 『한국 사주명리 연구 』, 민속원, 2011, pp.320-321 참조.

떻게 진동하느냐에 따라 여러 입자들은 다른 질량과 물리량을 가진
다."[364] 객관적이고 절대적인 법칙만을 과학적이고 합리적인 것이
라고 여겼던 근대 과학과는 달리, 현대과학에서는 확률이나 통계,
우연이나 모호 등을 과학적 영역안에서 수용하였다. 이는 인간의
정신영역에 관한 것일수록 더욱 그러하다.

　서양의 현대물리학과 동양의 직관주의적 세계관은 서로 유사
한 점이 많다. 오스트리아의 물리학자 프리초프 카프라(Fritjof
Capra)는 "과학과 동양사상은 각각 추론적인 것과 직관적인 것의
두 능력을 함께 지닌 인간 정신의 相補的 표현"[365] 이라고 하였다.
따라서 우리는 직관주의적 경험과 과학 분석적 능력을 동시에 활용
할 수 있는 역동성을 지녀야 할 것이다.

　운명 예측의 방법 중 과학적 예측의 소박한 형태가 바로 점복이
다. 앞서 살펴본 미아리 점성가촌의 맹인 점복자나 과학자들이 추
구 하는 것은 일맥상통하다. "그들은 모두 우주에 어떤 법칙성이 있
음을 전제하고 그 법칙을 통해 미래를 예측하고자 한다. 그 방법이
다를 뿐이다."[366] 따라서 운명론이 미신인지 과학인지의 흑백논리
로 접근하기 보다는 삶의 또 다른 의지 표현으로 삼는 것이 人文을
더욱 풍부하게 할 것이다.

(2) 현대 상담학으로서의 과제 ────────────
인간을 설명하는 여러 가지 논점 중 '점치는 인간(homo

---

364) 김혜숙 외, 「우주적 실재에 관한 인식론적 성찰」, 『철학』7, 한국철학회,
　　2001, p.129.

365) Fritjof Capra 지음, 이성범·김용정 옮김, 『현대물리학과 동양사상』, 범
　　양사출판부, 1994, p.334.

366) 이정우, 『사건의 철학』, 철학아카데미, 2003, p.359.

augurans)'이 있다. "'아우구란스(augurans)'는 라틴어 'auguro(점치다의 현재분사형)'로 사람을 의미하는 라틴어 'homo'와 결합한 것이다."[367] 즉, 점을 치는 것이 바로 동물과는 다른 인간만의 속성이라는 말이다. 특히 김태곤은 "현대인들이 점을 보는 행위에서 가장 궁금해 하는 것이 바로 사업이나 직장과 관련된 재물운이고 그 다음이 이성, 결혼에 따른 문제이며 때에 따라 시험, 이사, 질병, 매매, 소송 등"[368] 이라고 밝혔다. 이와 같이 미래를 대비하고자 하는 것이 사람들의 심리이다. 이러한 심리는 상담에서 말하는 대응전략을 미리 챙기는 것으로써 사람들에게 안도감을 준다.

어떤 식이든 상담은 심리적으로 어려운 지경에 놓여진 사람들을 체계적으로 도와주는 방법이다. 반면 점복과 같은 운명 예측학은 과학적으로 검증이 되지 않은 비체계적 방법임을 부인할 수 없다. 그러나 운명 예측학도 상담과 마찬가지로 문제에 대한 처방을 하고 위안을 주며, 사람들을 달래주는 상담 역할을 해온 것이 사실이다. 그러므로 그 과정에서 나타나는 상담적 속성을 간과해서는 안된다.

"상담에서 강조하는 개인적 독립심과 개인적 성취, 자아실현은 수평적인 인간관계가 존중되는 서양 문화에는 합리적이지만 개인주의보다는 가족관계나 집단이 중시되고 전체적인 질서와 상하간의 위계질서를 우선시하는 동양 문화에서는 이것이 적용되기가 적절하지 않다."[369] 그러므로 개인의 의식을 담는 문화나 전통에 대한 깊은 배려와 이해는 효과적인 상담을 위해 중요한 요소가 된다.

---

367) 김만태, 「한국 점복의 정의와 유형 고찰」, 『한국민속학』7, 한국민속학회, 2008, p.204.

368) 김태곤 외 공저, 『한국의 점복』, 민속원, 1995, p.31.

369) 설기문, 「다문화주의 입장에서 본 상담의 토착화와 한국적 상담의 가능성」, 『학생연구』21, 동아대학교 학생생활연구소, 1993, p.45.

상담을 할 때는 다양한 문화를 수용하는 자세가 요구된다. 또한 내담자의 욕구를 적절하게 조절할 수 있는 능력이 상담자에게 필요하다. 이를 위해서는 상담자 스스로가 많은 독서와 학습을 통한 哲學을 갖추고 있어야 한다.

사람들은 어느 순간 자신도 예상치 못한 위기에 부딪히면 어딘가에 의탁하여 문제를 극복하고자 한다. 이때 운명 상담자는 부담 없이 찾을 수 있는 의지처가 되어준다. 운명 상담자는 길흉을 추론하여 현재 닥친 문제를 해결하게끔 처방을 내려준다. 그러면 내담자는 상담자의 처방의 적절성을 떠나 마음의 안정을 받게 된다. 이러한 과정은 "상담의 기본 기능이라고 할 수 있는 정화와 환기의 역할을 담당한다."[370] 이처럼 동양의 운명론은 넓게 보면 우환의식에 본질적 근거를 두고 있다. 그에 따라 상담은 내담자와 상담자 본인의 위안을 위한 좋은 방법이 된다.

운명 상담은 이러한 충격에 대한 자기 위안적인 기능을 대표적으로 수행하고 있다. 일상의 위기와 불안한 생활을 하는 사람들에게 작은 희망을 주어 새로운 내일을 설계 할 수 있는 힘이 될 수 있고 긍정적 미래를 맞는 계기도 될 수 있기 때문이다.

이와 같이 우리 인간이 운명에 대한 인식을 가질 때는 대개 자신의 힘으로 감당하기 어려운 일에 닥쳤을 때인 것 같다. 그 순간 인간은 어려움에 굴복하지 않고 어떻게든 난관을 극복하기 위한 지혜를 발휘한다. 난관 극복을 위해 다양한 점복을 행하기도 한다. 여기서 점복을 담당하는 사람 또한 좋은 상담자의 역할을 할 수 있다. 어쨌든 운명 상담은 역경 극복을 위해 분투하는 사람들에게 좋은 위안을 줄 수 있는 순기능이 있다. 반면, 상담에만 너무 의존하

---

370) 장성숙, 앞의 논문, p.745.

여 적극적으로 인생의 변화를 추구하려는 의지를 약하게 하는 역기능도 분명 존재한다. 그러나 운명 상담은 삶의 역경이 도저히 어찌할 수 없는 것이라면 이를 참아내고 희망의 미래를 기다릴 수 있도록 해주는 역할을 삶의 버팀목이 된다. 따라서 운명 상담은 우리에게 '위안의 美學'[371] 으로서 가치를 지닌다.

현대 사회는 급격한 기술의 발전과 생활상의 변화는 위기의 독일의 철학자 울리히 벡(Ulrich Beck, 1944-)이 말하는 '리스크(risk) 사회'를 초래하고 있다. 리스크 사회에 따른 일상생활의 위기는 다양한 양상으로 표출되고 표출된 사회불안은 개인의 불안으로까지 연결된다. 복잡한 주변 환경과 생활세계의 조건은 때로는 합리적인 판단과 결정으로는 극복할 수 없을 지경에까지 이를 수 있다. 사람들은 이러한 경우 기복적 점복에 의존하려는 경향이 있다. 실제 운명 예측의 방법은 내담자들과의 상담 과정을 통해 사람들에게 용기와 희망을 주는 미학적 역할을 해 왔다. 이는 과학 시대에 사는 오늘날에도 더욱 확대되고 있다.

이상에서 유불도 운명론의 특성과 함께 운명론의 현대적 과제를 점검해 보았다. 유불도 운명론은 숙명 자체를 거부하지는 않는다. 단지 하늘과 인간의 관계에서 양자를 이분법적인 시각으로 보지 않고 일원론적으로 접근 하여 하늘에서 주어진 숙명을 받아들이되 노력 여하에 따라 운명을 개척할 수 있다고 보았다. 특히 불교에서는 적극적으로 운명을 이야기 하고 있지는 않지만, 자업자득의 논리를 통해 과거 자신의 잘못이 현재와 미래에까지 영향을 미치는 것임을 강조하여 선업을 쌓아야 한다는 점을 강조한다.

---

371) 김만태, 「점복신앙의 미학적 의미」, 『종교연구』 52, 한국종교학회, 2008, p.154.

이는 결국 자신의 운명을 자신이 개척할 수 있다는 점을 의미하는 것이다. 현재 또한 미래의 과거이므로 과거에 악업을 저질렀다고 하더라도 현재에 선업을 쌓는다면 과거의 업장이 소멸될 수 있다고 본다. 이는 그 어떤 사상보다도 가장 적극적 운명론을 보여 주는 것이라 판단된다. 선업의 강조는 유교나 도교에서도 중시하는 것으로 덕과 선행을 베풀면 반드시 복을 가져다 준다는 윤리를 강조한다. 물론 왕충과 같은 학자는 정명론을 주장하여 인간의 선한 행위가 반드시 복을 주는 것도 아니고 악한 행위가 반드시 화를 준다는 것도 아닌 인간의 도덕적 행위와는 상관없이 운명적으로 타고나는 것이라고 보기도 했지만, 그도 또한 명과 함께 形과 性을 天氣에 의해 인간의 부귀빈천이 결정된다고 보아 천인합일적 견해를 보이고 있어서 그의 견해 또한 도가적 운명론의 연장선에서 이해할 수 있다.

이러한 이해를 통해 필자는 이를 현세주의와 허무주의의 극복을 통한 자유의지의 회복이 운명론의 현대적 과제라고 보았다. 또한 술수는 운명을 예측하기 위한 방법론적 사고이지 그것이 결과론적 사고는 아니기 때문에 술수에만 의지하는 운명론적 사고는 지양되어야 한다고 보았다. 이를 위해 운명론의 학문적 정립이 요구된다. 특히 운명론 또한 과학적 탐색의 대상이 될 수 있으며, 이는 현대 과학에서 의사과학 혹은 비과학 등으로 부르며 확률이나 통계, 우연이나 모호 등을 과학적으로 수용하고 있다는 점에서 직관주의적 경험과 과학의 분석적 능력을 학습하여 운명의 탐색이 인간의 이해를 더욱 풍부하게 해 줄 것으로 본다. 아울러, 운명 예측에는 상담적 기능이 내포되어 있어서 복잡하고 어려운 현실을 상담 받고 해결하려는 시도는 자신의 운명을 적극적으로 개척하고자 하는 사람들의 심리에 긍정적 위안을 줄 수 있을 것이다.

VI.
결론

VI. 결론

이상에서 유불도 삼교 사상을 중심으로 동양에 나타난 운명론을 통해 운명론의 사유구조와 철학적 접근을 시도해보았다. 그럼에도 불구하고 크게 두 가지의 풀지 못한 과제가 남아 있다.

첫째, 운명을 바꿀 수 있을까? 사실, 본고는 이러한 질문에 답하려는 것이 아니고 보다 근본적인 문제에 접근한 것이다. 우리의 인생관과 더불어 운명이란 무엇인지를 검토하는 것이 선행되어야할 것이라 판단하였기 때문이다. 단지 운명을 바꿀 수 있는지의 질문에 강연히 답을 구해 본다면, 원인과 조건의 결과가 현재의 '나'라는 因果論에 비춰볼 때, 태생의 환경(원인)은 바꿀 수 없지만, 삶의 행적(조건)은 노력 여하에 따라 바꿀 수 있기 때문에 '운명을 바꿀 수 있다'는 논리가 성립된다고 할 수 있다. 주어진 환경에서 그 조건을 바꾸기 위해 어떻게 할 것인가를 궁구해야 할 것이다.

둘째, 자신의 운명을 잘못 예측하고, 운명을 바꿀 수 없다고 판단하여 스스로 絶命하는 행위를 우리는 '自殺'이라고 부르는데, 이러한 행위가 정당화 될 수 있는가? 자신의 삶을 스스로 끊으려 하는 인간이 과연 철학적 인간인가 라는 질문에 누구도 선뜻 그렇다고 말할 수 없을 것이다. 주체적이고 능동적인 인간은 자신의 운명을 스스로가 조절 가능한 것이라고 생각할 것이다. 그렇다면 자살을 선택하는 원인은 무엇일까? 여러 사회 통계 지표에서는 우울증, 강박증 등 정신적 증상과 대인관계, 경제문제 그리고 신체질병 등을 공통된 자살의 원인으로 지목한다. 그러나 이 원인들은 현대인들이라면 누구나 한번쯤 직면해본 문제들일 뿐, 자살자들만이 경험하는 특별한 원인은 아니다. 앞으로 이러한 문제들에 대한 해답을 찾기 위해서 인간의 운명이란 무엇인지에 대해 진지한 성찰이 요구된다. 그러나 본고를 정리하면서도 이에 대한 정확한 답을 찾지 못한 것이 사실이다. 그만큼 '운명'에 대한 기초적 논의가 더욱 요구되는 점이라 하겠다.

이상, 본문에서 다룬 유불도 사상의 운명론을 종합하여 정리하면 다음과 같다.

첫째, 천도관적 운명론이다. 원시종교 시기에는 하늘이 가장 두려운 존재였다. 폭풍과 가뭄·홍수·지진·폭설·혹한 등의 自然 앞에서는 속수무책이었으므로 하늘을 달래고자 하였다. '天'을 인격화된 최고의 신으로 제사·전쟁·사냥 등 행사와 각종 自然災害가 발생할 때마다 卜을 쳐서 '天'의 뜻을 알려고 했다. 점을 해석하는 과정에서 우주만물은 水·火·木·金·土의 五行으로 구성되어 相互關係 속에서 생성되고 변화된다는 생각을 하게 되었고 더 나아가 乾·坤·震·巽·坎·离·艮·兌의 8가지 자연현상을 八卦로 표현된다고 보았다. 오행의 相生觀은 木→火→土→金→水이며, 相剋觀은 水→火→金→木→土로 나타낼 수 있다. '天道'의 運行에 '人'의 작용을 의미 있게 인식하기 시작했다.

둘째, 인도관적 운명론이다. 원시적 관점은 사람은 상제의 심부름꾼에 불과한 존재로 여겨졌다. 조금 더 적극적 인생관은 인간의 노력이 '天'과의 관계에서 중요한 작용을 한다는 생각들, 즉 '敬德'은 사회적으로는 제도를 정비하고 좋은 풍속을 조성하는 작업이며 개인적으로는 도덕적 수양을 통해 높은 인격자가 되는 것이다.

셋째, 생사관적 운명론이다. 불교의 사상은 생로병사의 현상에서 출발하고 있으며, 반야의 지혜로 실상을 보아야 할 것을 주장한다.

五蘊皆空·不生不滅·諸行無常이니 무상한 현상들을 슬퍼할 이유가 없음을 깨닫는 것을 말한다. 중생은 반야의 지혜로 실상을 볼 수 없다. 인과의 이치를 올바로 깨달을 수 있는 수행이 동반되어야 한다. 반면, 유교에서는 현실의 삶에 충실할 것을 가르친다. 그래서 굳이 죽음을 논할 필요가 없다. 다시 말하면 죽음은 천명에 달린 것이라는 말이다. 현실에서의 도를 구하고 도를 알면 그만이다. 그래서 죽음에 대한 슬픔은 인정의 문제로 간주하였다. 도교 사상에서는 생사의 문제도 대자연의 순리에 포함되는 순응이라고 본다. 그래서 인위에 의한 죽음은 달가운 것으로 받아들여지지 않는다.

  고대 중국에서는 이러한 운명을 대하는 태도나 입장이 학자들과 일반 사람들이 서로 상이하였다. 기본적으로 학자들은 性을 통해 운명을 대함으로써 운명을 달관하고 초월하려는 존재론적 입장이라면, 일반인들은 性을 통하지 않고 기질적 존재로서의 운명을 인식론적 입장으로 해석하고자 한다. 인간의 운명을 해석할 때 중국 고대의 점서이자 철학서인 『周易』의 占筮術, 東周의 叔服을 시작으로 하는 相人術, 또 王充의 祿命法에 연원을 둔 팔자추명술 등은 세속의 문화 속에서 나름대로 하나의 문화로 형성되어 왔다.

  필자가 판단한 운명이란, 인간의 실존적인 존재 방식이다. 특히 운명을 예측하는 여러 방법 중에서도 사주명리학에서 말하는 '명을 안다'는 것은 '운명'을 아는 차원을 넘어서 천명을 자각하는 것이다. 그것은 곧 운명에 의존하거나 누구에게 기대지 않고 나 스스로 사람답게 사는 일이다. 본 연구에서는 인간은 자유의지에 따라 주어진 운명을 개척해 나갈 수 있다는 점을 강조하였다. 우리가 이미 명을 하늘로부터 부여받았으나, 삶은 인간 스스로 만들어 가는 것임을 알아야 한다. 따라서 자기의 본래성으로 돌아가기 위해 철저한 자기 성찰이 있어야 한다. 인간은 누구나 자신의 운명을 내적으로 초월할 수 있다는 점을 자각하고, 자신의 운명을 바꾸는 방법을 선행과 덕행의 실행과 양생과 참선의 수양을 쌓는 것에서 찾아야 할 것이다. 이것이 곧 유불도 삼교 사상에서 말하는 운명론의 핵심이라고 본다.

반면, 우리는 운명에 대해 비판적인 의견도 귀기우려 들을 필요가 있다. 운명을 알려고 하는 것에 대해 부정적인 시각도 있고, 운을 따진다는 것을 비과학적이고 비교육적일 뿐만 아니라 일종의 미신 숭배라고 생각하는 사람도 있다. 그러나 운명은 무조건적이며 절대적인 것이 아니라, 운명을 대하는 우리의 태도에 따라 점차적으로 변할 수 있다. 인생에 대한 책임을 본인 스스로가 지고 자신이 떠맡을 때, 그리고 고통의 원인이 자신으로부터 비롯된 것임을 자각할 때, 운명론의 이해가 가능해질 것이다.

이를 위해 우리는 '익숙해지는 것'에 대해 경각심을 가져야 한다. 좋은 대상에 익숙해지면 권태나 실증을 느끼고, 나쁜 제도에 익숙해지면 별 저항 없이 더 나쁜 제도를 받아들이게 되며, 우리를 둘러싼 공간에 익숙해지면 그 공간에 대한 판단력을 잃게 된다. 이렇듯 우리가 처한 운명에 익숙해지면 그 운명이 자신의 전부인양 쉽게 받아들이거나 포기하거나 하곤 한다. 삶에는 좋은 날과 나쁜 날이 있기 마련이다. 좋은 날에는 나쁜 날을 대비하는 지혜가 필요하고, 나쁜 날에는 좋은 날이 올 것이라는 희망이 필요하다.

본 연구를 통해 '운명'에 대한 사람들의 인식 정도가 어떠한 것인지, 그리고 미래적 가치는 무엇인지에 대해서도 살펴보아야 할 필요성을 절감하게 되었다. 이 문제에 대해서는 추후의 연구과제로 삼고자 한다.

참고문헌

참고문헌

1. 원전

『高麗史節要』(서울대 규장각본)

『高麗史』(서울대 규장각본)

『公文編案』(서울대 규장각본)

『廣雅』(文淵閣版 『四庫全書』第221冊)

『老子』

『論語』

『論衡』

『大東野乘』(서울대 규장각본)

『大典通編』(서울대 규장각본)

『東國李相國集』(『한국문집총간』1-2)

『東國歲時記』(서울대 규장각본)

『東文選』(서울대 규장각본)

『列子』

『嶺南右道新舊納表』(서울대 규장각본)

『禮記』

『論衡』

『陸先生道門科略』

『林下筆記』(서울대 규장각본)

『梅泉野錄』(서울대 규장각본)

『孟子』

『命理約言』

『無名子集』

『墨子』

『白虎通義』

『史記』

『三國史記』

『三國遺事』

『三國志』

『尙書』

『書經』

『宣祖實錄』

『說文解字』

『星湖僿說類選』(서울대 규장각본)

『世宗實錄』

『續東文選』(서울대 규장각본)

『純祖實錄』

『承政院日記』

『詩經集傳』

『詩經』

『唔堂集』(『한국문집총간 속』134)

『練藜室記述』(서울대 규장각본)

『列子』

『五洲衍文長箋散稿』(동국문화사, 1959)

『雜阿含經』(『大正藏』2)

『莊子』

『赤松子章曆』

『正祖實錄 』

『周易 附諺解 』

『周易內傳 』

『周易正義 』

『周易 』

『朱子語類 』

『中阿含經 』(『大正藏 』1)

『中庸 』

『芝峯類說 』(서울대 규장각본)

『春秋繁露 』

『七曜攘災決 』(『大正藏 』卷21)

『太極圖說 』

『太祖實錄 』

『太宗實錄 』

『平安監營啓錄 』(서울대 규장각본)

『抱朴子·內篇 』

『漢書·藝文志 』

『皇極經世書 』

『淮南子 』

2. 단행본

Berdiaev, Nikolai 지음, 조호연 옮김,
　　　　『 현대 세계의 인간 운명: 우리 시대의 이해를 위해 』,
커뮤니케이션북스 지식을만드는지식, 2012.

Charles M. Wynn·Arthur W. Wiggins 지음, 김용완 옮김,
　　　　『 사이비사이언스 』, 이제이북스, 2003.

Fritjof Capra 지음, 이성범·김용정 옮김,
　　　　『 현대물리학과 동양사상 』, 범양사출판부, 1994.

Kenneth C. Davis 저, 이충호 역,
　　　　『 우주의 발견 』, 푸른숲, 2001.

Russell Stannard 지음, 이창희 옮김,
　　　　『 21세기 신과 과학 그리고 인간 』, 두레, 2002.

길희성, 『 인도철학사 』, 민음사, 2007.

김교빈·이현구, 『 동양철학에세이 』, 동녘, 2007.

김낙필, 『 조선시대의 내단사상 』, 대원출판사, 2005.

김동화, 『 원시불교사상 』, 보련각, 1992.

김만태, 『 한국 사주명리 연구 』, 민속원, 2011.

김응종, 『 서양사 개념어 사전 』, 살림, 2008.

김진근, 『 왕부지의 주역철학 』, 예문서원, 1996.

김충열, 『 노장철학강의 』, 예문서원, 1995.

김태곤, 『 한국무속연구 』, 집문당, 1995.

김태곤, 『 한국의 점복 』, 민속원, 1995.

김홍철 편저, 『 한국신종교대사전 』,
　　　　도서출판 모시는사람들, 2016.

나까야마 시게루 저, 이은성 역, 『점성술 』, 전파과학사, 1973.

勞思光 저, 정인재 역, 『중국철학사(고대편) 』, 탐구당, 1997.

다카쿠스 준지로 지음, 정승석 옮김,

　　　　　『불교철학의 정수 』, 대원정사, 1989.

多湖輝 지음, 엄기환 엮음, 『자기운명개조법: 성공을 암시하여

　　　　　운명을 개조시킨다 』, 태을출판사, 2000.

류성태, 『장자철학의 이해 』, 학고방, 2011.

＿＿＿＿,『중국철학사의 이해 』, 학고방, 2016.

막스 베버 著, 이상률 譯, 『儒敎와 道敎 』, 文藝出版社, 1993.

미르치아 엘리아데 지음, 최종성 · 김재현 옮김,

　　　　　『세계종교사상사 』 2, 이학사, 2005.

박찬국, 『해체와 창조의 철학자 니체: 니체의 잠언과 해설 』,

　　　　　동녘, 2001.

박흥식, 『기문둔갑옥경 』, 삼한출판사, 1999.

백승영 저, 『니체, 디오니소스적 긍정의 철학 』, 책세상, 2005.

송춘영, 『고려시대 잡학 교육 연구 』, 형설출판사, 1998.

심의용, 『주역: 마음속에 마르지 않는 우물을 파라 』,

　　　　　살림출판사, 2006.

아놀드 하우저 저, 김진욱 역, 『예술과 소외 』, 종로서적, 1981.

安岡正篤, 『易과 人生哲學 』, 지성출판사, 1988.

吳浩坤, 潘悠, 梁東淑 譯, 『갑골학사 』, 동문선, 1985.

王治心, 전명용 역, 『中國宗敎思想史 』,

　　　　　도서출판 이론과 실천, 1988.

袁了凡, 김지수 옮김, 『了凡思訓 』, 불광출판사, 2000.

윤채근, 『논어감각 』, 휴머니스트, 2008.

윤천근, 『유학의 철학적 문제들 』, 법인문화사, 1996.

이상익, 『歷史哲學과 易學思想 』, 성균관대학교 유학대학

　　　　　출판부, 1996.

이상주, 『해방 40년 가치의식의 변화와 전망 』, 서울대출판부,

　　　　　1986.

이정우, 『사건의 철학 』, 철학아카데미, 2003.

_____, 『삶·죽음·운명: 스토아 철학에서 禪으로 』, 거름, 1999.

이택용, 『중국 고대의 운명론 』, 문사철, 2014.

임동권, 『한국민속학논고 』, 집문당, 1982.

장기준, 『運命豫報: 現代運命百科 』, 상록문화사, 1979.

장호근, 『한국무교: 최남억 회장과 대한승공경신연합회 30년

　　　　　발자취 』, 출판시대, 2000.

赤塚忠 외 13인 공저, 조성을 옮김,

　　　　　『중국사상개론 』, 이론과실천, 1994.

정병석, 『점에서 철학으로 』, 동과서, 2014.

정순일, 『인도불교사상사 』, 운주사, 2005.

제임스 p.윈드 外 共著, 김성민·정지련 共譯,

　　　　　『現代 聖職者 倫理 』, 정암문화사, 1992.

조민환, 『노장철학으로 동아시아 문화를 읽는다 』,

　　　　　한길사, 2003.

_____, 『유학자들이 보는 노장철학 』, 예문서원, 1996.

　　　　　조셉 니담 지음, 이석호 외 옮김,

　　　　　『중국의 과학과 문명 』 2, 을유문화사, 1988.

　　　　　중국철학연구회 지음,

　　　　　『논쟁으로 보는 중국철학 』, 예문서원, 1994.

陳鼓應 지음, 최재목 · 박종연 옮김,

　　　　『진고응이 풀이한 노자 』, 영남대학교출판부, 2008.

진현종, 『한권으로 읽는 팔만대장경 』, 들녘, 1997.

村山智順 저, 김희경 옮김,

　　　　『조선의 점복과 예언 』, 동문선, 2001.

저, 최길성 · 장상언 역,

　　　　『조선의 유사종교 』, 계명대학교출판부, 1991.

저, 노성환 옮김, 『朝鮮의 鬼神 』, 민음사, 1990.

최석영, 『일제하 무속론과 식민지권력 』, 서경문화사, 1999.

최혜숙, 『고려시대 남경연구 』, 경인문화사, 2004.

캘빈 홀 저, 편집부 역,

　　　　『프로이드 심리학 입문 』, 두로출판사, 1994.

프리드리히 니체, 백승영 옮김, 『우상의 황혼 』, 책세상, 2002.

＿＿＿＿, 『유고(1887년 가을-1888년 3월) 』, 책세상, 2000.

황선명, 『조선조 종교사회사 연구 』, 일지사, 1985.

萬民英, 『三命通會 』, 北京: 武陵出版有限公司, 1996.

徐樂吾, 『子平眞詮補註 』, 北京: 武陵出版有限公司, 2009.

傅斯年, 『性命古訓辨證 』, 桂林: 廣西師範大學出版社, 2006.

洪丕謨·姜玉珍 著,

　　　　『中國古代算命術 』, 上海: 上海人民出版社, 1992.

黃公偉, 『道家哲學系統探微 』, 臺灣: 新文豊出版公司, 1989.

岩村忍, 『遊牧の運命: 歷史と現代 』, 東京: 人物往來社, 1967.

Chang, Kwang-Chih, The Archaeology of Ancient China,

　　　　Yale Univ., 1986.

D.C.Lau, Tao Te Ching, Hong Kong: The Chinese

　　　　University Press, 1963.

E. Fromm, The Sane Society, New York: Holt,
　　　　Rinehart&Winsten, 1995.

Julia Ching, Confucianism and Christianity-A comparative
　　　　Study, Kodansha International, Tokyo, NY and
　　　　San Francisco, 1977.

Lampert, Nietzsche and Modern Times: A Study of Bacon,
　　　　Descartes and Nietzsche. NewHaven: Yale
　　　　University Press, 1993.

3. 논문류

1) 학위논문

곽신환, 「주역의 자연과 인간에 관한 연구」, 성균관대 박사논문, 1987.

김만태, 「명리학의 한국적 수용 및 전개과정에 관한 연구」, 원광대 석사논문, 2005.

_____, 「한국 사주명리의 활용양상과 인식체계」, 안동대 박사논문, 2010.

김영재, 「점복문화 배경의 여성내담자를 위한 상담전략의 모색: 근거이론적 접근」, 숙명여대 박사논문, 2003.

김태훈, 「地藏信仰의 韓國的 變容에 관한 연구」, 원광대 박사논문, 2010

서금석, 「고려시대 曆法과 曆日 연구」, 전남대 박사논문, 2016.

서소옥, 「陳素庵 『命理約言』의 命理 理論 研究」, 원광대 박사논문, 2018.

오현진, 「紫微斗數 研究: 成立 背景과 理論的 土臺를 中心으로」, 공주대 석사논문, 2014.

임정남, 「『春秋左傳』과 『國語』의 『周易』應用에 관한 연구: 『春秋左傳』과 『國語』의 筮例를 중심으로」, 원광대 박사논문, 2018.

정병선, 「주역의 리스크 관리 체계 연구」, 성균관대 박사논문, 2016.

한규진, 「한국 무격에 대한 연구: 종교·사회적 역할과 과제를 중심으로」, 원광대 박사논문, 2019.

2) 연구논문

강은경, 「고려시대 국가, 지역차원의 祭儀와 개인적 신앙」,
『동방학지 』 129, 연세대학교 국학연구원, 2005.

金暘玉, 「삼한의 형성과 문화적 배경: 변·진한을 중심으로」,
『국사관논총 』 13, 국사편찬위원회, 1990.

김만태, 「사주와 운명론, 그리고 과학의 관계」, 『원불교사상과
종교문화 』 55, 원광대학교 원불교사상연구원, 2013.

_____, 「점복신앙의 미학적 의미」, 『종교연구 』 52,
한국종교학회, 2008.

_____, 「한국 점복의 정의와 유형 고찰」, 『한국민속학 』 7,
한국민속학회, 2008.

·신동현, 「명리학에서 시간에 관한 논점 고찰: 子時를 중심으로」,
『원불교사상과 종교문화 』 59, 원광대학교 원불교사상
연구원, 2014.

김성례, 「한국 무교 연구의 역사적 고찰」, 정진홍 저,
『한국 종교문화의 전개 』, 집문당, 1985.

김성환, 「秦漢의 方士와 方術」, 『도교문화연구 』 14, 한국도교
문화학회, 2000.

김소하, 「불교의 운명관」, 『불교사 불교 』 77권, 불교사(불교),
1930.

김창현, 「고려초기 정국과 서경」, 『사학연구 』 80, 한국사학회,
2005.

김현수, 「葛洪의 '神仙可學論'과 '神仙命定論'의 관계에 대한
고찰」, 『중국학보 』 82집, 한국중국학회, 2017.

김혜숙 외, 「우주적 실재에 관한 인식론적 성찰」, 『철학 』 7,

　　　　한국철학회, 2001.

대한승공경신연합회 편집부, 「무속은 한국 고유의 신앙/무속
　　　　종교화 시급/부회장 이의정」, 『경신회보 』 4,
　　　　대한승공경신연합회, 1984.

_____, 「연혁 및 현황」, 『경신회보 』, 대한승공경신연합회,
　　　　1983.

盧泰敦, 「高句麗 초기의 娶嫂婚에 대한 一考察」,
　　　　『金哲埈華甲記念論叢 』, 知識産業社, 1983.

류성태, 「老莊의 修練法 硏究」, 『논문집 』 1,
　　　　원광대학교 대학원, 1987.

柳承國, 「先秦哲學의 根本問題」, 『東洋哲學硏究 』,
　　　　東洋學術硏究院出版部 槿域書齋, 1983.

_____, 「主體性과 宗敎」, 『韓國思想과 現代 』,
　　　　東方學術硏究院, 1988.

李能和, 「朝鮮巫俗考」, 『啓明 』 19, 1927.

李亨求, 「考古時代의 韓國文字」, 『韓國學論集 』 6,
　　　　한양대 한국학연구소, 1984.

박재현, 「운명과 자유의지를 보는 禪의 시선」,
　　　　『한국선학 』 48, 한국선학회, 2017.

박청화, 「현대 명리학 어디로 갈 것인가」,
　　　　『역술철학과 한국인의 삶 』, 대전대학교 동양문화
　　　　연구소 특별강연회, 2008.

서정화, 「古代 中國의 28宿와 12次 理論의 起源」,
　　　　『退溪學論叢 』 20, 퇴계학부산연구원, 2012.

설기문, 「다문화주의 입장에서 본 상담의 토착화와 한국적

상담의 가능성」, 『학생연구』 21, 동아대학교 학생생활

        연구소, 1993.

송재국, 「주역의 '先天'·'後天'의 철학적 이해」,

        『동서철학연구』 23, 한국동서철학회, 2002.

신자토요시노부, 「'대한승공경신연합회'의 사상과 실천:

        민족종교로의 지향성을 중심으로」, 『종교학연구』 34,

        한국종교학연구회, 2016.

심규철, 「유불도 삼가의 운명론 : 명리학 운명론의 사상적

        연원을 찾아서」, 『주역철학과 문명』 창간호,

        한국역경문화학회, 2003.

안성두, 「불교에서 업의 결정성과 지각작용: 결정론을 둘러싼

논의에서 불교의 관점은 무엇인가?」, 『인도철학』 32, 2011.

劉勝鍾, 「孟子 天觀의 宗敎性 硏究」, 『孔子學』 8,

        한국공자학회, 2001.

이부영, 「무속문화 배경의 환자와 정신과 진료」,

        『정신건강연구』 7, 한양대학교 정신건강연구소, 1998.

이성미, 「양자 물리학의 확률적 세계와 장자의 안명무위」,

        『교육철학연구』 38권 3호, 한국교육철학학회, 2016.

이용주, 「神仙可學: 갈홍 신선론의 논리와 한계」,

        『종교와 문화』 6, 서울대 종교문제연구소, 2001.

이창일, 「철학상담과 운명상담의 특성과 영역에 대한 철학적 검

토」, 『동양문화연구』 8, 영산대학교 동양문화연구원, 2011.

이택용, 「『논어』에서의 명론의 함의와 그 위상에 대한 고찰」,

        『유교사상문화연구』 47, 한국유교학회, 2012.

_____, 「『맹자』 명론의 다양한 층차성 대한 연구」,

『유교사상문화연구 』41, 한국유교학회, 2010.

이필영, 「일제하 민간신앙의 지속과 변화」,

　　　『일제의 식민지배와 일상생활 』, 연세대국학연구원, 2000.

이형구, 「갑골문화의 기원과 한국의 갑골문화」, 『정신문화 』

　　　1982년 겨울호, 한국정신문화연구원, 1982.

임헌규, 「天命과 倫理」, 『溫知叢論 』30, 온지학회, 2012.

장성숙, 「토속신앙과 상담의 관계: 점복문화를 중심으로」,

　　　『한국심리학회지: 상담 및 심리치료 』17-3, 한국심리학회,

　　　2005.

장지연, 「여말선초 천도논의에 대하여」, 『한국사론 』43,

　　　서울대학교 인문대학 국사학과, 2000.

정승안, 「일상생활의 위기와 운세 산업의 사회적 의미」,

　　　『문화경제연구 』14, 한국문화경제학회, 2011.

조수동, 「地藏信仰에 나타난 定業소멸 사상」, 『철학논총 』

　　　52-2, 새한철학회, 2008.

최문형, 「공자의 天命論과 鬼神觀」, 『東洋哲學硏究 』18,

　　　동양철학연구회, 1998.

최정연, 「조선 후기 유교 지식인의 命론」, 『한국실학연구 』37,

　　　한국실학학회, 2019.

秋萬鎬, 「羅末麗初 禪師들의 胎夢과 民衆生活」,

　　　『伽山李智冠스님華甲紀念: 韓國佛敎文化思想史 』

　　　上, 伽山佛敎文化硏究院, 1992.

황선명, 「운세와 운명관의 시대적 추이: 비결과 예언의 현대적 의의」,

　　　『신종교연구 』6, 한국신종교학회, 2002.

황인규, 「先覺國師 道詵의 宗風 계승 및 전개」, 『한국선학 』

　　　20, 한국선학회, 2008.

Park, Seong-Rae, "Portents in Korean History", JSSH47, 1978.

Sakade Yoshinobu, "Divination as Daoist Practice," in Livia Kohn ed., Daoist Handbook, Leiden: Brill, 2000.

4. 기타

「1923年의 新興宗教 및 類似宗教」, 『일제침략하 한국36년사 』
7권(한국사데이터베이스 http://db.history.go.kr)

「京城의 迷信窟」, 『開闢 』48, 1924. 6. 1.

「늘어나는 정신·신경질환자: 원시적 치료 받는 사람 많다」,
《중앙일보》, 1976. 4. 28.

「단체일등상에 경북/ 민속예술경연대회」, 《경향신문》,
1958. 8. 23.

「동선동 운명철학가」, 《동아일보》, 1978. 4. 6.

「무속인 모여 '천우교' 창교식 가져 이채」,
《경향신문》, 1988. 5. 27.

「무조합」, 『한국민족문화대백과사전 』
(http://encykorea.aks.ac.kr)

「미아리 "점마을"」, 《한겨레》, 1988. 9. 28.

「미아리 점성촌: 확실한 대목 맞은 불확실한 비즈니스」,
『주간조선 』, 2002. 11. 28.

「서울의 점술가」, 《동아일보》, 1978. 10. 19.

「세계 점성가 한자리에」, 《동아일보》, 1996. 6. 14.

「세기말 집단최면인가 시대가 낳은 정신병인가」,
《경향신문》, 1995. 10. 3.

「崇神人組合排斥, 開城靑年의 快擧를 稱頌하는 同時에 全國靑
年을 向하여 迷信打破 氣運을 促進할것을 要望」, 《동아일보》,
1922. 4. 17.·18.

「崇神人組合이란 何, 텬도교도와 조선민족의 사상을 어지럽게 하라는 백주의 요마, 小峯源作」,《동아일보》, 1920. 6. 3.

「신교의 종교화 원년, 꿈을 이루다…경천신명회로 신의 날 맞아 선포」, <서울Biz>, 2019. 9. 25.

「女僧 가장한 점복자가 횡행」,《마산일보》, 1955. 1. 24.

「운세 알아보는 성시 점술거리」,《동아일보》, 1984. 6. 19.

「자녀 먼저 남편은 3순위」,《경향신문》, 1991. 3. 18.

「점 성행」,《동아일보》, 1978. 2. 4.

「朝鮮의 迷信業者: 明治42年 11月稿」, <朝鮮風俗集>
(국사편찬위원회, 한국사데이터베이스 http://db.history.go.kr)

「종교 비영리법인 설립허가 검토보고(사단법인 경천신명회)」,
서울특별시 문화본부(문화정책과), 2019. 7.

「해방이후 최초로 결성된 무속인 단체 대한승공경신연합회의
조직과 변천」,《매일종교신문》, 2018. 11. 5.

<原城興法寺眞空大師塔碑>, 『韓國金石全文 』中世 上,
아세아문화사, 1984.

MBC TV, <운명을 믿으십니까? : 동서양의 점(占)문화>,
2007. 02. 07.

보건복지부,「자살 시도자의 자살률, 일반인의 약 25배」,
<보도자료>, 2014. 4. 1.

사단법인 대한시각장애인역리학회 홈페이지(http://kbfo.or.kr)

서울특별시 서울미래유산(http://futureheritage.seoul.go.kr)

이문재,「불안시대의 역술열기」, 『시사저널 』, 시사저널사,
1992. 2. 20.

조성관,「[서울 속살 엿보기] (6) 70여집 모인 미아리 점성촌」,
<주간조선>, 2002. 11. 28. 1730호(http://weekly1.chosun.com)

동양의 운명론

1판 1쇄 발행 2022년 6월 24일

저자 이석현

편집 김다인 **마케팅** 박가영 **총괄** 신선미

펴낸곳 하움출판사 **펴낸이** 문현광

이메일 haum1000@naver.com **홈페이지** haum.kr
블로그 blog.naver.com/haum1000 **인스타그램** @haum1007

ISBN 979-11-6440-180-2(93150)

좋은 책을 만들겠습니다.
하움출판사는 독자 여러분의 의견에 항상 귀 기울이고 있습니다.